陆春祥笔记新说系列

# 笔记的笔记

陆春祥 著

GUANGXI NORMAL UNIVERSITY PRESS
广西师范大学出版社
·桂林·

笔记的笔记
BIJI DE BIJI

**图书在版编目（CIP）数据**

笔记的笔记 / 陆春祥著. --2 版. --桂林：广西
师范大学出版社，2020.10
（陆春祥笔记新说系列）
ISBN 978-7-5598-3119-4

Ⅰ. ①笔… Ⅱ. ①陆… Ⅲ. ①笔记小说－小说
研究－中国－古代 Ⅳ. ①I207.419

中国版本图书馆 CIP 数据核字（2020）第 150706 号

广西师范大学出版社出版发行

（广西桂林市五里店路 9 号　邮政编码：541004）
网址：http://www.bbtpress.com
出版人：黄轩庄
全国新华书店经销
广西广大印务有限责任公司印刷
（桂林市临桂区秧塘工业园西城大道北侧广西师范大学出版社
集团有限公司创意产业园内　邮政编码：541199）
开本：889 mm × 1 194 mm　1/32
印张：15.75　　字数：450 千
2020 年 10 月第 2 版　　2020 年 10 月第 1 次印刷
定价：68.00 元

如发现印装质量问题，影响阅读，请与出版社发行部门联系调换。

见小曰明

——《老子》第五十二

# 序言：唐宋元明清＋滴答到现今

　　我第三次去丽江时，是二〇一一年的六月上旬。虽然带了《新子不语》的三校稿，但其实是想去虚度光阴的。

　　踱步在四方街的卵石路上，满大街都飘荡着《滴答》的吉他曲。滴答，滴答，赶紧滴答买了碟。歌手叫侃侃，听她自言自语地唱：

　　滴答滴答滴答滴答，时针它不停在转动；
　　滴答滴答滴答滴答，小雨它拍打着水花；
　　滴答滴答滴答滴答，是不是还会牵挂他；
　　滴答滴答滴答滴答，有几滴眼泪已落下；
　　滴答滴答滴答滴答，寂寞的夜和谁说话；
　　滴答滴答滴答滴答，伤心的泪儿谁来擦；
　　滴答滴答滴答滴答，整理好心情再出发；
　　滴答滴答滴答滴答，还会有人把你牵挂。

　　滴答，滴答，滴答。

　　我是被侃侃的声音所吸引，那种声音很难形容和比喻，有点像从玉龙雪山流淌下来的，绝对没有污染的，带着一股深透凉意的雪水。这股雪水，还有着沉沉的沧桑滴答感，谁又能说它不是六十万年前的玉龙雪水呢？

　　在滴答之间，我听到的，却只是时针在不停地转动，时间毫不留情地流逝。无论你怎样安抚，怎样挽留，它都会很快地离我们而去。

后来，我读到弗兰克·克默德（《结尾的意义：虚构理论研究》）对"滴答"解释的几句话：

> 为什么床头的钟，发出的响声是"滴—滴"，我们的大脑，却坚定地认为听到的是"滴—答"？这是因为，我们对开头、更对结尾上瘾。在钟表的"滴"和"答"之间，我们除了看到时间的流逝之外，还把滴和答之间的间隔，看作需要我们去加以人格化的连续而又无序的时间，我们会为这个间隔，填上一个具有意义的过程。

写完《新子不语》后，我的阅读，也随即集中在汉魏以来的古代笔记中，唐宋元明清，滴答到现今。

这些年，我常常独自行走，在中世纪的时光隧道里。

我读的笔记，只是历代海量笔记中之一粟，但各种碎石和金子，迎面撞击，有时竟有喘不过气来的感觉。仍然兴奋，因为里面有"一塌胡涂的泥塘里的光彩和锋芒"（鲁迅语）。

笔记作家的影子，轮番向我走来，他们一个个严肃正经，却又诙谐潇洒，寄情山水，看穿人世，狂放不羁，有着自己独特的人生。

我遇见汉魏六朝的张华、干宝、陶潜、刘义庆等。

我遇见唐及五代的崔令钦、牛僧孺、李德裕、段成式、张读、王定保、王仁裕、孙光宪等。

我遇见宋代的笔记作家最多了，徐铉、司马光、钱易、杨亿、欧阳修、宋敏求、刘斧、王辟之、王得臣、赵令畤、吴处厚、惠洪、陆游、叶梦得、魏泰、龚明之、王明清、庄绰、赵与时、徐度、叶绍翁、罗大经、周密、邵伯温邵博父子。

我遇见元代的代表作家陶宗仪、杨瑀、孔齐。

我遇见明代的叶子奇、黄瑜、陆容、陆粲、何良俊、顾起元、谢肇淛、沈德符、朱国桢。

我遇见清代的张潮、褚人获、赵翼、钱泳、梁章钜、梁绍壬等。

笔记虽野，却是板着面孔的正史的镜子折射。一面面多棱镜，将历史事件历史人物，从侧面，用细节，以局外人的眼光，全方位勾勒。

真实，去伪，不装，往往趣味横生。

《秦桧的虎威》(本书卷二十)，《我家有好多大青鱼》(本书卷三十二)，《秦桧孙女的宠物猫不见了》(本书卷三十四)，《我家装修你也知道啊》(本书卷四十)，不同的作家，不同的层面，不同的视角，活活刻画出了秦桧的霸道，虎威，贪贿，心计。

笔记中的苏轼也是真实可爱。

《常州百姓追苏轼》(本书卷十八)，苏轼在当时就是个大明星，走到哪，被追到哪。但常州百姓追星，追得正是时候。一个多月后，东坡就与世长辞了，只留下诗文永远陪伴人们。常州满城上下，悲痛至极，各商铺都自动停业三天，他们都想去见大文豪的最后一面。

我们能体会苏轼遭遇困难时的意志和乐观。《一只蚂蚁的启发》(本书卷二十四)：苏东坡被贬海南儋州，一时心情坏透。戊寅年九月十二日，与客人饮酒，微醉，随手写下了一段著名的感受。是一只蚂蚁救了苏东坡，虽然是酒后感想，却让他卸下了沉重的思想负担。《苏轼计划用钱》(本书卷三十七)：每月初，取四千五百钱，分为三十包，挂在屋梁上，每天早上，用画叉挑下一包，就将画叉藏好，没用完的钱，用另外的大竹筒装好，用来接待客人。

当然，苏轼是真实的人，不是神，他也有"糗事"：《苏轼考试也"作弊"》(本书卷二十五)，《东坡也喜欢拍马》(本书卷二十七)，呵，无奈中透着机智，有时也满足一下自己的虚荣心。

我似乎听到更多的作家，在用毕生的经历，告诫后人，谆谆教导。

《静物也长寿》(本书卷三十五):世间静物长寿者居多,拿文房四宝做比方,砚主静,所以能长寿;笔主动,所以短命。以是观之,人也是这样的啊。

《儒是五谷》(本书卷三十六):佛家好比是黄金,道家好比是白玉,儒家好比是五谷。黄金、白玉,没有它们,我们也能生活得下去,而五谷,对于现实中的人们来说,有哪一天能够离得开呢?

《掠剩使》(本书卷三十七):唐人小说中,有"掠剩使"的说法,意思是说,人命中的财物,都有定数,如果你的财物少过其数,则上天会派一使者送来,但也只是将你命中之财物数填满为止,多了就不行。今人有散财获福的说法,散财怎么会获福呢?人积财太多,过了他的分限,那么冥冥之中,神就会以各种各样的事耗去你的财,如果财物合适,那么,事情就不会发生。

《心躁害死人》(本书卷三十八):两人同船,到同一个目的地。一人性急,白天晚上,都在掐时间,算路程,船稍微堵一下,或者有什么事情耽搁一下,他就急得不行,破口大骂,骂天骂地骂船,为此,他外形枯槁,面容憔悴。一人性缓,随便船怎么开,开到哪里,为什么停下来,怎么停下来,统统不管,吃得香,睡得着,脸色一天比一天好看,活得很滋润。最后,两人同时到达目的地。

《高明的裁缝》(本书卷四十):如果初进官场,那就会趾高气扬,前辈一般都不放在眼里,他的胸必定挺拔,我做的袍,就需要前长后短;如果在职位上待久了,熟悉官场世故,那就会收敛很多,回到从前没做官的状态,我做的袍,就要前后一样;如果做满九年,那就要等着提拔了,这个时候,他必定小心谨慎,唯恐犯一点点小错,待人谦恭,处事低调,见上级、见下级,都会作揖弯腰,十分得体,我做的袍,就要前短后长,这样才会合身!

当然,笔记中有大量让你喷饭的笑点。

《我们如何种香菜》(本书卷十六):这还是宋朝和尚文莹写的,

他的《湘山野录》卷中，记了这样的趣事。种香菜，就是"撒芫荽"，按播香菜种子的风俗，嘴里应该讲下流话，最好是夫妇性事的那种，斯文人哪里说得出口呢？就连"我们做那事吧"，估计也够呛。

这种事，中国人向来害羞，做得说不得。清袁枚《答杨笠湖书》就这样调侃同时代经学家李刚云的性事：李在日记里难为情地讲，昨夜与老妻"敦伦"一次。大家一下就明白了，"敦伦"就是性交。

种香菜，事涉民俗学、人类学，这个话题，二十世纪二十年代，《语丝》杂志曾经热烈地讨论过。这其实是原始的生殖崇拜，道理很简单，万物生长类同人类生长，人类的交媾、怀孕、生产，植物的受粉、开花、结果，两者之间联系紧密，人类这样赤裸裸，就是想让植物长得茂盛一些嘛。

我仿佛看见，我的本家陆游先生，在"老学庵"里辛勤"笔记"着，掌着《省油灯》(本书卷二十)，写累了，喝下一碗热乎乎的薄粥，伸了下懒腰，扯过True被，准备休息了，"粥后就枕，粥在腹中，暖而宜睡，天下第一乐也"。

时光是"滴答"，唐宋元明清，一千多年的日子，滴答就到了现今。

其实，生命也是一个滴答，左边的"滴"是出生，右边的"答"就是死亡。在宇宙滴答的长河里，我如果能完成一次完美的钟摆，并在滴答间，做完自己对得起自己的填空题，那就是一件很幸福的事情了。

# 目 录

1

## 后记

卷一

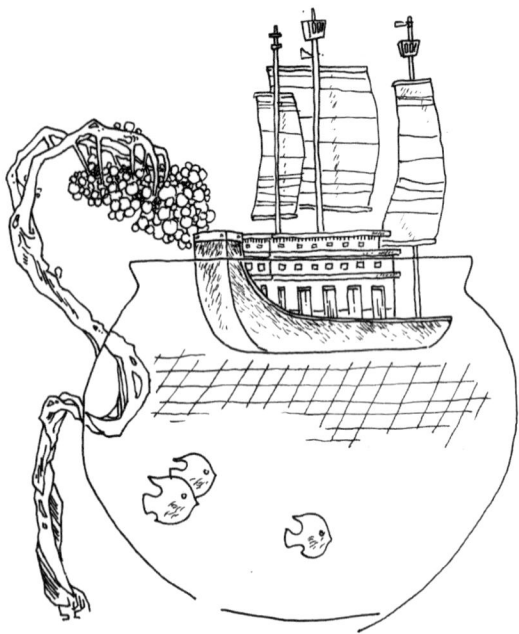

昆明池养鱼

# 昆明池养鱼

在京城，汉武帝让人挖了个大湖，周长有四十里，叫作昆明湖。他的想法是，要打仗，想训练一支水军。但他是个聪明人，这么个大湖，只是练习军事，太可惜，不练习的时候，不是可以开辟成一个游乐场吗？而且，水里还可以养鱼。

结果是，游乐场生意兴旺，鱼也养得风生水起，当然，水军也得到了很好的训练。鱼，首先可以用于陵庙的祭祀，多余的，就拿到京城里的菜市场去卖。

（汉　刘歆《西京杂记》卷第一，《昆明池养鱼》）

这应该是比较早的，一物多用的典范了，刘彻具有相当的经济头脑。

日本的电器制造很发达，但如果战争一来，许多工厂立马可以生产各种类型的枪炮弹。

有许多政府机关大院，在临街的好地方。拆掉围墙和栏杆，老百姓就可以随意进出，尿急了用一下洗手间，在绿草如茵的地方走两步。

杭州西湖景区，数年前就不收景点门票，桃红柳绿，湖光山色，旅客成群结队，穿桥过廊，可在任何时间任何地点，尽情欣赏湖景湖情。

暴殄天物是一种罪过，天物是必须珍惜的，克勤克俭，精打细算，也是对自然的尊重。

# 生前作碑文

杜子夏，临死前替自己写了碑文：

魏郡杜邺，立志忠款，犬马未陈，奄先草露。骨肉归于后土，气魂无所不之。何必故丘，然后即化。封于长安北郭，此焉宴息。

杜死了后，他的碑文随即被刻于石，立在他的墓侧。墓前种有五棵松柏，至今都长得很茂盛。

（汉 刘歆《西京杂记》卷第三，《生作葬文》）

这个杜子夏，还算豁达。

豁达的原因，估计也是不放心别人。别人怎么能正确地评价自己呢？再说，即便别人评价正确，自己也看不到啊！还是放心不下。自己撰写，自己心安，不管别人怎么评价。反正，做完这最后一件事，也就踏实了，可以放心而去。

生前作碑文，要比生前举行追悼会高明一些，但他们都有同样明显的特征，就是太在乎别人评价自己了，放心不下。

盖棺论定。如果不是什么特别的大名人，人们其实不会太在意，中国人的传统就是善待别人，所以，悼词碑文总是往好里说，往高处抬，不是什么特别坏的人，一般不会太离谱。

# 金弹子

韩嫣极富。他很喜欢玩弹弓，弹弓的弹丸都是金子做的。所以，他每次外出弹鸟，后面都跟着一大群的孩子，他的丸弹出后，孩子们便奔跑前往。因此，每次弹丸，都要丢失十多颗，被那些孩子捡走。

当时，京城里流行一句顺口溜是这样的：苦饥寒，逐金丸。

（汉　刘歆《西京杂记》卷第四，《韩嫣金弹》）

富人玩弹弓，派头不一样。他的目的是在玩，追求刺激，而不在乎成本。一只鸟多少钱？而且，他弹来的鸟也不是用来吃的，纯粹是玩。

一种爱好，有时也会带动一个产业。

比如，高尔夫球。球场的建设，当然是重大的招商引资项目了，花费都在数亿以上。玩一次球，每个人的费用少则也要千元以上。看看，那杆挥得，轻松，潇洒，球童积极地来回跑动，捡球的，提杆的，拿袋的，都是不错的工作，他们因为有人打球，而获得了工作的机会。

因为饥寒，所以跑去捡金丸。对韩嫣来说，这也算弹弓以外新的心理安慰吧，给人以施舍，也算积德了。

# 为政良方

魏郡的太守陈异，曾经去拜访一个有思想的平民老百姓尹方，寻求为政的方法。

尹方什么话也没有说，只做了三个动作：披着头，用水洗盘，抱着小儿出门。

陈太守想了好半天，才悟出其中的道理。他说：披着头，散着发，他是想让我管理老百姓，像清理头发那样，小心谨慎，仔细梳理，爱护头发；洗盘，就是想让我遵纪守法，清廉如水；抱着小儿，是想让我爱护老百姓，像爱自己的孩子那样。

（晋　裴启《裴子语林》）

民间自有高人在。

在老百姓看来，当官为政，只要做好两件事就行了：守法清廉，关心百姓。

这陈太守也算好官，否则，他不会屈尊而去向群众征求意见。

想想也是，为官为政的方法有千万条，但这两条算是根本吧。清廉了，政府和个人，均有公信力，一个有公信力的政府和官员，什么事办不成呢？关心百姓，百姓冷暖时刻在心头，想尽办法为民谋福祉，像爱自己的孩子那样，大爱就会无私。

千百年来，朝代在更迭，这个道理却没怎么变。

# 陈寿索米

陈寿将要写国志，他对丁梁州说：如果你可以给我一千斛米的话，我可以为你写一个好的传记。

丁梁州终于没给陈寿米，所以，《三国志》中没有丁的传记。

（晋　裴启《裴子语林》）

不给钱不写传，大作家陈寿索米，曾经引起很大的争论。

布衣不想去考证他到底有没有索米，只想说，如果索米，也很正常。我的《三国志》是私人史，这个项目没有什么国家补贴，拉一些赞助，使书顺利出版，这没有什么不对吧。况且，我只是记述历史而已啊，并不一定非要王公贵族的。

如果没索米，那么，就是一些不满陈作家的人，杜撰出来的，目的是什么？只能是贬低一下陈作家的人品罢了。因为，他们也知道，黑字白纸，传传就变成真的了。况且，《三国志》真的没有丁的传记呢！不由得你不信。

但如果是事实，那陈作家，是不光彩的，因为，这不符合青史留名的传统，青史，是容不得半点错误的，也不容不公正，而陈作家居然想以青史谋米！有点过分了！如果给了他钱，给了他物，给了大量的钱，给了大量的物，有偿而文，这样的史，还有什么可信的呢？！

# 听那美妙的驴叫

王武子下葬时，孙子荆哭得很悲伤。众宾客也陪着一起落泪。

哭完，孙对着王武子的灵位说：大人您喜欢驴叫，现在我就学驴叫，让您高兴高兴。于是孙就学驴叫，惟妙惟肖，大家都笑了，很快乐的样子。孙学完驴叫，又说：你们不死，老天为什么要让武子死呢？大家一听，很不高兴，你这是咒我们死啊，于是，骂声，怨声，哭声，响成一片。

戴叔鸾的母亲也喜欢驴叫，叔鸾于是经常学驴叫，让他母亲高兴。

（晋　裴启《裴子语林》）

喜欢驴叫，这是个人的爱好。但这个爱好，在古代，还是很著名的。

《世说新语》里载：王仲宣好驴鸣，既葬，文帝临其表，顾语同游曰：王好驴鸣，可各作一声以送之。赴客皆一一作驴鸣。文帝因为王仲宣喜欢驴叫，于是让大家每人都学一声，用来表示对王的纪念。众官驴叫的现场，一定很滑稽动人的，因为每个人的声音肯定不一样，技巧不一样，效果肯定也不一样。

这个爱好，其实也没有十分特别的地方。想那能在蓝天下，自由嗷叫的动物，也不是很多，喵喵，太温柔，唧唧，又太细，汪汪，好像又不雅，咕咕，是鸟呢还是蛙呢？虎啸，马嘶，猿啼，都极有难度，龙吟，是文明高雅了，但谁也没听到过啊。

驴鸣，——可饿，——可饿。不知道我学得像不像，它是一种干号，声音虽没什么美感，但它是一种表达，很畅快，很淋漓，也许它是真饿了，才会那么放肆地喊叫。

真要学得像一头驴叫，那一定不是一件简单的事，王武子、王仲宣、戴母，他们对驴叫情有独钟，一定会下功夫去学，去体会，不是单纯的娱乐。

不过，我肯定的是，他们学的那些驴，一定不是贵州山中的那头驴。黔之驴，因为叫得不谨慎，表面强大，最后还是让那只老虎识破真面目，吃掉了，这是悲剧。

# 您很像某名人欸

桓温，一向心高气傲，常常自比是司马懿、刘司空（琨）一类的人物，有雄才大略。如果将他比作王敦大将军，他就很不高兴，认为贬低他了。

有一次，北伐回师的路上，遇到一老年妇女，这人居然是刘琨的家伎。此女一见桓大将军，便潸然泪下：大将军啊，您太像刘司空了！桓一听，很高兴，急忙穿戴整齐，又问此女：你看我什么地方像刘司空啊？此女上下仔细观察，认真地答道：眼睛很像，但小了一点；面孔很像，但薄了一点；胡须很像，但红了一点；身材很像，但矮了一点；声音很像，但女声了一点。

桓大将军听了这样的评价，连忙脱下刚刚穿戴整齐的服装，倒头就睡，好几天都不高兴。

（晋　裴启《裴子语林》）

名人自然有很多崇拜者，即便有些名人，在没有成名前，也都会有崇拜的对象，这个桓温便是。

显然，桓温的崇拜，偏重于名人的外貌，因此，才会有刘琨家伎的评论。

这个家伎确实聪明，按她的理论，任何一个人，都可以和名人相像，只是差了一点点嘛。

现在有模仿名人秀，看起来也让人捧腹。有学赵本山，有学宋丹丹，有学刘德华。据说，学刘德华的，一举一动，都模仿华仔。

领袖人物的影视，那些个模仿者，叫特型演员。唐国强就是一位。有次，记者问他，您平时也会有当领袖的感觉吗？唐笑笑说：我一卸妆，什么也不是，就是一普通老百姓。

我宁愿将唐国强说的，当作他的真心话。但确实有演着演着，自我感觉越来越好的，以为自己就是那什么名人呢！

唉，桓大将军啊，即便你真就是那个司马懿，那又怎么样呢？

卷二

这是一个值钱的好瓮啊

# 曹操的胆量

  曹操年轻的时候，曾经和袁绍一起，喜欢游来荡去，不务正业，都是街头小混混。

  有一次，正好碰见一户人家娶新娘。他们俩就商量，要将新娘子抢来。事先，他们潜入主人的院子，到了晚上，袁绍高叫：有小偷，有小偷！于是，青庐（当时的婚俗，用青布做帐幕，设于门旁，新婚夫妇在里面行交拜礼）里的人都跑出去抓小偷了。曹操趁机而入，拿着刀逼着新娘子跑出家门。

  众人追赶，他们一路跑，一路跑，迷了路，掉进了荆棘丛中。袁绍动不了，曹操又大喊：小偷在这儿呢，小偷在这儿呢。袁绍一听，吓坏了，不顾伤痛，拔脚又跑。这才没被人抓住。

           （梁 殷芸《殷芸小说》卷一）

  《世说新语》也记载着这件事。

  都说英雄莫问出身。这曹操和刘邦，小时候都是差不多的品行。结婚听房、调戏娘子，这些习俗，游戏做做也无妨，曹操却来真的，他是想真干哪，否则，怎么会如此设计？

  曹操他们听到有人追，是不是将新娘子放下了？

  从情节上推理，他们劫持新娘子没有成功。再大的胆子，也架不住人家人多，一片喊杀声中，他们不可能将新娘子弄出。而且，从后面的情节看，也没有新娘子，只有他和袁绍两人在逃命。

  所以，曹操听到有人追小偷的时候，一定就将新娘撂下不管了。

  曹操的急中生智，还体现在他大喊的细节中。这种激将法，他在日后的军事生涯或者管理国家事务中常用，他深知，人有无穷的力量，只是这种力量的爆发，需要一种外部激励条件，用得好，原本不可能的事情，瞬间会改变。

# 这是一个值钱的好瓮啊

有人穷极，身上仅剩买一只大瓮的钱了。

第二天，他将那钱买了只大瓮。晚上，他只能将就，蜷缩在大瓮中休息。但是，他还是思绪万千：贫穷不可怕，关键要有思想。明天，我就找个人，将这只大瓮卖个好价钱，至少要卖一倍的钱。有了这一倍的钱，我就可以再买两只大瓮了。按照这个思路，两只就会变成四只，四只就会变成八只，八只就会变成十六只，这样下去，赚的钱可以是无限的，我就可以成富人了。

他越想越激动，不禁在瓮中跳起舞来，动作一大，瓮突然就破掉了。

（梁　殷芸《殷芸小说》卷五）


这是典型的不切实际幻想，幻想的程度还不一般，是欢想，太激动了。我都想象不出，这个人第二天怎么办。他已经没有幻想的资本了。

为了他的生计，我只能替他再幻想一次：

面对那只破瓮，他想，要是去补，成本一定很高，再说也没有补的钱啊，补出来的瓮价格肯定卖不高。还是不行。索性将瓮打碎，打得再碎些，然后，去田野里弄些土，做一些伪装，就说是从周代，不，比周代更早，是尧舜时期，帝王的墓葬里得到的，具有相当的考古和收藏价值，那些有钱人，一定会收藏。

要是上面的计谋实施起来太难，那就直接去找前一天卖他瓮的人：我说，老兄呀，你的货，质量也太差了吧，这不，还没开始盛水呢，半夜里就突然裂开了，巨大的声音，吓了我一跳，扰了我的好梦。我觉得你应该赔我两只，一只是原价，一只是精神损失费。什么？你敢不赔？你试试！

不过，无论怎么说，这个穷人，比《伊索寓言》里的那对兄弟要好，那两兄弟看到天上一只大雁，就商量着如何如何的吃法，他们的思维也太活跃了吧。

# 丰满的理想

几个有志青年聚在一起，海阔天空谈理想。

第一个说：我的理想是做扬州刺史，那样我就可以发挥从政特长，建设一个美丽而富饶的新扬州。

第二个则说：我只要钱多点财多点就行了。有了钱，有了财，什么事情办不了啊。

第三个笑话他们：你们都太物质了，其实，人生活在这个世界上，并不要很多物质的，生活可以简单，精神追求却是最重要的，我希望我能骑着仙鹤到天堂去。

第四个说得极干脆：我的理想很简单，腰里别着十万贯钱，骑着仙鹤，到扬州去做刺史。

（梁　殷芸《殷芸小说》卷六）

前面三个人，各有所长，他们的理想也很现实，都是活在当下，有所追求，都想将自己的事情做到最好。

肯定有人说，第四个人最聪明，也最贪心。他什么都想要，要钱，要名，要官，要长生不老。

人的欲望确实是无止境的，时间不同，地点不同，环境不同，欲望随之发生改变，但不管怎么改变，贪心不足却是本性。

新年的时候，布衣曾经发过这样的微博，形容比较完美的生活状态：有点钱，有点闲，有点爱好，有点权。当然，为避免刺激，还是将"有点权"省略了。闲了，没钱，不好。有钱，有闲，没有爱好，太无聊。有钱，有闲，有爱好，还有点权，当然就如上面那第四个一样了。

如果只是这样的理想，我觉得不应该有太多的非议，有理想总比没理想好，那些不择手段地去实现理想的主，无论古今，都是要"刮目相看"的，拼命当上官，再拼命捞钱，有许多还真去"骑了仙鹤"（送了命）。

鱼和熊掌，两者不可得兼，说是这样说，一旦都让你碰到了，没有修炼得十一分的定力，大部分人还是把持不住的。

# 羊琇冬月酿酒

羊琇家冬天酿酒，让人抱着瓮，一直焐着。一个人抱久了，又换人继续焐着，直到酒酿成。

这样酿成的酒，和夏天酿成的一样美味。

（梁　殷芸《殷芸小说》卷七）

一个细节，就将羊琇家的奢侈写得活灵活现。

通常酿酒，需要温度，需要发酵，夏天是最自然的，而冬天，温度显然不够，又没有很好的保温设备，只有用人了。

对羊琇这样的富豪来说，想吃什么就吃什么，没有什么难得倒他们，酿酒这样的小事，更是小菜一碟了。

对古人来说，反季节就是奢侈的表现，因为是非自然所为，一般的人很难做得到。

为了满足口腹之欲，人们往往会食不厌精，而不断攀比的结果，就是道德的作死。

# 王帅被强奸

　　王武子曾经让身边的人（我们暂且叫他王帅吧），到阁楼上去取一件衣服，当然，保管衣服的是王家的一个婢女。

　　这婢女见了王帅，色心大起，真的是帅哎，就想和他行那好事。而王帅却是个正经人，不和婢女苟且。婢女威吓他：你如果不从我，我就大喊。王帅心想，我又没做亏心事，你喊就喊好了。婢女见吓不倒王帅，于是大喊：王帅要强奸我！王帅要强奸我啊！

　　此事当然闹大。

　　王武子下令处死王帅。

　　王帅喊冤，说了事情的前因后果，但王武子不相信，只听说男的强奸女的，哪有女的强奸男的呢？王帅见王武子不信，就说：我是被冤枉的，我死后一定要去阴曹地府告状。

　　王帅死后，王武子就长年生病。有一天，王帅现形说：大人要离开了。王武子于是就死掉了。

　　　　　　　　　　　　　（梁　殷芸《殷芸小说》卷八）


　　王帅死在两个因素上：

　　一是那婢女的大胆和色心，这是主因。对于这样的女子，还真是要小心，不然，就会吃苦头，吃大苦头，甚至像王帅那样丢掉性命。

　　二是约定俗成的普通逻辑，王武子不相信，一个女人，会拿名节去说谎，想想都不太可能，只会是男人犯的错。

　　这个婢女反诬王帅的情节，成了以后戏文的经典源头。

　　比如那潘金莲，她的风流事情被武二发现后，要自保，就会反诬武二非礼她，这是很自然的招数，也是戏文里坏女人古老的招数。

现在，王帅们不用怕了，有监控，有探头，再不济，还有DNA鉴定，完全不用怕。但也只是说，事到临头不用怕，碰到这种事情，能避开，千万先避开。

王武子长年生病，肯定不是王帅告阴状的结果，但这种报应说告诫人们，判断或者解决一件事情，一定要慎重，特别是人命关天的事，更主观不得。

# 汉武帝私访遇险记

刘彻经常跑到民间去玩，可以说是微服私访吧。

有一天，经过一大户人家，看到一婢女，天姿国色，他一下子就迷住了。于是就留宿在此。很快，婢女就被勾搭上。夜晚，他们急急地行那好事。

这个夜晚，注定不平静。

有一书生，这天也正好住在这户人家，他是懂天文天象的。晚上，他在院子里注视星空，突然发现，有客星逼近帝星，而且速度很快，这是不祥之兆啊！书生很吃惊，嘴巴里发出的惊奇声越来越响，旁人听起来像是大声喊叫。此时，有一男子，拿着刀正想要进房间，听到书生大声喊叫，以为他发现了自己的企图，连忙仓皇逃走。而同时，客星也马上退避了帝星。

刘彻也听到了喊叫声，于是问书生情况。书生就将客星逼近帝星的事说了一下，刘彻脑子疾速一转，马上明白了：这个人绝对是此婢女的老公，他一定是想来杀我的。于是急召羽林军，并立即和主人讲明情况：我是当今的皇上！

结果是，那婢女的老公一会儿就被抓到了。想害我？马上杀掉！书生有功，好好赏赐他！

（南朝宋　刘义庆《幽明录》）

这场妞泡得惊心动魄，刘彻差点没命。

皇帝泡妞，天经地义，理直气壮，是妞的荣幸，是这户人家的荣幸，还是这个地区的荣幸。

美人的老公不好当，想维护自己正当的权益，却丢了性命。

运气好的是书生。书到用时方恨少，一定要活学活用，如果书生观天象，不准确，或者有偏差，那么他就发现不了险情，书生发现不了险情，刘彻就会没命，如果刘彻没命，历史说不定就得改写。

这当然是个故事，可是，故事里充满着刘彻的霸气和匪气。

# 小娘子胡粉洗冤记

　　有户人家，家境富裕。家中只有独子，宠得不行。我们权且叫他高富帅吧。

　　这高富帅，整天在外闲逛。有天，他在某年轻姑娘的店面前停住了脚步，这姑娘，我们权且称她为白丽美吧。白丽美卖胡粉，长得标致，高小子一见就喜欢上了，喜欢得不得了，无法自拔。

　　高小子于是天天跑到白姑娘的店里去，装作买东西，不是装，他是真买，每天买，也不说话，买了就走。

　　起初呢，白姑娘也没有太在意，后来，见高小子天天来，就发现了问题，她有深深的疑虑，一个大男人，为什么要买这么多的化妆品呢？她一定要问清楚。

　　先生，您天天买这个玩意儿，给谁用呢？总不会自己用吧？

　　高小子索性打开话题：嗯，是的，我不是自己用的。我是喜欢上你了，又不敢贸然表达，怕你不高兴。但是，我又想天天见到你，只有来买东西，这样就能够天天见到你了。

　　哎，你真是有心呢。

　　这白姑娘也到了谈情说爱的年纪，见有高富帅如此喜欢自己，感叹之外，自然十分高兴，于是就答应高小子，晚上去他那儿约会。

　　月上柳梢头，人约黄昏后。这自然是一场令人期待的约会。

　　到了晚上，高富帅早早地准备妥当，等待白姑娘的到来。

　　白姑娘在夜色中，如期而至。两个热恋青年，如火中烧，如饥似渴，如胶似漆。高富帅抱着白丽美，深情地说：我的愿望终于在今夜实现了，让我们尽情欢乐吧。

　　欢娱场面令人充满想象。不想，高富帅在激烈"战斗"中突发意外，不幸身亡。

　　白姑娘害怕极了。这怎么办呢？这种事，说也说不清楚的，只有跑掉算了。

第二天早上，已经过了早餐时间，高家父母不见高小子吃早餐，心里还在责怪呢，这小子，昨晚不知野到哪里去了，现在还不起床。

跑去一看，高小子身子已经僵硬。

突如其来的灾祸，高家当然悲痛了。可是，悲痛归悲痛，丧事还是要办的。在办丧事的过程中，他们发现了情况，儿子的箱子中，藏有百来包胡粉，大大小小，一大堆。

高母说：我儿子的死亡，一定与这些胡粉有关！

于是，他们跑到市场上，看到胡粉就买，边买边比对，一直买到白姑娘的胡粉店前，一比较，儿子先前买的胡粉和白姑娘的胡粉，样式一模一样。

高家父母就一把抓住白姑娘，责问她：我儿子和你有仇吗？你为什么要杀我儿子？

白姑娘见此，一边哭，一边将事情的真相说出来。

高家父母当然不相信白姑娘的说辞，他们不相信儿子会这样死去，于是诉官。

在县衙，白姑娘悲痛地说：这件事说不清楚，我也不是怕死，但我是爱高富帅的，请让我到他的灵前去做最后的告别吧。

县官同意了。

白姑娘来到高小子的灵堂前，抚着高的尸体痛哭：高啊，高啊，我是爱你的，你不幸死去，害我说也说不清啊。如果你有魂灵，你就醒来吧，醒来吧。

白姑娘的话刚说完，高小子就醒过来了。而且，高说的事实和白姑娘说的完全一样。

于是，高家化悲为喜，高富帅和白丽美正式结为秦晋之好。

据记载，高和白的子孙生衍得相当繁茂，发展得很好。

（南朝宋　刘义庆《幽明录》）

所有的故事都围绕胡粉展开，胡粉就是定情物。

白姑娘终是知廉耻之人，出事的晚上，她不跑掉又怎么样？所以，她应该得到原谅和宽容。

事发后，她又勇敢地承认，特别是在县官面前的态度，令人尊敬，她真的是发自内心爱高富帅的，为了他，什么罪都能受。

相反，高富帅倒成了次线，算是个摆设，他并没有什么特别的长处，他泡妞用的也是常规手法。

结局终究美好，这也是中国传统文学的常见剧情。

否则，太对不起白小姐了。

不过，这高小子显然不是现代男青年谈恋爱的榜样，不好好工作，整天闲逛，如果人品不好，即便每天都去买姑娘家的胡粉，人家十有八九不会感动。感动不了，那胡粉也白买了。

# 卷三

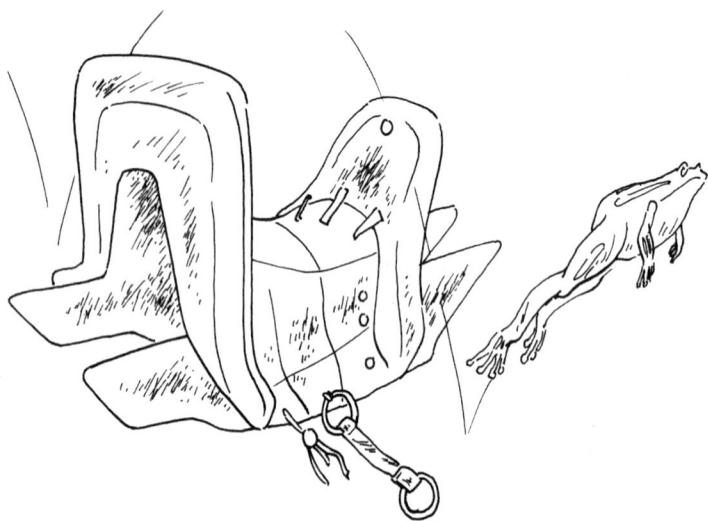

执《马经》求马

# 小气的韦庄

　　韦庄读过很多书，但非常小气。他家里做饭，米都要一粒粒数过，柴火都要一斤斤称过，烧肉的时候，如果碗里少一块肉，他都会发觉。

　　他有个儿子，八岁就死了，夫人用漂亮的服饰装敛他，韦庄却将儿子的衣服剥下来，用旧的草席裹着尸体。葬完孩子，他仍然将旧草席拿回家。他一边走，一边哭，很悲伤。

　　　　　　　　　　　　　　　　（唐　张鹭《朝野金载》卷一）


　　韦大诗人是唐末花间派词人的代表，如此小气，好像与他的名气不相称。

　　数米，称柴，这样的细节，明眼人一看就是夸张。妻子会想，跟这样的人过日子有意思吗？子女会想，别人会怎样看待我们小气的父亲呀？朋友会说，这样的人，还希望他能招待我们一次吗？总之，小气的人，一般人都不喜欢。

　　韦庄真这样小气吗？

　　看一下他的生平，也不是不可能。

　　年轻的时候，孤而贫，五十九岁才考取功名。贫困一直折磨着他，他就是数着米一天天生存下来的。

　　数米可耻吗？陶渊明似乎也数过呀，看着瓮里的小米一点点少下去，他的心里并不好受。对于贫困者来说，有米数已经非常不错了，有米总比西北风强。

　　如果反过来看，这样的小气，也可以解释为会过日子。

　　他知道米来之不易，他也知道伐薪之艰难，他更知道金钱的重要，因此，难得吃肉，肉切成几块，当然是有数的，心里有数，不是想自己独吃，而是便于分配；至于光着身子葬儿子，那也有道理，人死了，就是回归自然，赤条条来，赤条条去，并没有什么不妥，想想看，庄子老婆死了，他还敲着盆唱歌呢。

不是吗？该表达感情，他就怎么表达，一点也不少的，而且很真诚。

人活得真，是很难很难的，一不小心，就会被人说成小气。这样的大诗人也不能幸免。

# 喜欢唱歌的官员

洛阳县令宋之逊，非常喜欢唱歌，后来，他被贬做了连州的参军。这里的刺史陈希古，也非常喜欢音乐。陈就让宋教他家的婢女唱歌。

宋于是每天握着个手板，站在庭院中，很认真地唱，唱得很动情，刺史家的婢女呢，隔着窗子，也跟着他唱，一唱一和，有趣极了。

（唐　张鷟《朝野佥载》卷一）

宋之逊是大诗人宋之问的弟弟，学问应该也不错。他喜欢唱歌，跟被贬没有太大的关系，他深知，宦海有沉浮，该开心还是要开心。

而这陈刺史，也算会发现人才，自己虽然不会唱，但让家里充满歌声，不是挺好吗？要不是夫人嗓子不好（布衣猜测），也要叫出来学唱。

可以想见的场景是，在一个大大的院子里，一大早，有人就在深情地唱歌，而且，男女声，合唱，美声，民族，抑扬顿挫，这场面，多欢快啊！

官员有爱好，这很正常，这样的爱好真可以陶冶性情。

这比那些白天板着脸，装正经，夜里却想法很多的官员，要可爱多了。

# 清廉的母亲

监察御史李畲，他的母亲，对公家事私人事，分得清清楚楚。

有一天，仓库派人将李畲的俸禄米送到他家，李母亲自计量，发现多了三石。她就问原因：为什么会多出三石呢？送米小吏答：送到其他御史家的米，也是这样的；她又问：送米来的车钱要多少？小吏又答：其他御史家送米用车，也不用掏钱的。李母一听，大怒，立即让小吏将剩米及车钱带回，并且责问儿子。李畲核查了此事，于是追究了仓库相关管理人员的责任。

其他的御史，听说李母退回剩米及车钱，都很惭愧。

（唐　张鷟《朝野佥载》卷三）

这真是一位廉洁的母亲。

御史是纪检监察官员，职责就是监督管理，但在利益面前，谁都要接受考验。

仓库管理人员，本想讨好御史，米，多个几十斤，还白送到家。对那些惯揩公家油的部门和官员来说，这都不算什么事。而且，从小吏的行为看，这已经是惯例了，因为别的御史家都接受了，没什么不妥。

可是，李母不这么认为。公家的东西，不能揩一分一厘。你今天揩了油，明天就会成惯例，后天就会揩十分十厘；没有人追究，大后天就会揩百分百厘；再侥幸过关，大大后天就会揩千分千厘。这就是人性贪欲的规律。

严母出孝子，这种孝不仅能长期侍奉双亲，更能明哲保身。

# 扯淡的算卦

这是作家亲身经历的事情。

我在德州，做平昌县令。有一年，大旱。州里的官员下令让我们请师婆、师僧祈雨。结果，祈了二十天，一滴雨也没有。我火了，命人将祭祀的土龙推倒，结果，夜里就下了大雨。

江淮一带的人，喜欢鬼神，生病了，不看医生而祭鬼神。我曾经在江南的洪州停留了数天，听说这一带有个何婆，很擅长占琵琶卜，于是，我就和郭姓司法官一起，去探个究竟。

只见何婆的家门口，问卦的人堵住了门，送的东西塞满了她家的过道。这个何婆，看上去倒是和颜悦色的，但冷眼观人。郭司法拜了又拜，问他的前程。何婆将琵琶的弦调好，装模作样弹了一下，然后发话了：你这个大官人啊，今年会得一品官，明年会得二品官，后年会得三品官，大后年会得四品官！郭笑了：阿婆啊，品少才是高官，品多官才小呢！何婆立即改口：今年减一品，明年减二品，后年减三品，大后年减四品，五六年后，你就没品了！郭听到这里，立马站起来，大骂而去。

在京城崇仁坊，我还看到过，阿来婆弹琵琶占卜的笑话。

来婆门前，同样宾客填门。一将军，紫袍玉带，极伟岸，他送上一匹绸绫，要求算一卦。来婆点上香，弹响琵琶，眼睛一闭，唱上了：东告东方朔，西告西方朔，南告南方朔，北告北方朔，上告上方朔，下告下方朔。只见将军顶礼膜拜，口中念念有词，求告的项目还挺多呢。

（唐　张鷟《朝野佥载》卷三）

看来，算卦的迷信事情，古人也并不全信。

作家也算文化人，他是弄得清楚的，那些所谓的算命，自己都弄不清楚，还有什么西方朔、南方朔，完全是扯淡。

但是，偏偏也有很多人，还是宁可信其有，虔虔诚诚，认认真真。

不过，大部分的所谓算命师，大都有一些心理学知识，能察言观色，且能说会道，装模作样，连吓带蒙，业内也有些知名度。

不过，要是能算，算命人何必在烈日下摆个草摊，苦苦等待，挣几块钱，直接上彩票店买张彩票不就成了吗？

# 假孝子

东海有个孝子，叫郭纯，母亲去世了，很悲伤，每一次都大哭，每次哭的时候，都有很多的鸟飞到他家的院子里。官府派人一核查，真有此事，这是郭的孝心显灵啊！于是授锦旗，在全乡表彰他的孝心。

有人不相信，偷偷侦察，终于搞清楚原因，那些鸟是他训练出来的：以前他每次哭的时候，就将饼子掰碎，丢到地上，群鸟争着来食，一连好几天都这样。后来，那些鸟一听到郭纯的号叫，就飞到他家的院子里集中了。

（唐　张鷟《朝野金载》卷三）

古代对孝子是很重视的，朝廷和各级官府都要表彰，孝子们也很有脸面，他们是社会道德的标杆，人人都要学习，那著名的二十四孝就是典范。

于是，就有人千方百计要去做孝子。真是千方百计，那就好了，整个社会就会和谐一片，老有所养，老有所乐。

晋武帝三度征召李密，对他的官职还一升再升，可李密就是不肯赴任。理由呢？李密的《陈情表》里写得情真意切：皇帝呀，我不肯出来做官，没有其他什么原因，主要是我有个需要照顾的老祖母，她已经九十六岁了，而我爹在我六个月大的时候就去世了，我娘也随后改嫁，是老祖母将我带大的，我今年四十四岁，报效皇帝您的机会还长着呢，但老祖母没有我，一天也活不下去，我们祖孙俩相依为命。对于这样的真孝子，皇帝难道还会拒绝他的请求吗？

也因此，有人就要钻空子。

沽名钓誉，它的前提是，有好处可以得到，如果没有好处，估计这个所谓的誉，白给他也不要。

郭纯这样的假孝，只是装装样子，做给别人看，老人生前的时候，他肯定不会那么孝顺，如果真有孝心，也不会做后面的假动作。

鸟是一个检验器，检出了假孝，也检出了人心。

# 狐假虎威李庆远

李庆远是中郎官，阴险狡诈。

他刚服侍皇太子时，颇得太子好感，太子府中直进直出。临时外出公干，都要显示一下他的特权，宰相以下的官员，都像对待大官一样待他。

有次，宰相刚坐下来吃饭，他就来了。别人都给他让座，他却派一人到门外高呼：太子有令召见！弄得宰相只能放下碗筷，急急忙忙跑去见太子。各部门的好多官员，都被他这样算计过。一般人要请他办事，只有买官和花钱减刑，他才会给你办好，其他的事概不理会。

后来，太子渐渐疏远了他。他仍然千方百计想抱这棵大树。有一次，他偷偷潜到太子侍卫的住处，偷吃卫官的饭菜。晚上外出时，肚子却痛了起来。他捂着肚子，还连连吹牛：太子对我真好，真客气，他让我吃瓜，吃得太多了，吃撑了，肚子不舒服。一会儿，大吐不止，吐出来的东西，却是一些糙米饭，还有没消化完散发着臭气的黄韭菜。

（唐 张鷟《朝野佥载》卷三）

小人得宠，大多如此。

事情不多，但李庆远的嘴脸已经很生动了。这种小人，手中拿着令箭，到处炫耀，好像他就是太子，因此，他干出的事情，太子肯定干不出来。

一旦权力失去，便如丧考妣，所以，他会死死拽牢那根救命绳。

卷五有记载史部侍郎郑愔。这个郑侍郎，初依附来俊臣，俊臣被诛，即附张易之，易之被戮，附韦庶人，后附谯王，最后终于被斩。

不抱大腿，他就活不下去。他贪赃枉法是必然的。

李庆远也很像现代某些官员手下的工作人员。

说起官员身边的那些贴心人，话题就很多了，一句话，鸡犬升天的多，同下地狱的也多，这个，时下诸多例子都可以证明。

对于李庆远们来说，权力比爹妈还亲，权力胜过一切。

# 吃饼丢官

武则天时，令史张衡，是个四品官，因为他努力踏实，准备将他升到三品，已经上报，只等皇帝批准了。

有一天，他退朝回家时，肚子也饿了，看见路边的蒸饼小摊，新出锅的饼，香味扑鼻，一下子引来了食欲，就买了一个，边骑马，边吃饼。

这一幕，正好被朝廷纪检部门的官员看到了，立即告到皇帝那里。武则天批示道：流外出身，不许入三品！

（唐　张鷟《朝野佥载》卷四）

吃饼丢掉三品官，布衣分析原因主要有：

官员从流外到流内，是个台阶，就如现代的公务员编制或者事业编制甚至工人编制企业编制一样，有一个很长的过程。

武则天做皇帝，水平足够，但她深知，有很多人还是不服，只有靠明暗两种制度来掌控了。因此，则天朝对官员的言行细节，都有十分细致的考核要求，还具体到吃相，这关乎礼仪，所以路边小摊买点吃的都不行。

官员也不容易，很多都是空着肚子上朝的，因为早啊，并不像我们八点半甚至九点上班，他们往往凌晨三四点就要摸黑上朝。

另外，那些御史真的很尽职，不管在哪里，不管什么人，都要举报。他们的职责就是举报。

张衡，一个官员，因为在一个不恰当的时间里，吃了一个饼，就丢掉了职务，真是有点可惜呢。

韦绚的笔记《刘宾客嘉话录》里，刘仆射就很幸运，他也吃饼，光明正大地吃，但官职还是好好的，因为武则天的时代早就过去了。早朝的时候，天很冷，他见路边有卖饼的，热气腾腾，连忙买了两个，还用袖袍包着吃，边吃边和同伴夸饼：美不可言，美不可言啊！

# 裴县令妙计还牛

卫州新乡县令裴子云，脑瓜子好使，断案常出奇计。

他辖下有个叫王敬的百姓，因为当兵保边疆，将六头母牛寄养在舅舅李进家里。李进养了五年，六头牛陆续生下三十头小牛，每一头价值都在十贯以上。

王敬退伍回乡，要求舅舅还牛。原来六头母牛已经死了两头，舅舅就将另外四头母牛还给王敬。说剩下的小牛，不是他的母牛所生，拖着不肯还牛。

王敬很愤怒，告状到县里。

裴县令就将王敬关进牢监，并派兵去捉拿偷牛贼李进。

李进被抓来后，吓得要死。一进公堂，裴县令惊堂木一沉：有盗贼带着你偷了三十头牛，现在就藏在你们家，还不从实招来！然后用布衫将王敬的头罩住，让他立在南墙下，要和李进对质。

李进急了：县官大人啊，我这三十头牛，都是我外甥王敬的母牛所生，实在不是偷来的。

裴县令让人将王敬的黑布衫拿下，李进一看是外甥，马上不响了。县令问：这就是你外甥吗？李答：是的。裴县令：如果是你外甥，那你就将牛还给他。李进这时说不出话来了。

裴县令于是判决：五年养牛辛苦，给你留下几头，其余的都要还给王敬！

（唐　张鷟《朝野佥载》卷五）

这几乎是一个喜剧。

生活中这样的剧情还是蛮多的。因为一方不按规则办事，于是就有了纠葛，而这种纠葛，道理有时往往并不十分清晰。

就如本案，李进说这牛是他的，有一定道理：你的牛只有六头，我都还你了。这些小牛，只不过是借用了你家的母牛所生，小牛非母牛，所以，这些小牛并不是你家的牛。

而王敬则认为：没有我的母牛，你家的小牛就不可能有，母牛是因，小牛是果，所有的牛都是我的，你必须归还我。

而裴县令的推理是，这些牛是哪里来的？是偷来的吧，你一定要讲得清楚你那些牛的来历，否则就有嫌疑。这样，就用逻辑的力量，将李进逼到了墙角。

这样的民事纠纷，是需要用智慧来解决的，解决完美，就成了喜剧，一件让人看了听了都开心的好玩的事情。

# 哲学大师神鼎

神鼎其实是个和尚，行为比较古怪。他不肯剃头，能吃一斗酱。他也乞讨，讨得粗布破衣，他就穿上，讨得锦绣绫罗，他也披着。

有一天，他去听利贞法师讲佛法。

神鼎问法师：世界的万物，有定还是不定呢？

利贞答：万物有定。

神鼎说：如果按您的说法有定，那么高山为什么会变成河谷？深谷为什么又会变成山岭呢？有的死了又生了，有的生了又死了，万物其实是相连的，六道也互相循环，怎么能说有定呢？

利贞答：万物不定。

神鼎又说：万物如果不定，那么我们为什么不把天叫作地，把地叫作天，把月亮叫作星星，把星星唤作月亮呢？怎么能说不定呢？

利贞法师，无言以对。

有一天，张文成正好碰到神鼎，他恭维和尚说：我看法师的行为就和菩萨一样。

神鼎笑笑答道：菩萨得到什么不欢喜，失去什么不悲伤，打他他不怒，骂他他不恼，这才是菩萨的真面目；而我，讨得东西就高兴，讨不到就悲伤，有人打我我会怒，有人骂我我要恼，我的行为，离菩萨远着呢！

（唐　张鷟《朝野佥载》卷六）

其实，神鼎的话题还是可以回答的，他只是巧妙地偷换了概念，定和不定，得看从什么角度分析。正如《周易》所讲的道理一样，万物是变的，而变永远不会变，这就是永恒的规律。高山变河谷，是变，这是运动规律，天地的名称为什么不可以变？这只是一个概念，假如当初我们将地唤作天，将天唤作地，现在天地的概念就完全倒过来，就如人生下来叫什么都是叫，只是暂时的定。改个名，或取个笔名，也就变了。

但神鼎还是活得很自在，很随意，也就很潇洒。

佛法不是也讲率性吗？自由自在地生活，无拘无束地思考，原因就是他心中有一个信念，心不为外物所役、所限，怎样生活都可以，内心都是快乐的。

一下子想起花和尚鲁智深。

智深和尚的做人原则是，只要佛法心中有，酒肉可以穿肠过。

形式只是外衣，难怪神鼎鲁智深们这么气定神闲。

# 执《马经》求马

尹神童，经常和我说伯乐儿子找马的故事。

伯乐让儿子拿着《马经》上画着的样子，去找千里马。儿子也很努力地找，一年过去了，都找不到和书上相似的好马。儿子只能回家向老爹汇报，没有找到。老爹鼓励儿子说，再去找找吧，一定能找到的。

儿子又从家里出来，正好碰见一只大蛤蟆，他立即跑回家，非常快乐地对父亲说：我找到一匹好马了，这匹马和《马经》上画的差不多，但是不能将它买回来。

伯乐就问：为什么不能买回来呢？

儿子回答：此马的头颅隆起，两眼突出，背脊直而有纹理，但是，蹄子不能像好马那样连续奔跑。

伯乐内心其实已经有数，他笑了：这匹"马"喜欢跳跃，却不能胜任千里马的称呼呢。

伯乐的儿子也笑了，于是停止了找马。

（唐　张鷟《朝野佥载》卷六）

伯乐找千里马成功后，名声大振，成了"猎头公司的CEO"。他想将这一技艺传下去，哪知小伯乐只知道按《马经》办事。于是，那只大蛤蟆就成了小伯乐的目标，因为，从外形上看，很像啊。

执《马经》求马，其实就是按图索骥。

还有郑人买履，一定要将鞋子的尺寸量好带上，有脚在身上也不试穿一下；还有纸上谈兵，围这打那，歼此灭彼，殊不知对手刀箭的无情；还有守株待兔，得来全不费功夫，以为一定会有下一只兔子撞树。

这些，说的差不多都是一个道理，按照前人或者已有的方法和经验，一成不变地处理问题，死抱规矩，不知变通，只能闹笑话。

其实，伯乐也有责任的，他为什么不直接告诫儿子呢？伯乐之所以成为伯乐，就是因为他能根据实际情况的变化而挑选人才。估计他是想让儿子独自去碰碰壁，积累一些教训，从而找到真正的千里马。

卷四

杨贵妃的袜子

# 敬　业

隋朝仆射高颎，在睡床边上，放有一个装粉笔的盘子，想到一件公事，立即写到上面。第二天，再写到专用工具上，上朝的时候汇报。

唐太宗，每次见到上报文书中有好的内容，一定会让人粘贴在寝殿的壁上，走路睡觉都可以看。

（唐　刘𬗋《隋唐嘉话》卷上）


一个是皇帝，一个是要履行和宰相差不多职务的高官，风险大，责任大。所谓日思夜想，说的就是这样的领导。

仆射是履职，他不仅要做好分内事，更要替皇帝考虑周全，国计民生，国家防务，人事布局，哪一样不操心？

李世民，好不容易得来的天下，当然要殚精竭虑。有意见要听，广开言路，民主决策，兼收并蓄，用人所长，只要是好建议，都要听。不是听听就过了，而是要常常听，天天看，为的就是大唐的天下长治久安。

当然，历朝历代都有不少如此敬业的君臣，只是，有的当然不仅仅是考虑公家的事了，也顺带兼顾个人的私事。

在现当代，挟私也普遍。

# 随意的考核

尚书卢承庆，主管内外官员的考核。

有一次，一官员监督运粮，遭遇风暴，损失了米粮。卢尚书考核道：监运损粮，考核中下。这个官员听了后，神情自若，没说一句话就退下。卢一看官员的表情，认为他很有雅量，不顶撞，没发作，就改写道：非力所及，考核中中。这个官员听了后，脸上还是没有表现出任何高兴和惭愧。卢尚书马上又改写道：宠辱不惊，考核中上。

（唐　刘𫗧《隋唐嘉话》卷中）

考核的随意性，每个朝代都有。但卢尚书，见人见事，一连改三次，还是少见。

这种随意性，缘于考核没有详细的量化标准。这个官员的考核消息，一定会传播出去，那些刁钻的官员，会以什么样的方式去迎合（亦是对付）卢尚书？

但是，即便有非常明确的量化标准，还是有极强的人为因素。亲亲疏疏，先入为主，每个单位和部门的那些先进，基本上很集中，即便勉强，也有诸多的理由，没有功劳还没有苦劳吗？

# 统统拔去风筝头

唐高宗时，杨德干，做万年的县令。

有宦官依仗皇帝恩宠，放风筝时，不管老百姓的庄稼地，乱踩乱踏，杨县令将他抓来，打了二十大板，然后，将风筝的头统统拔掉。

宦官哭着跑到皇帝面前投诉，还将血淋淋的背脊露给皇帝看，高宗回答说：你早就知道这个家伙厉害，为什么还要去冒犯他的百姓？根本不去理这个事。

（唐　刘悚《隋唐嘉话》卷中）

杨县令也是大胆，但他有底气，谁损坏老百姓的利益，我就对他不客气，我才不管你是谁呢，理在咱这边。

那宦官呢，也是大胆，咱是皇帝身边的人，有什么好怕的？于是，一路大胆而来，老百姓的庄稼算什么啊！

那唐高宗呢，就是装糊涂。如果他要弄明白，得罪了太监应该是小事，不满意，就换一个嘛；得罪了杨县令，那一定是大事，不仅杨县令会不依不饶，天下的官员也会笑他，天下的百姓都会骂他，多不合算啊！

瞧瞧，这唐高宗还是挺会做人啊。

# 狄仁杰拆庙

狄仁杰做江南安抚使时，一下拆掉了七百多座庙，这些庙主要有周赧王、楚王项羽、吴王夫差、越王勾践、吴夫概王、春申君、赵佗、马援、吴桓王等神庙，只留下四座：夏禹、吴太伯、季札、伍子胥。

狄仁杰拆它的理由是：有害于人。

统统拆掉。

（唐　刘悚《隋唐嘉话》卷下）

这样的拆庙，力度还是很大的。

为什么会有害于人？庙是用来给人拜的，拜不能白拜，还有，维修也是沉重的负担，这些钱都会问谁要？财政拿不出，当然只好向老百姓要了。拜了有什么好处吗？能风调雨顺？基本是扯淡，大家心知肚明的。

留下的四座，在狄仁杰看来，也许是文化和精神的象征，老百姓有个精神的寄托，也好。

这些庙，也可以看作工具，用来统领百姓心灵的工具，完全没有，可能不妥，它也是文化的传承，但多了滥了，绝对不是什么好事。

古今同理。

# 杨贵妃的袜子

唐玄宗逃四川，到了马嵬坡驿站。在佛堂前的一棵梨树下，高力士拿了根绳子给杨玉环：皇上说，让您自行了断，否则，我们大家都走不了。

驿站里有个老妇人，极有眼光，收得贵妃锦袜一只。相传，住店的客人，想要看一下这只袜子，必须付一百钱才行。老妇人，因此而发家致富。

（唐　李肇《唐国史补》卷上）

这基本上是名人崇拜了。

贵妃的袜子，很多人都想一睹：贵妃的玉脚有多大？贵妃到底有多妩媚？唐玄宗会亲自替贵妃穿袜吗？这只锦袜是哪里生产的，有着什么样的工艺？客人想要问的问题太多了，他们太好奇，有的也许仅仅是想闻闻，有没有贵妃的体味呢。

这只袜就是杨贵妃的"DNA"，她的神秘，兴许能通过一只袜子探出大概，不因为别的，就是好奇心重。

二十世纪六十年代，有人上北京握了领袖的手，数十天不洗，为的就是让别人也来握一握，沾沾伟人气。这也算是另一种名人崇拜吧。

# 装门帘

李廙，尚书左丞，有清廉的名声。他的妹妹嫁给刘晏，而刘那个时候正掌权，势力如日中天。

有一天，刘晏去李宅拜访，看见李家的门帘极破旧，就偷偷地让人量好尺寸。新门帘用粗竹编织而成，根本不加修饰。刘三次带了新门帘到李家，都不敢说这件事，最后只好不了了之。

（唐 李肇《唐国史补》卷上）

一个粗竹编织的新门帘，应该值不了多少钱。

妹妹家送一个门帘给哥哥家，也属人之常情。

然而，送了三回，都没送出去。门帘的背后，一个清廉的官员形象展现出来，不是我的东西，坚决不要。门帘旧了破了，只要能遮风避雨，并不会妨碍什么事，为什么一定要换新的呢？

从这件事看，刘晏虽然权力大，但也算有节制，小事都如此谨慎，想必也是守规矩。

一个粗糙的门帘，两个官员的形象都呼之欲出。

一天三口误

郗昂与韦陟（韦安石），是很要好的朋友。

有一天，他们在议论国朝宰相的人品问题。韦陟问：依你看，哪一个最没有德行呢？郗昂回答：韦安石啊。话一说完，郗就知道说错了，不好意思，急忙跑掉。

在大街上，郗昂碰到了好朋友吉温。吉温问郗：您为什么走得如此急急忙忙啊？郗昂说：咢，刚刚在和韦尚书谈我朝宰相哪个最无德，我本想说吉顼的，却说成了韦安石。说完这一句，郗昂朝吉温仔细看了看，哎，不对，又说错了，吉顼是吉温的大伯呢！

郗昂鞭打快马，落荒而逃，到了好朋友房琯宰相的家里。房宰相握着郗的手，热情地慰问：什么事将老兄搞得这么狼狈啊？郗又把事情讲了一遍，然后道：我本想说房融最无德的。结果又说错了，房融是房宰相的父亲呢。

郗昂一天之内得罪了三个人，满朝惊叹。但只有韦安石和郗绝交了。

（唐　李肇《唐国史补》卷上）

这样的事情，似乎是空前绝后。有不会说话的，但还没见过这么不会说话的。

这个郗昂，一定有社交恐慌症。医学上怎么解释，我不清楚，但绝对是一种病症。

有时，想着不要出差错，不要出差错，可偏偏就是出了差错，太紧张，太关注，往往将事情搞砸。

我在运河边走路，看到前面来个人，想要错开他，但是，就在快要碰上时，左一下，右一下，这个方向总是冲着对方去的，对方似乎也有这样的倾向，你让我，我让你，一让二让，两人都笑了。我不知别人会不会有这样的情况，反正我偶尔会有。解决的办法极简单，就是自己一直走，不改变方向，就如开车开自己的道，这样就不会发生错误了。

也许，郗昂的心里确实是这样想的，怎么想就怎么说了，说了大实话而已。

# 另类治堵

去往渑池的道路上，有一辆车满载着瓦瓮，因东西太重，在一个关口堵牢了。天寒地冻，冰雪很滑，一边又是悬崖，众人进退不得。

天色已接近傍晚，路上越堵越长，有近千辆官车和私家车堵在一起，一点办法也没有。看着天上的飞鸟，大家真是羡慕呀，要是车也能长翅膀就好了。

这个时候，扬鞭快马，来了个叫刘颇的客商。他四周察看了一下情况，略一思索，就问事故车主：你这个车上的瓮大概值多少钱？车主回答：值个七八千钱吧。刘颇翻开口袋，拿出钱给了车主，并叫帮忙的仆人爬上车，将装瓮的绳索砍断，把瓮全部推到悬崖下面。一会儿工夫，车子上的东西就下空了，轻装前进，交通死结马上打开。

（唐　李肇《唐国史补》卷上）

刘商人真是活脑子，否则大家都走不了。

由此看来，治堵最最需要的是两点：一是好点子，二是有经费。好点子是最主要的，我相信，有钱的绝不只是刘商人，如果刘商人也没有钱，但他可以将这个点子告诉大家，让有财力的人来治堵。当然，经费也极重要，如果没人出钱，或者没有人出得起钱，加上车主也是死扛，那就会有大麻烦。

好点子延伸开去，还包含着科学的管理。以现代治堵为例，东京的车，欧洲一些大城市的车，绝对不会比北京上海的少，他们的交通也堵，但不会有我们那么堵，其中一个重要的方面，是科学管理，你虽然已经科学了，但远没有人家科学，再加上行人规则意识存在的差距，交通状况就会完全不一样。

刘商人巧治堵，还提供了另一种思考的角度，就是反常逆向思维。有的时候，看似已经山穷水尽了，但只要细细穷究，找出事物间的联系点，打破思维常规，就一定会柳暗花明的。

# 韩愈遇险

韩愈很喜欢冒险。

有次和朋友一起去爬华山，出了大问题，他估计返不回去了，就写了遗书，一边写一边痛哭，哭得极伤心，甚至有点歇斯底里。

华阴县令得知韩愈遇险，组织营救，想了很多办法，百计千方，终于成功。

（唐　李肇《唐国史补》卷中）

文人一般喜欢那些人迹罕至的地方，因为有无限的风光，用他的笔一描写，就成千古名章了。

我们可以设想韩博士遇险的狼狈情景：又冷又饿，精疲力竭，到处都是万丈深崖。回不去了呀，我还年轻啊，我还有很多的文章要写啊，我还有很多的事要做啊，当然，还有老婆孩子一大堆。

人不管多么伟大，在大自然面前，都渺小得很。

一千多年后，我也去爬了华山，已经不太感觉得到韩愈时代那个险了。

于是，喜欢冒险的，都去爬尚未开发的雪山等。

为什么要登山？因为山就在那里。

# 以怨报德害己命

有人说，天下没有兵祸的时候，常常会有很多刺客。

李勉做开封县尉时，有一次审问犯人。他发现，某犯人意气不凡，向李求活命，李被感动，就放了他。

此后数年，李罢官，闲游河北，偶然碰见那个犯人。某犯非常高兴，将李带回家，热情地招待。某犯对妻子说：这个李大人就是救我命的人，我们怎么报答他呢？妻子说：送他一千匹绢缎行吗？某犯说：不够。两千匹呢？还是不够。妻子说：如果这样的话，那还不如杀了他。某犯心动了。

某犯家的仆人，可怜李勉，就偷偷地告诉了他。李听说后，匆匆穿好衣服，上马逃跑。跑了大半夜，跑出一百多里地。李跑进了河边的一家旅店，店里的老板看到李，大吃一惊：这个地方晚上多有猛兽出没，您怎么敢一个人独自跑路呢？李勉就将前因后果说了一下，话还没讲完，就见一个人从房梁上跳下，讲了一句：我差点杀了一个品行高尚的人。说完就跑掉了。

天还没有亮，那位梁上的刺客，又回到了旅店，只见他提着某犯夫妻二人的头颅，给李勉看：先生，这就是以怨报德的下场！

（唐　李肇《唐国史补》卷中）

这基本上就是一部简短的传奇小说了。

李县尉救了某犯，倒不完全是徇私，因为他没有这个前提，他只是感觉某犯比较有思想，自辩得有道理，如果不是死罪，感化教育也是一种处罚，这也符合法治精神的。

从某犯家的经济条件看，应该是个富户，他们家能拿得出那么多的财物，还有仆人。但是，事情坏在某犯的妻子手上。他的妻子也许是这样的逻辑：既然我们报答不了他，那还不如杀了他，永远了结这件事，也就问心无愧了。而某犯居然也同意这样糟糕的恶报计划，真是劣性不改，看来李县尉的眼光真不准，他看错了人。

故事的高潮显然还表现在一方面，那就是旅店梁上的刺客。

刺客的素质，有高有低，高的如荆轲，为国家可以献出生命。这梁上的刺客，显然有图财害命的意图，然而，当他听了李勉的故事后，立即改变了想法，他后面的行动，证明了他是一个行侠仗义的刺客。

# 水果百官

李直方家，曾经将一些著名水果排名，比作进士的名次。

排第一的是绿李，第二名是楼梨，第三名则是樱桃，柑子则为第四，葡萄第五。有人推荐荔枝，说应该将荔枝排在首位。

有人又问了：栗排第几呢？有人这样答：从果实上考量，应该在第八第九的样子。

（唐　李肇《唐国史补》卷下）

绿李是状元，楼梨是榜眼，樱桃则是探花。

状元、榜眼，数一数二，这是什么李？这是什么梨？它们一定是少见又少见，好吃又好吃，少而贵，老百姓吃不起，才会有这样的名次。

其实，在唐朝，比较流行的是樱桃。上至宫廷，下及民间，初夏时节尝樱桃，成为时尚。皇上赏赐、民间交往，常常用樱桃，那些新考上的得意进士，举行宴会，樱桃也是主角。

卢延让这样写诱人的樱桃：万颗真珠轻触破，一团甘露软含消。有人统计，《全唐诗》中，樱桃出现了九十四次。

即便现在，这个樱桃，土的、洋的，各种嫁接过的，仍然是人们喜爱的水果，看看那样子，鲜红欲滴，犹如绰约少女，人见人爱。

二〇〇四年夏日，我们从稻城往康定途中，路两边全是樱桃，十块钱四斤，一车人吃得爽足。

这几年又来了美国樱桃，应该是比较贵的水果了。还别说，确实好吃。绝对应该排名第一。

补插一句：宋朝赵令畤的笔记《侯鲭录》卷一中，又将这个水果百官，直接抄了一遍。

不过，还是官本位意识，将水果也往官职上凑。官职有限，水果品种却无限，仅有的官位，显然对其他没排上职位的水果不公平。

广袤而深厚的山野，树枝上挂着的野生猕猴桃，熟透的味道，绝不是一般的水果可比，那是凝结天地间精气而成的沁心甜味，它们可是什么级也轮不上的。

# 能干的宾馆管理员

江南有个驿站小官，做事十分干练。刺史初上任时，驿吏报告：我们站里的东西全都准备好了，请大人检查。

刺史走进放酒的仓库，各类佳酿一一陈列，门上还画有一幅像，刺史问：这是谁啊？驿吏答：这是杜康。刺史表扬他：你真有心啊！又走进放茶的仓库，各种茶叶齐齐存放，门上又画有一幅像，刺史问：这又是谁啊？驿吏答：这是陆羽（鸿渐）。刺史越发称赞驿吏会办事。又走进放蔬菜的仓库，各样蔬菜应有尽有，门上还画着一幅像，刺史问：这又是谁呢？驿吏答：这是蔡伯喈（蔡邕）。刺史大笑：这个就不用了吧。

（唐　李肇《唐国史补》卷下）

这个管理员，职位应该不高，充其量是个国家基层公务人员，在国家的旅游或通信机构任职，但做事确实有条理。

那些驿站，承担着国家繁重的各项任务，连当地主要领导都这么重视，如果管理出现问题，如果来往人员对服务和质量不满意，那么，南来北往的客人，投诉的机会也多，该地主要长官会吃不了兜着走的。

酒，茶，菜，日常的必需品，这个管理员，脑子极其清晰，分门别类，秩序井然。

只是委屈了蔡中郎，让他当蔬菜门神，估计就是姓蔡的缘故。哈哈，蔡和菜，有什么区别吗？

# 宋之问杀外甥

刘希夷的诗，有两句很有名：年年岁岁花相似，岁岁年年人不同。

舅舅宋之问，爱死刘外甥这两句诗了，他得知诗还没有公开发表，于是恳求外甥，将这两句诗的版权送给他。刘希夷不肯，再求，还是不肯，宋舅舅一怒之下，叫仆人用土沙袋压死了这个二十九岁的外甥。

（唐　韦绚《刘宾客嘉话录》）

没有更多的细节，《唐才子传》及许多地方都有这样的记载。

刘希夷死于非命，但是不是被他舅舅害死的，没有定论。

我们假设是真的。

文人最大的满足，是写出千古名句，但江郎才尽的事是经常发生的，于是代笔之类就层出不穷，有的人有才，但没有名，那么，他就可以用才来换他的生活必需品，或者金钱、官位等。那些有名但才失的文人，为了保持这个名，会不择手段，连乾隆皇帝也需要这样的虚名，他的好多诗就是沈德潜、纪晓岚等人代笔的。

这样的情结一直保持到现在。有的高官水平也高，经常要发表高论，那些经常见诸媒体的，有的署名已经非常人性化了，两人，三人，甚至四人，但是，真正的作者往往排在最后，那最后的作者有什么办法呢？领导叫你写，已经看得起你了，你以为你是谁啊！

所以，宋之问完全有可能杀刘希夷，为了好句子着魔，什么也顾不了。

当然，也有很大可能是假的，宋之问的文名也不小啊，虽然武则天知道他的才，但是，老宋牙齿有毛病，口臭，武则天怕熏，一辈子都没重用他。唉，他怎么不学学宁王呢？宁王每次和宾客谈话讨论时，都是先含嚼沉麝才开口，一开口，香气喷于席上。

虽如此，多两句少两句有什么呢？能用利益换来就算了，何必要人性命呢？更何况，青史要留名，留好名，也会留恶名的。

为了两句绕来绕去的顺口溜杀人，不值得。

# 张延赏判案

宰相张延赏，要去兼职度支使，他得知那里有一个大案子，有冤情，每次谈到这个案子的时候，他都非常痛心。

等到张宰相接手这个案子时，他就将有关官员叫来，很严厉地对他说：这个案子，已经拖很久了，限你十天内必须了结！

第二天，张宰相发现，他办公桌上有一张小条子，上面写着：给钱三万贯，希望不要过问此案。张一见，大怒，更加督促审案官员，抓紧办案。第三天，张宰相发现，他办公桌上又有一张小条子，上面写着：给钱五万贯，再不要过问此案。张更加愤怒，要求审案官员，两天内审理完毕。第四天，张宰相发现，他办公桌上还有一张小条子，上面写着：钱十万贯。张宰相叹了口气：都十万贯钱了，这个钱真能通神了。没有什么案子不可以逆转的，如果不收钱，我担心祸害就要来了。于是不得不终止了这件案子。

（唐　张固《幽闲鼓吹》）

这是典型的有钱能使鬼推磨。

鬼推磨的前提是，要让人变成鬼。基本招数就是利诱。当利小的时候，人还不能变成鬼，因为他要计算一下成本，成本太大了，不合算，不值得。但是，利益大的时候，大到足够让所有的人都动心的时候，他也算成本，这时，他往往忽略了总成本，将侥幸当作重要因子，于是，很多人就成了鬼。

变成了鬼，总要推磨的，钱的目的就是让鬼推磨，而且，要老老实实地推，一步步按他人的意志推，不能有闪失，也不能怠工慢工，因为牵牛鼻子的绳在他人手里牢牢攥着呢，他人可以任意驱使，随心得很。

我相信，那些被捉进笼子成了鬼的各类官员，特别是那些贪了成千上亿的甚至更多的，基本符合这个规律。

张宰相只是古今官员中的一例，小小的普通一例。

# 空头介绍信

元载做中书省宰相时，有个在宣州（今安徽）的亲戚前辈，卖掉了家里的房产，来投奔元宰相，想谋个一官半职。元载估计此亲戚不能胜任官位，就写了一封给范阳节度使的信，交给亲戚，打发他前去河北。

该亲戚生气得不行，但也没办法，只好拿上信走了。

到了幽州地面，想着自己卖了家当去投奔，只得了一封信，心实在不甘，但转念一想，如果信写得好，说不定他做官发财还是有希望的。这么一想，忍不住就拆开了信，一看，一张纸，一个字也没有，只写了元载的名字而已。这亲戚又悔又怒，想当初，真不该去找他呀。他又想折转返回，再去找元载，一想，都已经走过千里地了，我还不如拿着他的信，去节度使官衙试试效果。

该亲戚到了节度使官衙，如此这般地一说情况。接待的官员一听，不敢怠慢：既然是宰相的亲戚，难道没带他的什么书信吗？有的。该亲戚很从容地摸出信。官员一看有信，立即向上级领导汇报。过了一会儿，见一武官托着一盘子，将书信接走了。书信送进去后，一会儿工夫，就有人将他安排到上等宾馆住宿。

元载的亲戚住进高级宾馆，好吃好喝待着，惬意无比，一住就是数日。

亲戚去辞行，节度使大人再送他一千四绢（当时绢也作货币使用）作盘缠。

（唐　张固《幽闲鼓吹》）

元载应该知道他签名的分量，或许，他的这种签名已经不是第一次了。

一般说来，空头介绍信显现出神奇的力量，需要两个关键前提：

权力。权力越大越神奇。一人之下，万人之上，掌握着许多官员命运的主，自然神奇，即便节度使这样的一方大员，也要畏惧几分。以此类推，官员的级别，一级一级往下降，都会有不同的神奇，即便是吏，只要他手中有一丁点小权，也有作用。现今那些被捉的官员，有许多就是他们的利益关系人凭着空头介绍信到处敛财的。

财富。财富也是话语权，金名片，现今尤甚。

如此的空头介绍信，还需要一个全社会的认可过程，不过，这不用太担心，几乎没什么人会提出异议，即便有，也是极少数，不合时宜者，注定会碰得头破血流。

元载的亲戚，自断后路，千里去投奔，需要前瞻的眼光和决绝的气魄，虽然见识不多，但当时的大环境，他应该十分清楚。

不过，六亲不认，连个名字也不肯写的例子，历史上也有不少。他们知道，这空白介绍信，就是权力的另一种滥用。

卷五

狗头新妇

# 贺知章乞名

秀书监官员贺知章，有大名，八十六岁退休，回浙江老家时，皇帝又重重地嘉奖了他，此前，他得到过皇帝的多次褒奖。

贺大诗人和唐玄宗告别时，一把鼻涕一把泪，伤心至极。

皇帝又问：老人家还有什么愿望吗？

大诗人答：我儿子的大名，到现在也没有定下来，如果陛下能为他取个大名，那我也是荣归故里啊。

皇帝想了想回答道：为人处世，最重要的就是讲信用、诚信，孚，就是这个意思，有信用才能行得远，相信你的儿子也是诚信之人。那就取名孚吧，贺孚，如何？

还能如何？太好了！贺大诗人谢了再谢，拜了再拜，把"孚"字带回了家。

过了好久，贺大诗人向人叹苦：唉，不知道皇帝怎么想的，我是吴地人，孚字是爪下为子，那不是叫我儿子为孚（谐音无）爪子吗？

（唐　郑綮《开天传信记》）

贺大诗人，诗歌写得好，官也做得好。他一生荣华，极尽潇洒，从让皇帝取名这个细节就可以一窥全豹了。

他是多么有心计啊，让皇帝给儿子取名，这个儿子以后的前程肯定美好，有谁敢不重视皇帝？儿子也不小了，就是不给他取大名，如果随随便便找个理由向皇帝提要求，不合适，很不合适，那只有等，退休了，最后一个要求，顺理成章，皇帝一定答应，而且很热心。

他的目的达到了。

《说文解字》：孚，一曰信也。

《尔雅》：孚，信也。

孚，可作名词，信用、诚信，《诗经·下武》：成王之孚。

孚，可作动词，相信，《曹刿论战》：小信未孚，神弗福也。

这确实是一个好字哎。

贺大诗人对这些，肯定知道，他却钻牛角尖，偏要从字形上钻。

我特意咨询了搞古文字的博士同学 W。

他说，其实，"孚"这个字，"信"已经是引申义。"孚"本身就是"孵"的意思，一只成年鸟在孵化自己的孩子。甲骨文的"孚"上面确实是两只鸟爪子，下面是一层草，中间是一个鸟蛋，意思是鸟在窝里孵小鸟。

我接着问：那是不是可以说，祝他儿子像鸟儿一样快出壳快快长大成才呢？

当然可以了。

有原义，再加引申义，唐玄宗还是蛮有水平的嘛，我取个名字，要你培养教育出一个诚实守信的孩子，报效国家。

嗬，也许他当爪子当怕了，所以，想得特别多吧。

# 神也管人间事

泉瀑交流。松桂夹道。奇花异草。照烛如昼。

看一个两神相遇的对话片段。

一神驾鹤而来。王母娘娘表示欢迎：我老早就盼望刘先生来我处访问了。

刘先生笑笑：刚刚碰到莲花峰的道士向我汇报工作，需要立即拍板，所以来迟了一些，望见谅。

王母娘娘好奇：那道士汇报什么工作呢？

刘先生答：浮梁县令请求延长他的寿命。我一查，这个县令，是因为贿赂而当的官，而且对老百姓一点也不好，工作也不努力，一天到晚只惦记怎么让自己的财产增加，在官场上还阳奉阴违，担心快要死了，就来求命。

王母娘娘很想知道结果：您批准他延长寿命了吗？

刘先生答：唉，那道士估计是得了浮梁县令的好处了，拼命说好话，但是，他报告得还是很恳切动人的，态度端正，颇入情理，我特批准，延长浮梁县令寿命五年。

田璆问王母：这个刘先生是谁啊？

王母答：他是汉朝的天子。

（唐　李玫《纂异记·嵩岳嫁女》）

对话有趣，是因为它有现实的影子在。

什么样的官是好官？按刘先生的描述，反面推断就是了。

什么样的官是坏官？汉朝的刘天子，判的却是唐朝县官的事，时间在变化，标准却没怎么变，走歪道，不利人，品性差，都让人讨厌。

汉朝的天子，怎么会断唐朝的事呢？呵呵，神仙寿命长，神仙有无限长的寿，由汉至唐，不过几百年嘛，就如眼前的事。神也管得宽嘛，是的，神什么事都要管，否则怎么能称神呢？因此，神极忙的。

汉朝的天子怎么会妥协呢？人都喜欢拍马屁，神也喜欢拍马屁，好话自然中听，尽管神明察秋毫，但也经不起马屁。

从另一个角度讲，能延长别人的寿命，就是手握大权，手上有权，无论大小，都有人求的。

# 童子尿真苦啊

李相福的妻子裴氏，性妒忌，他小老婆虽然比较多，但裴氏看得很紧。

有一次，李做镇守滑台的长官，有人献上一个漂亮的女奴，李长官想亲近，也没有得逞。

一天，看裴氏还高兴，李长官就将闲话说给裴氏听了：某官员已经做到节度使了，身边却只有年老的仆人，他老婆对待老公，是不是太刻薄了些啊？

裴氏答：是的，但不知您指的是什么？

李长官就说：喏，人家献了个女奴给我，可以当仆人吗？

裴氏答：做仆人完全可以的。但是，只能服侍穿衣吃饭什么的，别的不行！

李长官看着身边这个美人，没有机会，下不了手。

李长官想出一计，他对裴氏的丫鬟们讲：假如夫人洗头发，你们一定要赶紧来报告我！

没过多久，果然有人报告夫人要洗头发。

李长官随即就假装自己肚子疼，立即将漂亮女奴喊来，想行好事。

丫鬟们回去，看着夫人在洗头发，想想洗头发是一个漫长的过程，需要不少时间，于是就向夫人报告说，先生刚刚突然肚子疼，我们还是先报告一下。夫人一听，信以为真，立即披着湿发，赤着脚跑来，问李长官哪儿疼。李摸着肚子，装出极痛苦的样子，裴氏担心极了，她自作主张，将治肚子疼的药倒进童子尿中，要李长官赶紧喝下。

听说长官病了，第二天，一帮下属赶来问候长官。李长官就一五一十将事情的前因后果告诉了大家，说完后自嘲：一事无成，还是守本分算了，只是那一大壶童子尿，味道真苦啊！

众人笑倒。

（唐　阙名《玉泉子》）

这个裴氏，虽是妒妇，但还不是极端。

段成式的《酉阳杂俎》卷八载：房孺复的妻子崔氏，忌妒心强，对婢女们极苛刻，唯恐她们比自己漂亮，每月只给化妆品胭脂一豆，粉一钱。有次，家里新来一个丫头，打扮得比较漂亮，崔氏妒性大发，她假惺惺地说："我帮你再好好打扮一下。"于是"刻其眉，以青填之；烧锁梁；灼其两眼角，皮随手焦卷，以朱傅之。及痂脱，瘢如妆焉"，惨不忍睹。

中国的妒妇之母应该是刘邦的老婆：吕雉将戚夫人砍断双手双脚，挖掉双眼，弄聋双耳，弄哑喉咙，做成人彘，放到厕所中。

极端的妒妇还有，生前看牢丈夫，死后变成鬼，阴魂也在看守，不让别的女人接近。

从李长官假装生病可以看出，裴氏虽妒，却是真心关爱老公，不仅立即停止洗头，还积极寻找有效治疗的方法。

一个很容易看穿的现实是，历代笔记中的许多妒妇，无疑是男权社会的牺牲品，女人只能是附属，只能是玩物，怎么能限制男人呢？一定要丑化她们，大大地丑化她们，丑一儆百，男权制度绝对不能动摇！

# 桂管布

夏侯孜做左拾遗的时候，常常穿着桂管布衫（桂管，唐朝行政区，全称桂管都防御观察处置等使，领十三州，驻治桂林；桂管布，即木棉布）去上朝。开成年间的一天，唐文宗问夏侯孜：您为什么常穿这种品质比较低劣的衣衫呢？夏答：桂管布是粗布，穿着舒适，冬天比较温暖。

第二天上朝，皇帝对宰相讲：我观察夏侯孜，他一定是个正直可靠的干部。宰相经过秘密调查，向皇帝汇报说：夏侯孜的品质真的很不错，是当今的颜回和冉求（孔子著名的学生）。皇帝很感慨，也穿起桂管布衫。于是，满朝纷纷效仿，桂管布的价格一下子高起来了。

（唐　阙名《玉泉子》）

一个人的穿着和他的性格有相当大的关系。

夏侯孜看中桂管布，其实是一种境界的体现。衣食的标准和尺度是无限的，而那些所谓的低劣衣物，主要作用是保暖。之所以便宜，是因为制作简陋和粗糙，桂管布就是一例，而恰恰是这种棉布衫，夏天透气功能好，冬天也温暖。

当然，也有装出来的。

杨广想抢太子的职位，装得很勤俭，天天粗布衣衫，吃得也一点不讲究，还对老爹十二分的孝顺，终于得到了太子位，终于当上了皇帝，于是，他的本性一下子暴露，隋炀帝时代，仅江都的宫女就有数万人。

现时代也有新闻报道，国家能源局煤炭司原副司长魏鹏远，穿衣朴素，上班还骑自行车，家中却搜出上亿现金。执法人员从北京一家银行调去十六台点钞机清点，当场烧坏四台。

桂管布的升值，也不是什么坏事，既能倡导一种作风，也能拉动一个地方的经济，更能让老百姓得到大实惠。

桂管布，无论在什么朝代，都是一面镜子。

# 狗头新妇

贾耽做滑州节度使的时候，他辖区酸枣县，有个新媳妇，对婆婆非常不好。

她婆婆年纪大了，双目失明。早餐时，媳妇将早饭裹着狗粪给婆婆吃，婆婆吃了，觉得有异味。这个时候，她儿子回来了，她问儿子：这是什么东西啊，刚刚你老婆给我吃的早餐。儿子一看，仰天大哭，突然，天上打下惊雷，就好像有人将他老婆的头割去，用狗头接上。

贾长官知道这件事后，命令儿子牵着狗头媳妇，在县内游行，用来警告那些对父母不孝顺的人，当时的人都叫那妇人"狗头新妇"。

（唐　李冗《独异志》卷上）

"狗头新妇"，从科学角度看，显然不可能，这是人们对惩罚不孝媳妇的向往做法。

恶媳妇一定是有的，对待婆婆百般不好，但不至于将狗粪拌进饭中让婆婆吃，难怪天雷要打。

本书卷九有"吃便桶饭的媳妇"一节，和这个"狗头新妇"正好成对比，中国大地上更多的是任劳任怨、替夫家养儿育女敬老的媳妇，这是传统美德。

# 奇事怪事一连串

公孙吕面长三尺，阔三寸，是卫国贤臣。

刘曜，须百茎，皆长五尺。

后周独孤信三女为后，各生周、隋、唐一朝天子。长生周武帝，次生隋炀帝，又次生唐高祖。

项羽每叱咤，万人手足皆废。

晋宣王司马懿，能自己回头看见后背。

郭太后贵极，绵联八朝帝王：代宗外孙，德宗外甥，顺宗新妇，宪宗皇后，穆宗之母，敬宗、文宗、武宗之祖母。

王戎，眼睛直看太阳，不眼花。

蜀先主刘备，能自己看见耳朵。

唐太宗皇帝，长着龙须，可以挂弓箭。

要离瘦极，每次出门，遇顺风能走，遇逆风即倒地。

赵飞燕身轻，能为掌上舞。

梁朝沈约，家藏书十二万卷，但他心地不好，听不得人好，听人有一善，就如万箭钻心那样难受。

（唐 李冗《独异志》卷上、卷中）


这里有写实，也有夸张。

长三尺阔三寸的脸，是一张什么样的脸呢？我们常说马脸，已经够长的了，想不到还有这样比例的脸。

胡须的故事很多，五尺长还能让人相信，胡须能挂弓箭，那就是玩笑了，李世民不可能有这样的硬须，怎么睡觉呢？

就如人抓着自己的头发不能离地一样，能看见自己的后背，能看见自己的耳朵，绝对也是高难度，后背特别宽？耳朵特别大？头颈能转三百六十度？否则不太可能，要不你马上放下书本，试试看行不行。

　　眼睛直视太阳，能不花、不坏，这也需要特别功能。专家告诫大家，黑夜里，对着手机屏幕看一个小时，就有得青光眼的危险。

　　世界上最瘦的成人，好像有二十几斤的纪录，像要离那样，风一吹就倒，还真应了民间生动语言：这个人瘦得风吹一下就倒。

　　项羽要有那样厉害，刘邦就不可能得天下，领导管理水平再差，问题也不大。

　　最让人不解的是沈约了，读到这一条，我长久地思考，为什么会这样？这肯定是一种病，见不得人好的人多的是，但总不至于心胸狭隘到这种程度吧。要么是别人强加的，要么是他真有那样的病，而别有用心的人，正是利用他这种病，将沈约绑架在道德的战车上，使他遗臭万年。

卷六

宝刀为什么没了杀气

# 恶到骨子里

高延宗，是北齐文帝的弟弟，生活放纵。曾经做齐地方的长官，在楼上大便，下面让人张嘴接着；又用猪肉拌粪，强迫左右人吃。

（唐　冯翊《桂苑丛谈·史遗》）

这样的人没有人性，因为做事太缺德。

缺德的人，并不是没有脑子，这些人往往脑子太好使，所谓坏人，坏到流脓，让人恨到骨子里，咬牙切齿。

唐李冗《独异志》卷中：苍梧王酷暴，喜欢杀人，经常自己操刀，看见行人，就跑过去砍，如果一天不杀人，就会闷闷不乐。

高延宗这样做，他的叔父高洋，就是"榜样"。将人手臂砍断，让蝎子咬，悲恸哀号，不胜其苦，而高洋则兴高采烈地写信给献计的弟弟：有这么快乐的事，你为什么不早点告诉我呢！

他们的缺德，是因为有权力，可以为所欲为。他们的逗乐，建立在别人的痛苦、死亡之上，越新奇越有乐子，他们的生活就是找乐。

换一个角度，这种因权力而引发的逗乐，虽然可恶，但毕竟是显现的，外露的。还有许多隐性的恶，那简直太多了，害人，害命，甚至害国家。

然而，越王为了复仇，他也去尝吴王的粪便，还显得很自觉很内行的样子，表演得让吴王以为勾践彻底臣服了，这个另当别论。

# 眼　光

太尉朱崖，曾经两次出任浙西观察使。前一次任职结束时，他前往甘露寺（今江苏镇江北固山），拜别一位老僧：我将要奉皇帝的命令往别处任职，今天前来和您辞别。

这老僧呢，热情接待了朱大人，畅叙友情，他们一边喝茶，一边交谈，谈的都是佛教的话题，一点也没涉及官场。朱愈加对老僧尊重了，觉得他是一个高人。茶喝好后，朱对老僧说：以前，有朋友送我一根罗汉竹杖，我非常喜欢，现在我把它送给您，作为纪念。

竹杖拿来，一看，这是一根极罕见的方竹，竹杖的结节处，竹节四面突出，圆圆的，像眼睛，活泼可爱。

这一分别就是几年。朱崖第二次任职后，又趁工作之便到甘露寺看望老僧。问起前几年赠送的那根竹杖，老僧笑着答：放心吧，我保存得好好的，像收藏宝物那样保存。朱大人要求再拿出来欣赏一下，只见，方竹杖已经削成了圆竹杖，而且，外面都涂了漆。

整整一天，朱崖都感叹得说不出话来。自此后，他再也没有去看过那老僧。

朱崖经常收藏古远之物，这根方竹杖，据说是大宛国（古西域国名，今指中亚的费尔干纳盆地，乌兹别克斯坦、塔吉克斯坦和吉尔吉斯斯坦三国交界处）人所送，只此一支。

（唐　冯翊《桂苑丛谈·方竹柱杖》）

这里撇开朱崖的为人不说，只说他和老僧的交往。

在朱眼里，此老僧和自己特别有话说，应该是高人，眼光也高，于是相赠心爱之物。也许，朱认为，将一根罗汉竹手杖送给出家人，特别有纪念意义。

然而，他一直不放心自己送出的宝物。按常理，送出的东西就是人家的了，再多关心，就是小气。但，老友见面，融洽的场合，顺便问一问也是正常。当朱大人看到那根改造得面目全非的手杖时，郁闷的心情可想而知，可惜了，真是可惜了宝物。

而在老僧眼里，既是高官朋友的宝物，理应好好保护，但那根竹杖，看着实在不舒服，四面突起的竹节，捏着都戳手，而且，方方的，怪怪的，这根本不符合我们佛家圆通的理念嘛，削了削了，削成圆的，再涂上漆，好好保护！

规圆方竹，这个故事，就演变为了成语。这个成语告诫人们，不要以强求一律的世俗眼光去看待新鲜的事物。

这个故事，显然有名，后人一直关注。自然，方竹是关键证物。

纪昀的《阅微草堂笔记》"槐西杂志"曾经做过这样的考证：方竹，今闽、粤多有，不为异物。大宛即今哈萨克，已隶职方，其地从不产竹，乌有所谓方者哉！

这也就是说，那根方竹杖，只是少见而已。那个送他竹杖的人，或许自己也不知道，这是出口转内销的东西，或者就是明明知道，为了达到某种利益拿来蒙他的。

然而，这些都已经不重要了，重要的是这个故事的隐喻意义，这样的事情，千百年来，依然以不同的方式上演着。

就文物而言，据第三次全国文物普查结果显示：二十年来，中国共有四万多处不可移动的文物消失了，其中一半是在建设中损毁的。

故而，那个老僧，千百年来，早已化成各式面孔，在规圆方竹。

# 变着法子虐人

崔弘度，是隋文帝时候的太仆卿。他资历深，前朝北周时就做过大官了。而太仆寺官员，管理着皇帝出行的车马，接近皇帝的机会多。

此崔脾气极大，他这样告诫左右：你们，什么时候也不许欺骗我，否则，你们有苦头吃！有天吃饭，一盘甲鱼端上来，崔大人顺便问服务生：这甲鱼，味道好吗？服务生连忙点头：鲜美鲜美！崔一听，大骂：你们没吃过，怎么就知道好吃呢？！拉下去，各打几十大棒，看你们还骗不骗我！

因崔的暴虐，当时长安城里流传着这样的歌谣："宁饮三斗醋，不见崔弘度；宁茹三年艾，不逢屈突盖。"这个盖，也是一个虐吏。

（唐　冯翊《桂苑丛谈·史遗》）

崔也许吃过受骗的苦头，他预设的前提是，他的部下不能骗他！

然后，崔就将骗这个含义无限扩大化。服务生的回答，似乎进入一个悖论的死胡同里：好吃，被打！不好吃，也要打！你们为什么端上不好吃的东西给我吃？而崔正为自己的偷换概念洋洋自得，或者说，他读过《庄子》，知道庄子和惠施的关于"鱼之乐"的对话，也料定服务生们不是庄子，无力反驳惠施的反问。

没吃过猪肉，难道还没见过猪跑吗？

听说服务生被打，洗菜工、烧火工、担水工、厨师，一系列的服务人员都会心发慌，腿发抖，指不定哪一天，这崔大人的棍子就落到他们身上了。

骨子里想着折磨人，行动上就会千方百计地配合。

常见一些影视剧，小夫妻，或者老夫妻，都有这样的一方，明显无理，或者强词夺理，但因为一方强势（通常为女方），虐情就会发生。

这其实就是生活真实的写照，生活远比影视精彩。

这还是当事人之间的事，算小事。而崔是官员，他的行为，其实是国家公务人员的行为，生活中如此暴虐，完全可以想见工作中他的下属是怎样一种遭遇了。

不把别人当人，别人也一定不会将他当人，不能当面对着干，那就埋在心里，埋个十年八年，看谁熬得过谁！

# 宝刀为什么没了杀气

朱冲和经常游杭州，临安监狱里有个监吏也姓朱，两人因为同姓，朱监吏就以兄称呼朱冲和。冲和到杭州，吃住都由朱监吏安排，两人的感情越来越深厚，一来二去，冲和同朱监吏的同事朋友也很熟悉了。

有一天，冲和在隔壁监吏的桌子上看到了一份私密的记账目录，偷偷细看，他们是如何盗分官银的，数目巨大，有千百万之多。冲和就将账单塞进袖子，随即离开。

那监吏知道，这张重要的单子，一定是被冲和拿走了，大家都吓坏了。这张单子如果让上级知道，整个监狱里的监吏全部都要处死。于是立即向监狱长汇报，大家研究来研究去，想出一个办法：用白金十笏（十枚白金，铸成笏板形状）换他的单据。

接到信息后，冲和也有些矛盾：还吧，损公；不还吧，自己的好兄弟也会被处死。他对朱监吏讲：兄弟啊，这事如果只牵扯别人，那他们都死定了，可是，我和你感情很深，你也对我这么好，我不想让你死，我会还给你们的。

众监吏得到信息后，立即凑起五百两银子送给冲和。

冲和将银子和单据一并交还，并写了四句诗：三千里内布干戈，累得鲸鲵入网罗。今日宝刀无杀气，只缘君处受恩多。

唉，原本不该放过你们这些人，但是，谁让我受了你的恩惠呢，暂且饶过你们吧！

朱冲和最后还是以恶名被人举报。

（五代　刘崇远《金华子》卷下）

杭州人朱冲和，理论水平还是不错的，和杜牧同时代，但是喜欢喝酒，官场上混得不好，史载他经常办不好事，曾经四次将江南采购运送到京城的木材弄丢。

　　单单从这件事情看，他发现了某监狱的大问题，集体贪腐，数额巨大，问题严重，作为国家高级公务人员的他，深知其中利害。他确实处在两难中，他内心肯定矛盾和斗争过，还很激烈，但最终，他还是选择了隐瞒。

　　那四句诗，是他内心的真实写照。宝刀为什么没了杀气？他作为公务人员，应该有这个义务举报，可惜，受了别人的恩惠。

　　无论古今，在许多案件的处理中，都有这样的现象，包拯什么的毕竟是少数，中国人很难走出人情社会这个怪圈。

　　法制，在任何时候都是考验人性的重要标准。

# 卷七

记恶碑

# 筷子代表正直

宋璟做宰相时，上下都有好评。

有年春天，御宴举行。唐明皇一高兴，将自己正在用的金筷子，赏给了宋宰相。

虽然接受了赏赐，但宋宰相心里并不踏实，他弄不清皇帝为什么要赏他一双筷子。所以，在宴会上，宋大人不知道如何感谢皇帝。明皇见此，笑笑说：我赐给你的，并不仅是赐你金子，而是用筷子代表你的正直。

噢，原来如此，宋宰相愉快地叩头致谢了。

（五代　王仁裕《开元天宝遗事》卷上，《赐箸表直》）

筷子代表正直，估计在唐明皇以前，还没有约定俗成，否则，宋大人一定知道这样的习俗。

筷子本来就是直的，用筷子的直来代表人的正直，也是恰到好处。

当然，皇帝本来就是习俗或时尚的创造者，甚至会带动一个产业。汉武帝用李夫人的玉簪搔搔头，于是，玉簪就流行起来。

筷子天天要用，正直人人喜欢。

# 记事珠

开元年间，张说做宰相时，有人送了他一颗记事珠。

从外观上看，此珠没多大特别，绀色，发光，但如果人有什么遗忘的事情，摸一摸记事珠，就会觉得心神开悟，事无巨细，非常清晰明了。

张宰相把记事珠当作宝贝，悄悄地藏起来，从来不给人看。

（五代　王仁裕《开元天宝遗事》卷上，《记事珠》）

记事珠有这样的功能，肯定是人的想象。

按我的猜测，张宰相的记性特别好，简直超常，办事也非常有条理，别人可能就以为他有这方面的宝贝。或者，某天，张宰相有意识地放了一个风，让人们认为他的记性好，是借助记事珠。

想象往往是美好的。如果有记事珠，我们做什么不会成功呢？特别是那些日理万机的人，皇帝，宰相，国家大事每天得有多少要处理啊。

前些天，我看到一则新闻，说是三十年后，人们只要吃一颗药，想学什么就学什么，英国人已经在研究了。

嗬，我唯一担心的就是，什么事情也不忘，会不会带来另一种痛苦呢？因为人类不可能天天都碰到让人幸福而愉快的事啊！

# 粉蝶使者

开元末，每到春分这一天，唐明皇都在宫中宴饮，从早到晚。

玩累了，去哪一房休息呢？那就玩个游戏吧：让嫔妃们在头上插满各类鲜花，明皇亲自捉来粉蝶放飞，那蝶飞到谁的头上，就临幸谁。

随蝶所幸的游戏，后来因为专宠杨贵妃才废除。

唐明皇这样玩，应该是无师自通。他还没有得到杨贵妃前，宫中那些想要和他睡的嫔妃，就有以投金钱赌博定人的，谁赢谁陪睡。

（五代　王仁裕《开元天宝遗事》卷一，《随蝶所幸》；卷三，《投钱赌寝》）

风流从细节体现，无须多言。

不过，唐明皇只是其中代表之一罢了。

风流皇帝，要把日子过出味道来，就要有刺激的方法，而方法往往因人因地而异，对唐明皇来说，前辈汉皇就用羊车随幸，这样的方法太土，没新意，他自然不会模仿。

敬业勤俭的皇帝，总是出现在王朝初创或者衰败需要中兴时，要指望唐明皇不去玩这些游戏，还真有点难。杨贵妃来了，让唐明皇收心了不少，尽管杨是他的儿媳妇，但他是皇帝，他还顾忌什么呢？

# 记恶碑

卢奂做过很多地方的官，他在任职过的地方，都留下了好名声，因为管理严格，地方上的官员和百姓都畏惧他。

看一个细节：如果有不良行为者，他一定要严加处罚，不仅如此，他还将这个人所犯的罪，刻在石头上，并将石头立在此人的家门口，告诫他，如果再犯，就处以极刑。老百姓怕了，再也没有人敢犯罪。

唐明皇为了褒奖卢奂，赐给他五千两金子，还下诏表扬，要求官员们向他学习。

（五代　王仁裕《开元天宝遗事》卷一，《记恶碑》）

卢奂搞的这个记恶碑，确实厉害，效果立竿见影。

因为他抓到了人们的软肋：爱面子。谁想弄个记恶碑立在自家门口呢？门前有记恶碑，人家还会和你交往吗？人家还敢和你交往吗？人家为什么要和一个品行不好的人交往呢？更严重的是，你的孩子从此抬不起头，从小生活在阴影中，他怎么在这个地方生活下去？他长大后性格会变成什么样？

记恶碑，其实就是一种制度，档案挂在门前，公开明白，它也是道德碑、德行碑，简明而醒目，一目了然。

那立碑后的告诫，更有一种强大的震慑作用，如果再犯，就会丧命，谁都不想丢命，那就老老实实做人吧。

告诫信号已经发出，一个村一个乡一个县，都会为这块碑而思索，不要让碑立到自己家门前，好好做个良民。

当然，记恶碑也有一个大大的坏处，就是不容许别人改正，一朝犯错，终身罪人，而世上一辈子都不犯一点点错的人又有多少呢？都说英雄莫问出身，其中一个很重要的原因就是，成为英雄以前，多是些不能放在阳光下的丑事，甚至都可以上记恶碑的坏事。

但两害相权取其轻，卢奂清楚这个道理，唐明皇更明白这个道理，让百姓守法，比什么都重要！

# 无耻的御寒

岐王李范，年轻的时候，被女色所迷。每到冬天，手冷，却不烤火，而是将手伸到漂亮妓女怀中暖手，每天都这样。

申王李扲，每到冬天时，也极度怕冷。申王的办法是，让众多年轻貌美的妓女，围坐在他的四周，挡风御寒。

杨国忠在冬天时，常常让婢妾中个大体胖的，立在他的前面，给他挡风暖身，人们叫它肉阵。

（五代　王仁裕《开元天宝遗事》卷二，《香肌暖手》《妓围》；卷三，《肉阵》）

除了中国南方比较温暖的地方，御寒，在哪个朝代都是难题，各式各样。

或许是唐诗中不少诗句都写到了寒，这似乎从另一个侧面证明，中世纪的唐朝，冬季寒冷程度超过以往。

穷人往往"路有冻死骨"，杜甫家，八月（阴历）里就"布衾多年冷似铁"，孟郊《苦寒吟》"厚冰无裂文，短日有冷光。敲石不得火，壮阴正夺阳"，饥寒交迫的日子，让人同情。

富裕人家，已经用上进口木炭了。同卷一《瑞炭》这样说：西凉国进炭百条，各长尺余，其炭青色坚硬如铁，名之曰瑞炭。烧于炉中，无焰而有光，每条可烧十日，其热气迫人而不可近也。

岐王、申王和杨大宰相，却不用这些，他们肯定用得起瑞炭，但就是不用。杨宰相的家里还用凤炭，就是炭屑用蜂蜜捏成凤球，这样的炭，炉子一烧，不仅没有污染，还香气阵阵。

香肌取暖，妓围，肉阵，以肥为美的大唐，胖胖的美女子，既暖又解色。

在他们眼里，无论香肌还是美女，都只是为他们所用的物，御寒的物，而不是人，不是活生生的人，生杀也皆由我。

一个朝代的堕落，一定是从当权者的堕落开始的，只允许李隆基这么开心，岐王申王都是王，凭什么不可以奢侈，奢侈才是本性呀！

# 唐朝嬉皮士

京城进士郑愚、刘参、郭保衡、王冲、张道隐等，有十来个，不拘小节，生活很随意，做起事来也旁若无人。

每年春天，他们挑选妖艳的妓女若干，坐上小牛车，到公园里，水池边，借着草地，脱光衣服，一边喝酒，一边大呼小叫，他们管这叫颠饮。

（五代　王仁裕《开元天宝遗事》卷上，《颠饮》）

其实，这也就是一群有点个性的文艺青年。

相比那些正人君子，他们这些做法可谓惊世骇俗了，公开嫖妓，还在公共场合，裸身喝酒调戏，还唯恐别人不知道。

他们就是随意生活，心里怎么想的，就怎么做了，不藏在心里，不偷偷摸摸，前提是，警方不干涉不介入。

这也是一种表达方式，他们将苦闷、不满、牢骚，一并发泄，往往才情纵横，意气风发。

当然，这样的文艺青年，一般在政治上不会有什么前途，除非那至高无上的主儿和他们有同样的爱好，就如后世的高俅一般，蹴鞠蹴得好，也会蹴出一个新世界。

# 卷八

夜壶焐出尚书

# 唐皇帝的状元情结

唐宣宗比较喜欢学习，经常和一些学士议论前朝的兴亡，在议论政事时，常常不知疲倦。他也非常重视当朝的科举考试，曾经在大殿的柱子上自题：乡贡进士李某。有大臣要外出任职，有时也赋诗赠送，专家客观评论，他的诗还是具有相当水准的。

他的孙子，唐僖宗，则喜欢踢球、斗鸡、骑射。僖宗还沾沾自喜，认为自己擅长跑步击球，马球技艺高超，他对滑稽演员石野猪说：我如果参加跑步击球的进士选拔，怎么也得个状元。石演员笑着回答：如果碰到尧、舜、禹、汤做主考官，那陛下您不免要落第。僖宗哈哈大笑。

（宋　孙光宪《北梦琐言》卷一，《宣宗称进士》）

唐宣宗李忱是一个非常不错的皇帝。他喜欢读《贞观政要》，勤于政事，史称小唐太宗。他还是比较谦虚的，自题"乡贡进士李某"，学问肯定在一般的进士之上，有这么一点点科举情结，实在是人之常情。

唐僖宗李儇，继位时还是个孩子，在深宫长大，宫中的生活带给他的就是肆无忌惮的玩乐。他还想着要个状元玩玩，这样的水准，怎么也得弄个状元吧。

布衣有时想，那些个皇帝在殿试时，碰到有水平的考生当然高兴，但如果碰到那些水平一般的，一定有苦说不出，不选吧，肯定不对，有失本朝大好形势，选吧，这些真不是好才，所以，有时会想，还不如自己当状元呢！

布衣料定，一定会有一些皇帝这样想的。

时代发展到现代，欧洲一些要继位的皇子皇孙，读书一定要读出名堂，世界名校，总要读个博士出来，否则，将来怎么做君主呢？

即便国内，有些已经到很高位置的高官，也要花些精力和时间，去弄个博士帽戴戴，有的还堂而皇之地兼起名牌大学的博导呢！

他们的知识有多博？只有他们自己知道。他们能导什么？也只有他们自己知道。

# 段宰相的"饭后钟"

唐朝著名宰相段文昌,家住江陵。

小时候,段家里很穷,常常担心没有吃的。他家边上有个庙,叫曾口寺,每每听到寺庙吃饭的钟敲响了,就跑去蹭吃。时间长了,庙里的和尚都很讨厌他。从此后,和尚们就改成饭后敲钟,段文昌听到钟响,连忙跑去,一看,早已收餐。

后来,段文昌发达了,做了荆南节度使。他有诗题曾口寺,其中有一句为:曾遇阇黎饭后钟。这个"饭后钟"就这么传开了。

段文昌发达后,生活比较奢侈,他专门用金子打了个莲花盆子,洗脸洗脚。有好朋友就专门写信婉转批评他这种行为,段笑笑说:人生能有多少年好活啊,一定要填满平生所留下的遗憾。

(宋 孙光宪《北梦琐言》卷三,《段相踏金莲》)

段文昌因为穷,吃尽了苦头。"饭后钟",其实,这里面还带着一种耻辱,寺庙是施舍的地方,除了那些真正的懒汉,谁想要施舍呢?

发达后,他仅用诗句说说风凉话而已。布衣猜测,他在任这个地方的大员时,首先会想到自己穷困的经历,写诗也算是一种诚勉,要好好工作,好好努力,再也不要过苦日子了。同时,通过故事的流传,他相信,那些寺庙也会引以为戒,今后要更加善待信众,不要将人看扁。

他显然不是糊涂人。用金子打造一个盆子,估计也在他的财力范围内,并没有十分过分。按现代推算,有一个金子的脸盆,至多不过是一幢公寓而已。

关于这个"饭后钟",唐代王定保的《唐摭言》也有一个版本。

王播,也是宰相。王宰相年轻时,父亡家贫,曾经在扬州的惠昭寺木兰院，跟着和尚们一起吃饭。时间长了，和尚们也不太高兴，有一次，故意提前吃，王播去饭堂，早已收摊。二十多年后，王播出任扬州长官，旧地重游，看到自己以前在墙上的题诗，已经用绿纱蒙起来了，就在诗后面写了两首绝句，其中一首是："上堂已了各西东，惭愧阇黎饭后钟。二十年来尘扑面，如今始得碧纱笼。"意思还是很明白的：到了饭堂上，和尚们已经吃完饭各自走散了，和尚们改在饭后打钟，使我感到羞愧。我题在墙上的诗，二十年来都是灰尘扑面，如今我来了，却用绿色的纱笼仔细地罩好。世态真是炎凉啊！

王宰相显然不够大度，二十多年了，还这么计较，他难道不知道世态炎凉？所以，苏东坡有一次到这里，看到这个场景，写了一首《石塔寺》(惠昭寺在北宋时称石塔寺)，对王播的诗表示不满，认为事过二十年，为什么还要说它且语带责怪呢？

英雄莫问出身，有好日子，就好好过吧。老提"饭后钟"，忆苦思甜还好，用来计较，大不必。

# 夜壶焐出尚书

唐朝，吴行鲁尚书，他的成长经历似乎是一个传奇。

吴尚书少年时，曾经服侍西门中尉。唐朝的长安，冬天冷得要命，这西门大人，特别怕冷，夜里尿尿就是个大问题，不喝水吧，对身体不好，喝水吧，晚上要夜尿。吴行鲁的出现，使西门大人的夜尿不再痛苦。这小吴，将大人的夜壶放在自己的被窝里，用胸膛时刻温暖着，只要西门叫一声，小吴就麻利起床，将夜壶塞进西门的被窝，西门痛快地放完水，然后，又可以美美地睡觉了。

有一个晚上，小吴给西门大人洗脚。

西门将脚上的纹理展示给小吴看，很自豪：我脚上有这样特殊的纹理，我怎么能不做官呢？

小吴不是很同意：大人您说的好像没有什么科学根据吧，这样的纹理，我的脚上也有呢，可我还不是给您做仆役吗？西门不相信，小吴就脱了鞋子给大人看。

西门看了小吴脚上的纹理，很感慨：小吴，你忠心且孝顺，跟着我好好干，我一定会提拔你的。

后来，西门果真给小吴安排了一个军职。

随着小吴的不断努力，小吴变成了老吴，老吴也升到了彭州刺史。此后，老吴还做到了行军司马。

（宋　孙光宪《北梦琐言》卷三，《吴行鲁温溲器》）

吴行鲁做这一切的时候，显得很自然。

他没有更多的想法，他的想法就是，服侍一个人，就要服侍好他的一切，像夜里尿尿这样的问题，在小吴看来，根本不是问题，将夜壶焐温了，大人就不会挨冻了，这不很简单嘛。

小吴其实很具有职业素养，他做的这一切，我们并没有看到马屁的痕迹，反而更显现了他的真诚，这是一种良好的职业道德。当西门为自己脚上的纹理而自豪时，小吴却很淡定。小吴脸上的淡定，是一种与世无争的豁达，是一种做事不求回报的坦诚，终于感动了西门大人。

吴行鲁，夜壶焐出尚书，洗脚洗出尚书，从职业角度观察，有的时候，无目的反而能达到意想不到的目的。如果目的性太强，一下子就会让人觉察出假，而无论什么人，基本都不喜欢假的。

# 小猫小狗的力量

　　唐朝诗人卢延让，考试考了二十五次，好不容易才中了进士。

　　他的诗中，一些写动物的倒别有新意。

　　比如"狐冲官道过，狗触店门开"，租庸使张濬亲眼见过这两种事情，所以他总称赞这两句诗；又比如"饿猫临鼠穴，馋犬舐鱼砧"，中书令成汭就很欣赏；再比如"栗爆烧毡破，猫跳触鼎翻"，蜀国先主王建就一再赞扬。

　　卢延让对人讲：我平生到处拜见达官贵人，没想到却靠了小猫小狗的力量。

　　　　　　　　（宋　孙光宪《北梦琐言》卷七，《卢诗三遇》）

　　平心而论，这些写小猫小狗的诗，倒也生动有趣，生活场面感极强。

　　二十五次考试，三年一次，要考七十五年；二年一次，也要考五十年了。因为皇帝的更替，考试时间不怎么固定，但绝对是久经考场，这需要意志。

　　公元九〇〇年，卢诗人终于及第。

　　大约两年后，卢诗人告别了他钟爱的唐朝。

　　有人这么调侃，说是他写了一辈子的诗，名气都不怎么大，连个进士也考不上。他总结经验教训时也认为，可能就是名气不够大的原因，于是就走捷径，写一些小猫小狗的诗，送给知名人士品评，不想，这些小猫小狗诗居然得到了好评。

　　《唐才子传》评卢延让，有卓绝之才。

　　显然，卢诗人还是有水平的，但考试总是在公平中显示不公平，有水平，不一定就能考得上，还有其他各种机遇。

　　和卢诗人一样，李昌符走的也是捷径。

咸通年中，李昌符也是久考不中，他忽然想出一计：写了五十首以婢仆为内容的诗，这些诗别人不是不愿意写吗？我就偏写。写完后，让自家的仆人传出去。比如：春娘爱上酒家楼，不怕归迟总不忧。推道那家娘子卧，且留教住待梳头。再比如：不论秋菊与春花，个个能嘬空肚茶。无事莫教频入库，一名闲物要些些。他写的这些婢仆诗，大都点到婢仆的要害。没过多久，京城都在传诵他的诗，那些婢仆恨死他了，每天在家里骂这个诗人，都恨不得去打他几个巴掌。

当年考试，李昌符就考中了。

卢延让和李昌符总归是得了进士，不管依靠什么。茫茫科举历史长河中，还有更多的像卢诗人李诗人一样有才的，却终身不得功名。

# 窦公的生意经

唐朝崇贤，有窦家，是璟仆射的先人。他体单力薄，不善于生产劳动，做不了体力活，却有极好的生意头脑。

他家在京城内有一块空地，与一大太监为邻，这太监发达后，想要他家的地。按市场估价，这块地，最多值个五六百千而已。窦公于是找到大太监：您想要我这块地吧，我将它送给您。窦也不说什么价，但他提了个条件：将军啊，我有老朋友在江淮，我想去投奔他，我希望您给我写几封推荐信。嘿，他老人家估计是想找个保护伞。

大太监很高兴啊，自己的地盘得到了有效的扩张，而且这么顺利，平价能买到，他就付给窦公三千缗钱，还认真写了推荐信。

这窦公，一块烂地，卖了数倍的钱。家业由此开始发达。

他来到东市，看中了一块洼地，这洼地都是水，脏得很，于是向有关部门以极低的价格买下。他想出一个计策，让家里的佣人们，做了很多色香味俱全的煎饼，这些煎饼被装到了大大的盘子里，他在地里设了好多块小牌牌，招呼了一帮小孩：你们站在上边，谁将砖头扔中下面的目标，就得一个煎饼。呵呵，那些小屁孩，一下子就很起劲地扔砖头、扔石头、扔土块。

小屁孩们，奔走相告，扔扔砖头就有煎饼吃！他们每天不知疲倦扔砖头、赢煎饼。没过多久，低洼的地方，就填充了十分之六七，看看基础填得差不多了，窦公找来劳动工人，将好土堆上，填平。他在这里开了一个涉外宾馆，专门用来接待富裕的波斯商人，营业额每天都在一千文以上。

（宋 孙光宪《北梦琐言》卷十，《窦家酒炙地》）

干不了重体力活，并不等于不是人才。

窦公的起家，简直可以写进 MBA 经典教材。既做了好人，又得了大利，名正言顺地掘到了第一桶金。更重要的，他得到了保护伞，那换他地的大太监，永远觉得欠他个人情，如果窦公碰到什么大难题，相信大太监会出面，甚至不用出面，只要让人知道他有大太监的保护信，就可以解决一切问题了，没有哪个部门敢这么不识趣。

窦公让洼地升值，同样需要眼光。低价拿地，巧妙填地，让别人眼中的差地变成了聚宝盆。现代那些地产大老板，有很多干的都是这一类事，先拿地，制造悬念，待价而沽，最后卖出好价钱。

我没有看到窦公的其他传记，相信，他这一辈子，一定还有其他经典的生意手笔。在他眼里，连垃圾都是放错了地方的宝贝，只要肯动脑筋，资源就会盘活，财富自然会滚滚而来。

# 姜志认父

姜志，许昌人，从小经历离乱，父母失散。后来，姜志在四川做官，一直做到武信军节度使。

姜志的养马人姜春，给他服务好多年了，经常遭到姜志的打骂。有一天，姜春向国夫人告老，说他已经没有力气养马了，要去街上乞讨。夫人怜悯他，详细地问了姜春的籍贯和婚姻情况。姜春说，他原来有一个儿子，随部队进入四川，失散了，不知道还在不在人世。姜春将他儿子的小名、身体上的一些记号，一一都讲了。

国夫人突然想起，哎，这不是说姜志吗？一比对，他果然是姜志的父亲。

父子相认，悲痛的声音让所有人听了都难受。姜志递给父亲一根棍子，要父亲打他的背脊，用来补偿以前对父亲的不好。

姜志认父，四川一带的人听了，都感慨万分。

（宋 孙光宪《北梦琐言》卷二十，《姜志认父》）

应该说，这是一场灾难带来的悲欢离合故事。

儿子虐待父亲，负有责任。他待下人，不满意就打骂，这基本上是当时官员对待百姓的常态，姜志虽是穷苦人出身，一旦发达，也染上了这种恶习。难怪姜春老人，做不动了，要去乞讨过生活。

姜春太老实。他应该有多个机会接近和观察姜志的，自己的儿子，自己比谁都清楚，他如果一直在寻找儿子，应该有相认的机会。

幸亏国夫人心善，心细，否则，姜家父子也许永远不能相认了。

我甚至还设想了一个场景：姜志知道养马人是他的父亲后，碍于面子，借故不肯相认；姜春于是向姜志的领导报告，领导出面还是不认；再找领导的领导，最后找到了皇上那里，皇上下旨，父子相认，姜志痛哭流涕。

显然，上面这个场景，明显违背中华民族传统的孝道精神，读者都不认可，但可能性还是有的，要不就没有陈世美什么的了。

姜志不认父，自然是题外话了。一笑。

# 蛤蟆从嘴巴里吐掉了

元颇博士说了这样一件医病的趣事。

唐时，有个妇人，丈夫去南方做官，她跟随着。某次吃饭时，误将一虫子吃下，她就常常怀疑自己得了病，果真就生病了，而且，多次治疗，到处去看医生，就是治不好。

某天，京城来了一位名医，他知道此妇因误食虫子而致病，就事先找官员家里一个嘴巴极紧的老年仆妇，交代她：我今天给她用药吐泻，你只管用盘子接着，她正在吐的时候，你就说，看见一只小蛤蟆逃掉了。记住，一定不要让你家主妇知道是骗她的。仆妇连连说，好的好的。

一切都照京城名医说的做，那妇人的病，果真，永久治愈。

（宋　孙光宪《北梦琐言》卷十，《疗疑病》）

从名医交代的口径看，妇人误食的应该是小蛤蟆，或者是蝌蚪。

因为误食，于是就疑，疑是一切病的根子。

本来没有病，一天到晚地疑，没病也得病了。

所谓对症下药，名医自然深谙此理。他交代仆妇的话，也挺有道理的，原来食下去的蝌蚪，这么长的时间，都长大了，嘴里吐出个蛤蟆，也就合情合理了。

其实，蛤蟆本身就是一味药，内服外用均可，主治痈肿、口疮、乳痈、小儿疳积、热痢。

不过，古往今来，如妇人一样的疑，却屡见不鲜。一位资深肿瘤专家这样玩笑：如果，对一个身体好好的人吓他说患上恶病了，除少数心理承受能力极强的人尚可以抵抗一阵，大多数人，都经不起吓，免疫力会急剧下降，没病会生病，潜在病更会极快暴发，三下两下，人就会被折磨得不成样子。而相反的例子，也比比皆是，重症患者，如果给予希望，明确的希望，极大的希望，用药加上心理，治愈的例子也很多。

世上本无事，庸人自扰之。

大部分时候，所谓的疾病也是如此。

卷九

和神比美的悲惨结局

# 山神的苦衷

袁州乡下有老翁，性情敦厚，声望很好，家里也比较富有。

有天，一穿着紫衣的少年，坐着豪车，后面跟着许多仆从，到老翁家讨吃的。老翁随即将少年请进家门，端上丰盛的食物，随从也一并款待。少年兴冲冲地吃，老翁站着想：哎，这里的官员和富家我基本都认识啊，此少年到底是谁呢？

少年见老翁脸上有疑虑，就对他说：您怀疑我吧，我和您直说了，我是仰山的神。

老翁听到这里，很惶恐，拜了又拜：不是每天都有人给您上供吗？怎么您还来讨吃的呢？

仰山神叹了口气：是啊，凡人来拜我供我，都是想从我这里求福的。我也有能力达不到的时候，也就是说，凡人向我求的事情，我很多都做不到，我做不到，我还能享受凡人的朝供吗？于是，我就只好经常饿肚子。因为您是有名望的长者，所以我向您来讨吃的了。谢谢您啊！

少年吃好，拱手作揖，一转眼，不见了。

（宋　徐铉《稽神录》卷六，《袁州老父》）

山神也苦，一味被人索福，而自己竟然挨饿。唉，真是一行有一行的苦楚呢。春节时，数九寒天，各大寺庙，排队八小时十小时甚至更长，为的就是烧头香。保佑我啊，神，请一定保佑我啊！我的孩子要考上名校，我的财富一定要增长再增长，我的身体，关键是我的身体，一定要保我健康啊！

可是，几千人上万人，甚至数十万人来了，都磕头，都虔诚，神呢？忙坏了，真是忙坏了，忙到两眼昏花昏黑，谁也不认识了！

心知肚明的，骗骗鬼而已，即便有鬼，他自己也顾不上呢，你看那山神的狼狈相。

让内心安静、安定下来；工作和谋生，踏实而勤恳；待人处事，和顺，气畅；日省吾身，向上向善。所有这些，都是保佑你的真神。

你是你自己的神。

# 宋朝采银事故

饶州的邓公场，是个采银的矿井，经常有水从井里流出。

天祐年间，有十多个采银者，从井的山沟边斜挖地道进入。挖进数步进入矿井后，空阔明朗，山顶有洞好似天窗，太阳光从上面照下来，楼阁和柱子都变成白银了。这些采银人于是就跑出井，拿着斧子进洞，他们要砍那些白银柱子。

过了没多久，山突然倒了下来，进洞的采银人全部被压死。红色的血从山涧流出，好几天不绝。此后，再没有人敢进洞采银子了。

（宋　徐铉《稽神录》补遗，《邓公场采银》）

有水从井里流出，本来就是个危险的矿井，只是这些潜在的危险被那些采银者忽略了。

另外，在银矿中，那些矿石在阳光的作用下，似乎产生了化学反应，连撑井的柱子都变成了银子，显然是采银人看花了眼，于是忘乎所以。

是山突然倒下来了吗？也许是采银者砍柱子产生的震动，本来就不牢固的矿井发生了崩塌。

白花花的银子使得数十条人命就这样没了。

天灾终究连着人祸！

# 吃便桶饭的媳妇

　　常州有一老村妇，是个瞎子。家里只有一个儿子和一个媳妇。

　　有天中午，媳妇正在做饭，儿子来喊她一起去田里帮忙。媳妇就交代婆婆：妈，饭烧好后，您盛到盆里。瞎子婆婆什么也看不见，饭烧好后，就找个容器来装。七摸八摸，摸得一只便桶。就将饭都盛到便桶里了。

　　媳妇回来一看，坏事了。但她又不敢声张，就将便桶中间干净的饭盛给婆婆吃，还比较干净的盛给丈夫吃，那些脏的她都自己吃了。

　　下午，天空突然暗下来，暗到人都互相看不见。突然，媳妇好像被人提着在空中飞翔。过了一会儿，天又明亮起来。媳妇发现已经身处自家附近的树林中了，怀中多了个小布袋，里面有一些大米，刚好一家人一天的口粮。

　　呵呵，上天给的，那就吃吧，一家人就放心地吃了。第二天起来一看，哎，袋里的米依旧那么多。

　　天天如此，袋里的米永远也吃不完。

　　　　　　　　　　　　　　　　　　（宋　郭彖《睽车志》卷三）


　　儿子、媳妇、婆婆，一家三口。儿子是壮劳力，一早就去田里忙活了。媳妇也是好帮手，忙里也要忙外。

　　上面这些情景场合，淡淡的日常，如一台小话剧，活画出一幅和谐的家居生活图。

　　媳妇一定是个贤媳妇，无怨无悔，换作一般人，即便不苛责，也会有一些怨言，这么点小事都做不好？婆婆当真福气好，家务活基本不会干。许多盲人都有超凡的工作和生活能力，这和盲没有必然的关系。

　　后面的情景绝对是神话，好人有好报，这只是好报的一种方式而已。

　　好媳妇是个道德模范，勤俭持家，她完全可以将饭倒掉，但她却吃掉了脏饭。道德的高度就体现在常人难为的细节中，无声无息，不张扬，默默承担。

　　人在做，天在看，千古名言。

　　布衣觉得很真实。

# 和神比美的悲惨结局

四川人孙思文，相貌极好。他也自以为是，经常以此标榜自己多么美啊美的。

漂亮的男子，自然要娶漂亮的女子，于是，他的妻子也是无比的美丽。这一对夫妻，没事就经常在一起互相夸奖，自得其乐。

有一天，夫妇俩去庙里参观。看到那魁梧的神像，小孙指着神像问妻子：老婆啊，你看我和神像比，哪个更漂亮啊？妻子回答：当然您漂亮啊，您比神像漂亮多了。小孙于是很得意。

夜晚回来睡觉，小孙做了一个可怕的梦。那神将他召去，一顿臭骂：你小子居然跟我比美，也不拿镜子照照自己是什么东西！你赶紧将脸换掉，留你一条小命！马上就有很多小鬼将其押到一个地方，地上放着数十个假面，小鬼将他漂亮的脸割去，找了一个满脸皱纹、额头和眉毛都极不对称的大丑脸安上。

小孙在梦中惊得大叫，醒来用手摸面，感觉有异样，急忙叫妻子拿个蜡烛照照看，果然奇丑无比，不仅丑，还吓人。美丽的老婆哪受得了这样的惊吓，当场吓死。

小孙悔啊，肠悔青，但已经晚了。

（宋　郭彖《睽车志》卷五）

有比较才有鉴别，比一比方显高下。

有老板娘还算美丽，她招的女秘书，一定要比她差些，脸蛋差一点，身高矮一点，身材粗一点，老板娘说，这样走出去谈事情，一下就比出来了，所以美女不见得有优势。

小孙长相好，到处显摆，不想这回吃了一个大亏。幸好，他小命保住了。老板娘却很低调，从来不说自己漂亮，但不断有人赞美，生意也常常成功。

别和富人比财富，别和高官比官大，别和才人比有才，当然，也别和靓人比漂亮。一般的人比就比了，小孙，你和神仙比什么啊！

小孙长得漂亮不是错，错在不知天高地厚！

当然了，神也小气。比就比呗，比不过就折磨祸害人家，一点也不大气，没有风度，如果真让他们来管理世界，还真是不太放心呢！

# 为袍所累

　　刘先生，河朔地方人，六十来岁，居住在衡山的紫盖峰下。

　　刘经常在衡山县一带活动，大家都认识他。讨得一些钱后，就去买些日用品回山，用完再出山。他每天挎着个竹篮，篮中放着大小不同的像笔一样的小扫帚，在各个寺庙里跑来跑去，哪座神佛的塑像上有灰尘，他就用小扫帚拂拭掉，神像的鼻子耳朵嘴巴里有灰尘，他都一一清扫，扫得很仔细。

　　有一富人看到老刘这样的行为，极赞赏，于是就送了他一件精致的衲袍。刘非常高兴地接受了。

　　过了不少日子，富人又碰到刘，只见刘仍然穿着破旧的粗布黑衣服，问他为什么不穿袍。刘答：我差一点被您的好心所牵累啊。我经常出门，到哪睡哪，庙庵里有门也不关，晚上回来倒头就睡。自从得了您的袍之后，不穿在身上出门，心里就记挂着，怕人偷，就跑到市场上买了一把锁，出门时将门锁上。如果穿在身上出门，夜晚睡觉的时候，又要将门紧紧关上，还是怕被偷。我是穿也不好，不穿也不好，心里总有个东西搁着，七上八下，不能安心。今天我穿着袍到街上来，忽然明白，我这些天不开心，心有所牵，都是因为这一件袍啊，真是可笑之极。刚刚碰到一熟人和我聊天，我就脱下袍送给他了。送掉之后，我的心立即坦然，一点东西都不挂念了。呵呵，谢谢您的好意，但我真是差一点被您的袍所累啊！

　　刘先生依旧过着他无袍的快活日子。

（宋　郭彖《暌车志》卷六）

　　这里，作家的用意其实很明显，袍只是一个比喻，它是外物的一种，是牵累我们内心良好而诱人的物质代表。

　　在我们的日常生活中，此袍可以借代成金、银、珠、宝、酒、

109

色、名、利等，有形的，无形的，几乎都可以囊括。李白洒脱，只想喝尽天下美酒，那他也是千方百计，为自己创造喝到美酒机会，听说哪里有美酒而不能得时，还要耿耿于怀。

即便，这些东西你已经统统放下，心里只想着不要财物，不要名利，然而，心里老惦记着某样东西，也是一种牵挂，还没有真正放下。

因此，为任何一物所累，都不会快活。

这些道理一般人都懂，难在像刘先生那样，毅然决然放下袍子。

刘先生，真不普通，大智！

卷十

唐玄宗想搞形象工程

# 刻薄施肩吾

唐朝元和十五年，施肩吾与赵嘏同年考上进士，但他们关系不好。赵嘏以前不知什么原因，一只眼睛瞎了，就用珠子代替。施就嘲笑他说：二十九人同及第，五十七只眼看花。

（宋　钱易《南部新书》卷甲）

元和十五年，公元八二○年，施肩吾考中进士，他一下子就成为我们那个地方的名人，他在分水县的五云山苦读三年。我在好几篇文章中写过，我和他是校友，我们都在五云山上读过书，施读书时叫五云书院，我们读书时叫分水中学。

施肩吾是杭州地区第一个进士。以前有把进士叫状元的，所以，我们那里都叫他状元施肩吾，名气大得很。

这赵嘏同学，也算唐朝的著名诗人了，眼瞎不是他的原因，假珠代替，说明唐朝的眼科还是比较发达的。一只眼对看花有影响吗？只要心情好，看什么都好，孟郊"春风得意马蹄疾，一日看尽长安花"，哈，看花只是一种形式和荣耀罢了。

施状元是不应该如此嘲笑同学的，对残疾人的不尊重不宽容，说明修养还不深，如果只是单单为了诗句的押韵，那更不妥当，诗才用错了地方。

其实，作者钱易搞错了，施说的不是赵嘏，而是崔嘏，有施自己的诗集《嘲崔嘏》为证，且有说明，时间都对，事件也对，只是钱易将讽刺对象搞错了。

施考上进士后，不待授官，就去了洪州西山（今江西新建），筑室隐居，潜心修道，他认为那里是古十二真仙羽化之地，华阳真人，就是施的外号，名气在道界也很响亮。

所以，我就有点不明白，这样的人，已经心里虚空了，不会这么刻薄的，是不是还有别的原因？

因此，我这样为同乡狡辩：施状元只是客观记录了唐朝眼科医学的发达，并无多大的坏意。他写诗和考试，都只是证明一下自己的能力而已。

# 比家庭出身

李隆基曾经做潞州的别驾。

有一回，他请假回京城。正值暮春时节，他一身酷装，骑着马，军装，臂上还停着雄鹰，行进到京郊野外时，正好有十几个富豪子弟，在昆明湖边的帐篷内饮酒，他们一边饮酒，一边唱诗。小李就加入到了他们的活动行列中。

饮酒时，一人提议：今天我们是豪门聚会，喝酒前都要将自己的出身报一下。

轮到小李时，他笑笑：曾祖是天子，祖父是天子，父亲是相王，我是临淄郡王李某。

话一讲完，这些人都吃惊地逃散了。小李郡王，却慢悠悠将很多酒，倒在一个大杯里，喝光，离开。

（宋　钱易《南部新书》卷甲）

臂上停着鹰，很酷的。好多少年英雄打扮都这样啊。汉代茂陵少年李亨，他养的鹰都有名字：青翅、黄眸、青冥、金距。

这个版本在刘斧的《青琐高议》中又出现了一次，这时李隆基的身份是唐明皇，他是去打猎的，碰到一批人在喝酒，要报祖先的官爵，他也兴致勃勃地参加了，结局差不多。

都说工作生活中有小圈子，李隆基碰到的应该就是典型的小圈子。

在小圈子内，大家知根知底，气味相投，有些还是死党，讲起话来无所顾忌。吹牛显摆，自然是小圈子交流比较重要的一环，尤其是当有个别陌生人加入进来的时候，或者，是有美丽的女子在场的时候，好面子，本能啊，人性的弱点，人都这样，雄孔雀也这样。

有官的人比官，京城随便拿块石头砸一下，极有可能砸到三品四品；有钱的人比钱，显露的银子和内藏的金子，一家更比一家亮。

不要被表象所迷惑，所遮蔽，楼外有楼，山外有山，天外有天。

当然，李隆基也是去显摆的，他这种显摆的机会并不多，自然要好好把握，嘚瑟一下，吓吓人。

# 唐肃宗的衣服

有一次，唐肃宗李亨，举着自己的衣服袖子，对韩择木讲：我这件衣服已经三浣了！

（宋　钱易《南部新书》卷丁）

韩择木是唐代著名的书法家，韩愈的叔父。

李亨说这句话时，我推断可能不是上朝的公务时间，从语气上判断，有抱怨的情绪。或者说，他刚刚读完数则奏报，都是御史呈上来的，虽然各级财政异常困难，但仍有不少官员生活奢侈，和国朝艰难的形势，和他倡导的勤俭节约精神不相符合，所以，他想找一个突破口，巧妙地解决这个问题，至少是敲打一下那些奢侈的官员，现在好了，正好可以借这件衣服说事。

浣，首先理解成洗。在此，李亨是想说：近年来，国家财政拮据，我们都要带头节约，喏，我这件衣服已经洗三次了！

是的，他确实运气不太好，和老爹李隆基关系也很紧张，马嵬坡吊死杨贵妃就是他亲自策划的，国家如此动乱，他实在是心焦啊。

浣，还有另外的解释。唐朝规定，官员每十天休息沐浴一次叫浣。引申出去，每月的上旬、中旬、下旬，也叫上浣、中浣、下浣。

如果按照时间解释，李亨是想说：近年来，国家财政拮据，我们都要带头节约，看，我这件衣服都穿了一个月了。

是的，安史之乱，乱得李隆基都仓皇出逃成都，狼狈不堪，哪还有这么多的讲究啊。

我一直有个疑问，皇帝的衣服，到底是怎么处理的？每件是不是只穿一次？丝绸不好洗啊，一洗就变形。但不同的场合，肯定要穿不同的衣服，一件衣服，洗三次，那是不得了的事情，否则，李亨不好意思拿这个做话题的。

因此，三浣，我希望能解释成洗三次。一二三，过了三，就是多次，也就是说，李亨这件皇服，已经洗了多次，穿了多年了。

# 母子父子心连心

张志安，在乡里以孝闻名。有一次，张被派出公干。在县里，他忽然称母亲身体不好，急忙向县令请假。县令问志安怎么回事，他回答：我母亲有病，我也生病了。刚刚我突然心痛，因此知道母亲身体不好。县令不相信，将志安关起来，马上派人去志安老家调查，调查人回来说，果真有此事。

不久，县令就将志安的事迹报告给皇帝，并进行表彰。后来，志安被任命为散骑常侍。

裴敬彝的父亲被陈王典所杀，当时，敬彝在外地，突然眼泪就流下来，一点食欲也没有。他告诉别人说：我父亲凡有痛处，我就会感到不安。今天突然心痛，手脚一点力气也没有，情况恐怕不好。于是回家，父亲果然死亡。

（宋 钱易《南部新书》卷辛）

孝一直是中华民族传统伦理的重要内容。母子、父子，心连着心，痛连着痛，这样的事情，一定要当作孝来大力宣传的。

双胞胎经常会一起生病，这可能是，同卵双胞胎，基因相似，生长的环境相同，一起得个小感冒，好像不太奇怪。

现代医学对这种现象也没有很科学的解释。

子女能感知父母的痛，一定是长期关注积累而成的。起先，父母一有痛处，子女就会心急不安，时间长了，自己也就像生病一样。就如，许多人只要父母亲身体不好，他们就会极度焦虑一样。

偶然的预感会有，但能准确异地预知，还是有些神奇。

# 诗人"胡钉铰"

有个胡生，不知道姓名，平时以洗镜、补锅、锔碗为业。他居住在雪溪边靠近白蘋洲的地方。他家边上，有座古坟，胡生每次喝茶时，一定会用茶祭奠一下。

有一天晚上，胡生做了个梦。

有人对他说：我姓柳，平时喜欢喝茶写诗。我死后就葬在你居处的边上。你常常给我茶喝，我无以回报，想教你写诗。

胡生回答：我怎么会写诗呢，我只是一个混混日子打打零工的普通百姓而已。

柳生很执着的样子：这个你不用管，到时候你说出的话就是诗了。

胡生醒来后，试着构思，果然感觉有神来帮助。一段时间后，他写的诗就像模像样了。

人们都叫他诗人"胡钉铰"。

（宋　钱易《南部新书》卷壬）

这里，作者钱易忘记姓名的"胡钉铰"，其实在文学史上是有名的，他叫胡令能，是唐朝贞元、元和间人，一辈子以钉铰为业，能写诗。

陆地上小学的时候，我教过他读的《小儿垂钓》就是胡令能写的：蓬头稚子学垂纶，侧坐莓苔草映身。路人借问遥招手，怕得鱼惊不应人。

头发蓬乱的小孩，侧身坐在莓苔上，身子掩映在草丛中，举着长竿子，学着大人钓鱼。路边有人在问路，小孩子连忙招招手，别吵别吵，小心我的鱼跑了！

活灵活现，一幅小儿垂钓图！

诗人和补锅锔碗有什么关系吗？没有关系，又有关系。没有关系的是身份，作家应该是没有身份的，只要对生活有感受，有良好的文字觉悟，谁都可以写；有关系的是生活，正因为他的职业，他随时随地都在体验生活，他可以自由自在地和各种人打交道，细致真实，不做作。

普通劳动者成为一个有名的诗人，在古代社会实在让人不好理解，于是就要加很多的附会：上面是柳诗人的帮助。还有个版本，是在梦中，仙人来到"胡钉铰"的家，割开他的肚子，把一卷书放进，一觉醒来，什么诗都会作了。

杭州运河边，著名作家黄亚洲，有个亚洲书院，他在那里，经常举行农民工诗人论坛，若干年来，有一大批农民工诗人脱颖而出。

我也去参加过农民工诗人的诗会。我对农民工说，作家是不分职业的，清代著名作家袁枚的《随园诗话》应该是清代著名的诗选刊，他就选有好几首以弹棉花为职业劳动者的诗，甚至连他车夫写的诗都收入。

现如今，钉铰的职业已经消失殆尽，"胡钉铰"的《小儿垂钓》却永垂千古。

# 唐玄宗想搞形象工程

在华山云台观中方的上边，有一块大石头突起，好像半个瓮那样的形状，名叫瓮肚峰。唐玄宗曾经来此视察，称赞它的神奇瑰丽，想要在山峰的中部，凿"开元"两个大字，在字中间填上白色的石头，百余里外都可以看到。

谏官听说此事后，上奏劝阻，玄宗思考再三，决定停止这项工程。

（宋　钱易《南部新书》卷壬）

那些名士，登临名山，往往会有想法，题个字啊什么的，有许多的人文项目就是这样诞生的。

开元盛世，一定要让全国的人民都看得到体会得到，一定要流芳百世！作者钱易在本书卷辛写道："开元二十八年，天下无事，海内雄富，行者虽适万里，不持寸刃，不赍一钱。"这是什么样的社会啊，走遍全国，可以不带一分钱！

国朝这样大好的形势，难道不应该好好地宣传一下吗？工程也不是很难嘛，凿上两个大字，再用白石头填充一下。

即便一个州长、县长，也想留块碑。何况像唐玄宗这样的大领导。

然而，谏官不同意，别看两个字，那还是要花些精力的，关键是工程危险，肯定要死人，以往有教训可以借鉴。搞了又怎么样呢？难道真的可以百世流芳？领导啊，真正的口碑在百姓的心里！破坏环境的事，咱们别干了！

嗯，有道理，形象工程不形象，不凿了！

# 卷十一

醉酒不仅仅是方子

# 孔夫子不能入戏

公元九九六年的重阳节，皇太子、诸王，在琼林苑举行宴会，皇家歌舞团献演助兴。

节目一上来，是一出以孔夫子为主角的戏。有个叫李至的宾客对太后讲：唐朝大和年间，乐府以此为戏，唐文宗急忙下命令止之，还鞭笞了演员，处罚他们对圣人的无礼。春秋时的鲁哀公认为，将儒家的东西放进戏剧都不可以，何况是圣人孔夫子呢？

太后闻此，连忙向宋太宗报告，于是，夫子入戏，以后就不能演了。

（宋 杨亿《杨文公谈苑》，《禁教坊以夫子为戏》）

禁演的目的是表示对儒家、对圣人的尊重。

这样的规定，似乎给戏剧也做了定义，勾栏瓦肆里的东西，插科打诨、内容低俗，主要是供人们茶余饭后娱乐的，上不得厅堂。孔子作为引领整个国家思想核心价值的精神偶像，严肃庄重，怎么可以拿他来演戏呢？

而且，禁止将儒家、圣人入戏，自古以来就有传统，只是宋朝人民已经淡忘或忘记了，传统不能丢，禁区不能碰。

其实，圣人入戏，在宋朝不仅仅是道德问题，更有技术问题。谁来扮演？如何扮演？圣人操什么语言？

孔夫子入戏，这注定是一个著名的故事，即便一千多年后的现在。

二〇一〇年，大片《孔子》曝光四十五秒预告短片，剧情紧凑、场面壮观，引发网友追看，而孔家第七十五代直系子孙孔健正式向《孔子》剧组发出"措辞严厉"的书面声明，要求对影片内容做出三点重大改动，并保留有关的法律权利。

回到从前。一九二八年，林语堂写了独幕悲喜剧《子见南子》，老林只是根据司马迁同志的《史记·孔子世家》部分史实，想当然地让孔圣人和卫灵公貌美如花的夫人南子相见，并将圣人置身于纵情和守礼的思想挣扎之中。这样创新的剧作在曲阜演出后，被圣人的后代告上法庭。

看来，圣人入戏不入戏，都是一个大问题呢。

# 公主不许穿皮草

宋太祖的魏国长公主，曾经穿着锦绣翠鸟羽毛的短袄拜见老爹。

老爹见大女儿穿成这样，一脸的不高兴，对女儿说：你把这件衣服脱下来给我，以后也不要用翠鸟的羽毛做装饰了。

女儿笑着对老爹讲：我这件小上衣，能用多少翠鸟的羽毛啊？

太祖教导她：女儿啊，不能这样说。你穿皮草，整个皇宫里都会仿效，那么，京城里翠羽的价格就会上涨，商人就会去逐利，连锁反应一大串，就会伤害更多的动物。你生长在富贵人家，应该珍惜来之不易的幸福，怎么可以成为制造祸事的源头呢？

公主深受教育，很惭愧：我记住您的教导了！

有一回，公主因为侍坐，与孝章皇后一起聊天，聊高兴了，对皇帝讲：您做天子这么久了，难道不可以做一顶黄金轿子？那样坐着出入多威风啊！

太祖大笑：我将整个宫殿装饰成金银都可以，但我不能这样做，我只是替天下守住财富，怎么可以乱用呢？古人讲，以一人治天下，但不能以天下奉一人。如果我只顾自己享受，那么天下的百姓会怎么看我呢？这样的话，你们以后不要再说了！

（宋　杨亿《杨文公谈苑》,《太祖不许公主服翠襦》）


许多的笔记都记载，宋太祖具有良好的道德品质，粗布麻鞋，生活简朴，体恤民生，处处自律。

他对长公主的教育，就是典型的从细微处入手，皇家的一举一动，都是风向标，无论什么方面，咱领导家都要带好头。

皮草上衣，也不是什么太名贵的东西。《孔雀东南飞》中就道：妾有绣腰襦，葳蕤自生光。这件能生光的短上衣，想来更高级。

一人治天下，不以天下奉一人。很多王朝的初期建立者，似乎都能将它作为座右铭。一人治天下，是上天或者历史赋予的责任，但不是说，你就可以为所欲为了，凡是以天下奉一人的，都不会长久。

# 酿酒不仅仅是方子

缙云酿酒专卖署，有个酿酒师傅，水平极高，他酿的酒，喝过的人无不赞美。

管理专署的负责人，要求师傅将方子写下来，交给他建安的亲家去酿。那边酒酿出来，味道一点也不好。长官就将师傅喊来责问，师傅说：方子我早写给您了，然而酿酒，是有很多讲究的，天气的温炎寒凉，水放多少，如何搅拌，都会影响效果，这些东西我都讲不出，只按照我的感觉做。我家里有两个儿子，他们酿的酒也没有我酿的好喝。

（宋　杨亿《杨文公谈苑》，《缙云酝匠》）

这里面的道理，和《庄子》中斫轮几乎一样。已经七十岁的轮扁对齐桓公讲：我做轮子，得心应手，其中道理，只可意会，不可言传。

缙云的酿酒师傅，他懂得理论和实践结合，更懂得各种变化。

季节不一样，酿酒时间肯定不一样。除了他讲的一些不一样，甚至还有水质也会影响酒的质量，那著名的茅台酒，离开了茅台镇，还是正宗的吗？

中国许多传统的工艺，有许多都靠工匠们独自摸索，靠耳濡目染嫡子嫡孙的代代相传，但在传承的过程中，会出现许多缺失，上面那位酿酒师傅就是这样。我不知道，他的师傅是怎么传给他的，但徒弟超过师傅或徒弟不如师傅的情景常常出现，大家凭的都是悟性。

我去四川泸州。1573的酒窖边，有一些工人在忙碌着，他们将窖池里的酒糟往外铲，有的正封闭窖池，抹了一道又一道，如抹泥墙，灰色的窖泥三抹两抹，就变成了镜面样，光光的，它们安静地守卫着自己的那一方领地。我相信，这里的每一道工序，都是1573自己的创造，他们用自己的方法酿造老窖，已经四百多年，犹如那缙云酿酒师傅，靠的不仅仅是方子，还有只可意会的经验，还有长江边的龙泉井水。

# 徐铉信鬼神

作家徐铉不信佛，但酷好鬼神之说。

他工作之余，专门搜集神怪之事，写成了著名的《稽神录》。

江东布衣蒯亮，九十多岁了，喜欢讲大话鬼话，徐铉就将他收在自己门下供养。有人说，他的这本鬼神之作，有很多都是门客蒯亮讲给他听的。

有一回，蒯亮不知怎么得罪了徐作家，徐很愤怒，好几天都不和蒯亮说话。有一天，徐将要上朝去，蒯亮突然跑来和他讲：刚刚有个神人，长着翅膀，从厅堂飞出，升堂上天了，我朝天空看了好久，神人一直上了云霄。听到这里，徐大人高兴地笑了，立即命令将纸笔找来，迅速记录了下来。他对蒯亮又像当初一样好了。

（宋　杨亿《杨文公谈苑》，《徐铉信鬼神》）

《稽神录》是徐铉长期搜集、刻意经营写作而成的。这本书，开了宋人志怪小说欲人可信和果报迷信的风气。

徐作家也是长久做官，初仕吴，后转仕南唐，随后主李煜降宋，官至散骑中常侍。他后来还和李昉等人一起编辑《太平广记》《太平御览》。

痴迷到这种程度，也算敬业了，为了早日完成神怪大作，真是呕心沥血。

自然，迷恋深了，在某种程度上也会失智。对于蒯亮明显的编造，他也欣然采纳。

从另一角度讲，胡编乱造、没有生活积累的文学作品，都是文字垃圾，不管是一千年前的宋朝，还是现如今。

卷十二

书换铜器也不能吃

# 李煜为何一定要寒冬坐船

开宝八年十一月，江南已经平定。按照朝廷要求，投降宋朝的南唐后主李煜，要从汴水坐船到开封。

可是，当时正是三九严寒，河水浅，且大部分地方都结冰了。皇帝还是下令令，水少或者结冰的地方，要筑坡塘蓄水，待船通过。

官吏们常常在河边监督，监督那些民工敲冰凿河，稍有懈怠，就要惩罚，甚至获罪。因为李后主的坐船，州县官员有数十人被责罚。

（宋　宋敏求《春明退朝录》卷上）

我不知道赵皇帝为什么一定要李后主坐船，肯定是有什么原因的。怕李书生，坐马车颠簸劳累？或者怕李的旧部趁机打劫？

不过，从赵皇帝的态度看，他还是非常仁厚的，几乎对所有人。

他深知，他得来的这身龙袍，有点突然，突然来了，也很容易突然失去，既然来了，那就要好好穿着。因此，他对后周的各级官员，除了极个别严重反对他的，几乎原封不动任用，那些旧朝官员也很乐观啊，这个年代，皇帝是经常换的，只要我们有利益保障，谁做皇帝我们都拥护。

对待被他打下的另外一些王朝，他也相当优待。后蜀皇帝孟昶，他人还没投降，赵皇帝就替他建了不少高级府邸，以便妥善安置。

对待这个李煜，也自然如此。他不想坐马车？那就坐船！李后主肯定知道，天寒地冻的，船怎么能行呢？这是为难赵匡胤呢，看他怎么办，要不就拖到来年的春天再说，谁知道来年春天，天下会发生什么变化呢？

赵皇帝想来是知道李的那点小九九的，费点精力而已，无论如何，一定要确保李后主的顺利到达。

这样想来，那些被责罚的州县官员，也只是表面上做给李后主看看罢了，过几天就没事了，该提拔照样提拔。

# "罚工资"

宋朝建国之初，就有明确的"罚俸例"制度。

一品八贯，二品六贯，三品五贯，四品三贯五百，五品三贯，六品二贯，七品一贯七百五十，八品一贯三百，九品一贯五十。

（宋　宋敏求《春明退朝录》卷下）

宋朝的官员待遇一直让人向往，很多人都希望生活在宋朝，有资料说，它是明朝官员待遇的五倍。

老赵深深知道，忽然得到的这顶皇冠，也很容易失去，"杯酒释兵权"后，他对那些王啊将啊，大量赐予财物，一直鼓励他们提高生活质量，过美好生活。他不仅大大提高各级官员的待遇，连对官员捞钱的小动作，也是睁一只眼闭一只眼。风气一直延续到南宋，清河郡王富可敌国，于是有了那场著名的接待宋高宗的宴会。

一贯，就是一千文铜钱。一品大员的工资多少呢？每月三百贯。就连小县县令，七品官，也有月工资十二贯。除了工资正俸，宋朝官员还有米、职钱、公用钱、职田、茶汤钱、给卷（差旅费）、厨料、薪炭钱，还有谦人（仆役）、衣料钱等，节度使的公用钱（招待费）可以高达二万贯，而且上不封顶，用完可以申请，也可跨年使用，不限年月。

所以，这个罚工资，真是小小钱了，对于官员来说，只是象征性，做做样子，表表姿态。

这个公用钱，就如一颗坚强的种子，代代相传。

在如此宽松的环境下，公用钱的使用会是一种什么现状呢？西湖歌舞几时休？直把杭州作汴州！这说明，汴州已经成为全国的标本，官员的天堂。

我傻想，要是每个朝代，都有大量的阿里巴巴金窟，芝麻芝麻一声叫，钱财激情澎湃而来，那该多好，老百姓就不用交皇粮国税了，极乐世界。

罚俸例，只是宋朝朝廷和百姓开的一个玩笑而已。

# "全民偷盗日"

金国对处理偷盗极其严格。每每抓到偷盗者，除判罪外，还要七倍的赔偿。

但他们也有一个奇怪的规定，每年的正月十六，是明确规定可以偷盗的，老婆孩子，金银财宝，什么都可以偷，不处罚。这一天，人人都严加防范，碰到小偷，即便抓着了，都笑着放掉。那些小偷，即便一点点东西都偷不到，离开时，也要顺手抓上一把锄头啊簸箕什么的带走。

（宋　洪皓《松漠纪闻》）

洪皓，是著名作家洪迈的父亲。

他在宋徽宗的时代，以礼部尚书的身份出使金国，不想被金国扣留，逼他到伪齐去做官，他不肯，于是被流放到冷山（今吉林农安县北），而且，他力拒金国官职，十五年后才回到宋朝。

洪皓在金朝期间，写了一本笔记——《松漠纪闻》，记录十五年被拘的生活，想来，金国的一些风俗，应该是真实可信的。

金后来能灭宋，自有它的道理。

游牧民族，看似松散拖沓，其实有着严格的管理方法。强调天人合一，尊重自然，取用有度，这样才能够获得自然丰厚的回报；正因为人少，更需要团结合作，这样才能所向披靡。因此，对那些不劳而获的偷盗者，处罚极为严厉。

这虽是个游戏，但以法律的形式规定下来，也暗示着，只要你有足够的计谋，勇猛的力量，即便是在人人设防的环境中，仍然有可能实现你的目的。犹如在千军万马中，获取敌人的首级那样，这样的英雄，是要人人赞美的。

偷盗只是一种方法，重要的是习性的培养和训练，即便已经立国，也仍要全民动员，那些安身立命的生存方法，必须保持下来并发扬光大。如此，看似荒诞的全民偷盗日，在金国，就有存在的道理了。

# 头上有个包

韩魏公在永兴军做领导时，有天，一个幕官来参见他。幕官见他就拜，很努力，又显着一点点的惶恐，总之，看起来非常温顺听话。韩朝幕官仔细看了又看，很不高兴。一连几个月，韩都不曾和他说一句话。

韩的部下逮着一个机会，问原因：那个幕官，您以前也不认识，为什么见了一次之后就这么不高兴了呢？

韩答：我见他额头上，有一块隆起的包，这一定是叩拜磕头磕出来的。这样的人，一定不是好官，关键时候不能派用场的！

（宋　佚名《道山清话》）

韩魏公确实是正派之人，这样的人，一般都不喜欢拍马屁。

先岔开下，说说他的气度。

宋施德操的《北窗炙輠录》卷上载：某次，韩魏公与范仲淹议事，意见不合，范径直拂衣离开，魏公从后面一把抓住范的手，和气满面地说：好商量好商量，范也马上态度转变。这一握手，两个重要人物又重新坐到一起讨论了。

这里，作者并没有写幕官的拍马，只写了他的一个特征，见官就跪，只要比他大的官，不管三七二十一，先磕头再说，准没错，样子要虔诚，礼多人不怪。

当然，有些官员确实喜欢这样的人。凡事都顺着自己，从来不和自己争吵，你的事，他是尽心尽职，你的所有需求，他都想尽办法满足，他每天做完工作后经常要思考，最最重要的思考，就是如何让你高兴和快乐。这样的人，就是奴才，虽然没有主见，但长官的意志绝对服从，还是可以用的，只要不是重要岗位，于是，官场上，磕头的人，也就有了一席之地（不，应该是数席之地）。

时代发展，磕头这种形式应该不太会有，但少数人的膝盖仍然"缺钙"，头上隐形的包仍然不少。

不管哪个时代，韩魏公仍然嫌少。

# 书换铜器也不能吃

张文潜曾经说，现在印书盛行，而卖书的往往都是读书人。

有一读书人甲，将家里的钱都买了书，将要运到京城去卖。中途，他碰到了另一个读书人乙。乙看了甲的书目，很喜欢，但是没有钱买，很伤心的样子。过了一会儿，乙对甲说：我家里有一些上好的古铜器，我想将它卖掉，来买你的书。甲是个古铜器爱好者，且颇有研究，他一见乙的铜器，就喜欢得不得了，连忙说：哎呀，你不用麻烦了，我给你的铜器估个值，我们俩交换吧。于是甲用所有的书换得乙的一些铜器，急忙返回了家里。

甲妻见丈夫这么快就返回了，正在惊讶，看看他的行李，只见两三只布袋里面，乒乓乱响，问清原因后，妻子大骂：你换得他这个东西，能当饭吃吗？甲毫不客气地反击：他换得我那些书，难道也能当饭吃？

听说这件事的人，都笑得捧腹喷饭。

（宋　佚名《道山清话》）

一个生意人碰到了一个读书人。生意人不精通生意，读书人却懂读书。

生意人本想好好赚一笔的，因为他倾其所有，他也是爱书之人，他选的那些书，都能够卖出不错的价钱，否则不会孤注一掷，他妻子也不会同意这个买卖的。

读书人真懂书，他一看书目就喜欢上了，只是没有现钱。但他家里的那些铜器，也算祖传，为了读书，他也顾不得那么多了，卖掉弄书读。

比较搞笑的是，生意人忘记了自己的生意，又喜欢上了铜器。

这就好比，一个有点志向的人，突然碰到了更好的选择，就迅速改变了原有的方向，而忘记了目的所在。

读书人真的不亏，虽然那些书不能当饭吃，但铜器也不能当饭吃，而书中自有黄金屋，自有颜如玉，读书不亏本。

倒是生意人的妻子精明，她一眼就看穿了事情的本质，不好好做生意，终究要饿肚子的，所以大骂。

# 范仲淹的"公罪"

范仲淹曾说:"凡是做官,私罪不可有,公罪不可无。"这真是天下的名言啊!

(宋　施德操《北窗炙𫗱录》卷上)

这条为官铭箴,千百年来,一直为人称颂。

唐宋时期,官员犯罪,有公罪与私罪之分。"公罪,谓缘公事致罪,而无私曲者。""私罪,谓不缘公事,私自犯者。虽缘公事,意涉阿曲,亦同私罪。"

这里对"公罪"和"私罪"讲得很清楚了。公罪,就是因为公家的事而犯的罪,私罪除了因私事,还加了一条:如果因拍马做政绩而犯的罪,也类同私罪。

换言之,做官,就要顶天立地,一心为民,公正公平,不怕得罪人。

这条为官箴言,还应该和范仲淹的另一句名言相结合:先天下之忧而忧,后天下之乐而乐。那么,我们可以这样理解,将天下,将百姓,当作做官的前提,绝不犯私罪,如果为了公事,有担当,赤心报国,因为某种估计不足,或者出现了某种不可预料的失误,而犯了公罪,也绝不后退。

范仲淹的为官理念,影响了一批正直的官员,但仍然是理想主义,在贪官成堆的大染缸里,像范仲淹这样的官,凤毛麟角。

一些例子证明,官员中的明哲保身现象还是不少的,不得罪人,意味着做四平八稳的事,少做前人没做过的事,少做需要担当责任的事,少批评指责人,能避则避,能躲则躲。

然而,你认为不值得去做的事情,不值得押上官帽的事,恰恰是百姓之急需。

手边有则报道：杭州市在官员中做过"影响领导干部参与改革创新的最大原因"的问卷调查，超过三成的人表示：怕出问题，影响仕途。于是杭州纪委立即发话：别怕，大胆去试吧，失败了组织给你撑腰！

　　组织为什么给你撑腰？因为你犯的是公罪，如果大家都不去试做，社会就不会前进。

# 有思想的少年

黄致一，十三岁初次科考。当时，他们拿到的题目是"腐草为萤赋"。同场考生，认为黄年纪小，漫不经心地告诉他主题：萤嘛，就是我们所说的聚萤读书，草嘛，就是青青河边草，也可以比喻，君子之德风，小人之德草，都可以用的。

考完试出来，大家一对题，黄致一的开头是这样的：昔年河畔，常叨君子之风；今日囊中，复照圣人之典。

哈哈，完全出人意料，那些想骗他的大考生，无地自容。

刘无言，十七岁就读太学了，时称俊才。有天，他偶然读《司马穰苴传》句"将在军，君命有所不受"，他就和同宿舍的同学讲：我明天考试，题目肯定是这一句。

第二天，考的是《神宗实录》。考完出来，同学问，哎，这个题目，和你昨天说的不一样嘛。刘无言回答说：我握笔的权力，就如同将军指挥士兵，完全由我自己，即便君命也不会接受的。

各位大同学一听，立即拱手称赞，刘无言的文章，拿到第一名毫无悬念。

（宋　施德操《北窗炙輠录》卷上）

黄致一碰到的场景，我读书的时候也经常碰到。

每次考试前，大家都会猜题，这个可能要考，那个也非常重要。有些成绩好的同学，是有经验的，但讨论的时候，往往会将讨论带往阴沟里，目的很简单，大家都弄清了题目，他就没有优势了。

而考作文，就更有意思了，每个人都可以有不同的理解，但总归有几种主题的，有些同学，材料分析不透，一不小心，就写歪了。

黄致一的那些大同学，就是想将小黄带沟里。

而刘太学生，他看到这一句的时候，心里早就想好了，他的这种想法，适用于任何题目，我的地盘我做主，我的文字我做主。

黄刘两少年，文章做得好，根本原因，就在于平时大量的阅读和观察，如此，才会有自己独立的思想和见解。

# 烧破船数钉

　　造船的部门，管理的官吏往往相互勾结，侵蚀国资，每造一条装载七百料的船，要领四百斤钉子。

　　曾处善，他做某路转运使时，偶然看见一艘七百料的破舰，搁浅在海滩上，于是就派人将舰拉到岸上烧掉，工作人员也不知道他究竟是什么意思。

　　舰烧完了，他让人将钉子全部集中，一称，只有两百斤。这才知道，原来造一条七百料的船，根本不用那么多钉子。

　　此后，朝廷规定，凡是造七百料的船，配给钉子两百斤。

　　　　　　　　　　　　　（宋　施德操《北窗炙輠录》卷上）


　　此所谓隔行如隔山。

　　也所谓靠山吃山，靠海吃海，靠船则吃船。

　　即便在皇宫，这么森严的地方，也有人想尽办法截流。乾隆喜欢吃鸡蛋，但他不敢多吃，因为一个鸡蛋要十两银子，而那时市场上的鸡蛋，只要三四枚铜板一个；光绪也喜欢吃鸡蛋，他更不敢多吃，一次只吃四个，因为一个鸡蛋已经涨到三十两银子了，相当于现在的五千元。内务府有人胆子这么大吗？肯定不可能，一层层地加码，最后才会出现天价鸡蛋。有的皇帝也许真不知道，也没心思来管这些碎事，有的知道情况，睁只眼闭只眼罢了。

　　将船焚烧称钉，可以看作另一种审计。不审不知道，一审吓一跳，造船的成本只有预算的一半，造船的部门也够大胆的，肯定是上下都有分赃，否则，保不定，中间哪一个小环节出了问题，被举报上去。

　　政策长期的实施，也就成了潜规定，不合理就成了合理，不仔细的人发现不了，既得利益者，更不会主动去说清，谁说了就是大家的罪人了。

　　一条船，两百斤钉子，多了没用，少了更不行，钉子到位，船就结实，一切都要按程序规定来，一道道监督，直到船下水，这样造出来的船，才不会一遇风浪就船翻人亡。

# 你自己的话在哪儿

正夫对子韶说：昨天，强幼安来说话，引用非常丰富。我对他说：像这一句，是欧阳修讲的；像这一句，是司马光讲的；像这一句，是苏东坡讲的；像这一句，是黄庭坚讲的。那么我问你，强幼安，你自己的话呢，在哪里呢？

（宋　施德操《北窗炙輠录》卷上）

当面指出，够不给面子的。

这种现象，放现在，有两种看法。

一种是，强幼安，真有水平，随口拈来，处处有经典，援引丰富，是个饱读诗书的博学之人。

另一种，就如正夫所批评的，都是别人的话，你自己的观点呢？

这确实是个问题。

强幼安这样说，一定也有原因。官场上的人，不少亦步亦趋，不敢超越，谨小慎微，能用别人的话表达思想，就用别人的话，即便引用的话不合适，要追究，也情有可原。

某领导，讲话总是激情洋溢，一场两小时的报告下来，引用一百多处，每个大点，大点中的每一个小点，都要引用名句，报告讲完，他自己很满足，听众们不知所云。此所谓非典型性假大空。

说话如此，写文章也如此，不展开细述。

# 惭愧后的苦读

家兄有个门生，叫沈君章，也没有其他特别优秀的地方，就是特别孝顺。但他有个毛病，常常喜欢去妓馆泡妞。

有一个晚上，他照例住在妓馆。不知怎么的，受了风寒，两条大腿大疼。回家后，母亲见他难受，便给他抚按，一边按一边说：我儿读书真是辛苦，常常读到深夜，大冬天的，学校里缺少薪炭，所以冻坏了腿。

君章对我说：我听到老母亲这些安慰话时，真是觉得无地自容，恨不得找个地洞钻！当下心里就发誓：从此后再不去游妓馆了！

后来，我常常观察沈君章，果然如他自己所保证的，发愤读书了。

（宋　施德操《北窗炙輠录》卷下）

古人读书也如今人，并不是都发愤苦读的，总有那么一些学子，会因各式各样的原因，并不认真读书。

我们读复习班，晚上自修，碰上好电影，常要结伴溜出，与值周老师捉迷藏。

不少大大小小的留学生，背负着家长们的厚望。家长们节衣缩食，学生们在异国他乡吃喝玩乐，持续数年，有的甚至弄一张假文凭回来骗家长。作家阿城说，他常年在国外，接触到好多留学生，钱钟书《围城》里方鸿渐的身影，依然活跃在各个国家的各个大学里。

表和里不一的事情太多了。

沈君章确实是孝子，改了就是好同志嘛。

谁说沈妈妈不是换了一种教育方法呢？她早就知道儿子泡妞，这么大的人了，她也想不出什么好办法，知道儿子孝，故意激将也许管用，哈哈，智慧的妈妈。

# 小气宋仁宗

　　仁宗曾经和宫人玩赌博游戏。刚刚出了一千钱，就全部输光。他提起一半钱就跑，宫人都笑了：官家太穷相，不肯输钱。仁宗问：你们知道，这个钱是谁的钱吗？这不是我的钱，是老百姓的钱，我今天已经乱用老百姓的一千钱了。

　　又一个夜晚，仁宗在宫中听到一片音乐歌舞之声，就问：这是何处在搞活动呢？答：民间酒楼作乐。宫人又接着话题自言自语：官家且听，外面如此快活，不像我们宫中，冷冷清清，一点也不热闹！仁宗问：你知道吗？因为我们冷落，外面才如此快活。我如果像外面一样快活，你们便要冷落了！

　　　　　　　　　　　　（宋　施德操《北窗炙輠录》卷下）

　　仁宗的赌，仁宗的快乐观，都有着活灵灵的现实意味。

　　仁宗知道他用的钱，是百姓的血汗钱，难得。都说小赌怡情，仁宗也只是想调节气氛而已，但他技不如人，输光后他十分清醒，那不仅仅是浪费百姓的钱，更关键的是对风气的引领，民间如果都去效仿，结果可想而知。同样，他也以民间的欢乐为镜子，百姓安居乐业，才是国家兴旺的标志。

　　赌博的基因，一直顽强地潜伏在人的身体里，随时会爆发。

　　有不少被捉官员，除了色，便是赌了。赌只是他们敛财的方法之一，自以为用这种方法得来的钱，便是正当的，即便不正当，也属于灰色，心安理得。有甚者，也用公款去赌，如意算盘是，赢了再还回去，但往往一赌一个大洞。境内赌了不过瘾，去境外用公家的钱，用别人的钱，不心疼。

　　按说皇帝快活一下，无人敢说，历朝历代皇帝，也确实有无人比拟的快活例子，荒诞不经。

　　不说先天下之忧而忧那么高尚，但皇帝能有民本第一的思想觉悟，且付诸行动，也真是不容易了。

# 卷十三

胡须烧没了怎么办

# 巧判兄弟分家

张乖崖做杭州知州时，碰到了一件兄弟分家的案子：弟弟沈章，诉哥哥沈彦，分家不公平。

张知州问了情况后指出：你这个案子怎么回事？你们都已经分家三年了，为什么以前不申诉呢？

沈章回答：以前曾经上诉过，前面那位知州判我过错，我已经被惩罚过了。张知州说：如此看来，你的过错是很明显的了。

张知州也责罚了沈章，并不支持沈的申诉。

过了一段时间，张知州因公干，恰好经过沈氏兄弟居住的地方，他察看了情况后问：以前那个告状的沈章，住哪里？

手下工作人员回答：就在这条街道中，他和哥哥对门居住。

张知州于是下马，召集两兄弟家人对质，再审案子。

张知州问沈彦：你弟弟告你的状，说你在他很小的时候就掌管家产了，他并不知道你们家有多少财产，你分家不公平，真的是不公平吗？

沈彦回答：公平的。

沈章随即大声抗议：公平什么？不公平！

张知州不慌不忙判决道：沈彦啊，你的说法，你弟弟并不同意。现在，我命令你们，兄的家人，去住弟的房子，弟的家人，去住兄的房子，东西都不准搬动。现在，马上，立刻交换！

太精彩了！在场老百姓，没有一个不说张知州英明果断的。

（宋　刘斧《青琐高议》前集卷之一，《明政》）

人的欲望是无法满足的，即便是公平的裁决，他们也往往认为不公平。

从伦理上说，哥哥长弟弟许多，行使的基本上是和父亲一样的权利，尽一样的义务，这是中国传统文化使然，因此哥哥往往只会吃亏，并不会贪占。

从责任上说，哥哥在弟弟很小的时候就管家，他一定是为这个家尽心尽力的，他一定创造了更多的财富，因为，责任使然。而且，作为长兄，他应该会公平分家，否则怎么给孩子做榜样？

弟弟沈章，他的不满足，既起源于他的贪心不足，也起源于他的不劳而获。即便事实上公平合理，他也认为，哥哥一定藏匿了看不见的金银财宝，且为数不少，为此，他天天晚上睡不好觉呢！

这下好了，你认为不公平，那就换过来吧。

贪心者戒！

# 安石姓王

　　王安石退居二线后，在南京，过着闲适的生活。

　　有一天，他戴着头巾，拄着拐杖，独自去游山上的一座寺庙。在庙里，正好碰到一群人，大谈特谈文史，唇枪舌剑，非常热烈。王安石见状，就很自然地找了个角落，坐了下来。他喜欢这样思想碰撞的场面。

　　那些热烈的谈客，根本没注意到王安石，或者，看到也像没看到一样，他们认为，来了个老头，颤颤巍巍，风烛残年，没什么好关注的。

　　突然，有一个人终于注意到了王老头，他慢慢地问王：老头，你也懂书吗？王很难为情地点点头。这个人又问了句：你姓什么叫什么啊？王老头这才站起身来，拱拱手说：安石姓王。

　　众人听到这样的回答，一时都惊在那里，羞愧万分，一个个都低着头，悄悄起身溜掉了。

　　　　　　　　（宋　刘斧《青琐高议》后集卷之二，《士子对荆公论文》）

　　也怪王安石低调，也怪王安石其貌不扬。

　　然而，知识渊博常常和这样的人相伴。他们并不钟情于侃大山，拉大旗，像青蛙那样整天呱呱呱，他们基本上像雄鸡，叫早是他们的本能和天性。

　　深水静流，它们的力量常常在水下，如露出水面的冰山一样，那只是它们的八分之一而已，缓慢移动，但每一步都是力量的显现。智者也如移动的冰山，不张扬，也没必要张扬，他们的目标是，找到新的归宿，成为新的巅峰。

　　生有涯，知无涯。山外山，楼外楼。

　　幸亏，这一干人群还知道王安石。

　　布衣料想的结果是，这群人中的某些人，也许会吸取这样的教训，他们一定会再努力，再勤奋，再踏实，当他们在某个场合高谈阔论时，能够常常想起"安石姓王"这个场景来。

　　稍稍提醒一下，那些屏幕上操着车轱辘话的所谓各种大师，请注意了，台下坐着好多"安石王"呢。

　　如此，安石也没有白白姓王啊！

145

# 假讨小老婆

王小波李顺农民起义后，凡是到四川去做官的，基本不带家属，现在成都知府还有这个禁令。

张乖崖做益州知州时，全府的官员都害怕他，都不敢养小老婆什么的。张知州也算是个有情人，他就自己带头讨了几个小老婆。此后，其他官员也都陆续讨起了小老婆。

张乖崖在四川做了四年的官，回京时，将小老婆们的父母找来，自己出资，将她们一一嫁掉。令人想不到的是，他这些个所谓的小老婆，出嫁时，都还是处女。

（宋·刘斧《青琐高议》后集卷之二，《出嫁侍姬皆处女》）

张知州的品行处处体现在细节中。

古代官员异地做官，如果不带家属，生活确实是个问题。况且，娶个妾，讨个婢女，陪伴一下自己的为官生活，也算合情合理。

但，张知州是个很严厉的人，下属哪敢啊。只有自己带头。

这样的结局，他的下属官员一定不会想到，可他偏偏是个柳下惠。

榜样的力量真是无穷。

当然，你可以说，张的几个小老婆，也是张官场上的牺牲品。

# 胡须烧没了怎么办

魏国公韩琦，他在做定武长官时，有一次，晚上写书法，一士兵拿着蜡烛在边上照着。写着写着，士兵走神了，蜡烛烧着了韩公的胡须，韩急忙用袖子去擦了下，而手中的笔却没有停下来。

过了一会儿，士兵偶然朝韩公看了看，吓一跳，胡须都烧没了，已经不像韩公了。

韩公怕官员处罚士兵，急忙将士兵的领导喊来说：你不要处罚他了，他已经学会怎么拿蜡烛了。

军中没有不佩服韩公大度的。

（宋　刘斧《青琐高议》后集卷之二，《不罪碎盏烧须人》）

这几乎是一幕喜剧性的小插曲：主人在很认真地写书法，仆从在边上掌着灯，主人的手或上或下，或左或右，或前或后，总之，字随手移，灯随人移。灯不太亮堂，必须掌得近才有好的照明效果，一个时段下来，写的人正兴起，掌灯的人却手酸得很，一个分心，扑哧，火苗就蹿上了主人的胡须。

士兵分心，估计有几个原因：韩公是个很和蔼的人，从上到下，没有怕他的，因此也就随意了些；周边有好奇的东西或声音吸引了士兵；士兵受到诸如虫子之类的进攻，他旁顾处理了一下。

当然，事件发生的关键因素，是士兵工作分心了。他这一分心，头不知朝哪里歪了下，手就移动了，烛火正好烧着了韩公的胡须。

胡须烧也烧光了，对韩公来说，责罚士兵已经没有多大的意义。胡须的生命力旺盛，烧了还可以长出来嘛，狼狈一点也没什么大惊小怪的。

原谅是一种很好的教育方法。

对士兵来说，他会记牢韩公一辈子的，以后，他再也不会分心，不管是为谁做事，不管是做什么事，都要认真仔细，否则会酿大错甚至大祸。

韩公的宽容，比他的胡须值钱多了。

因为，我们今天还记得这个小概率事件。

# 卷十四

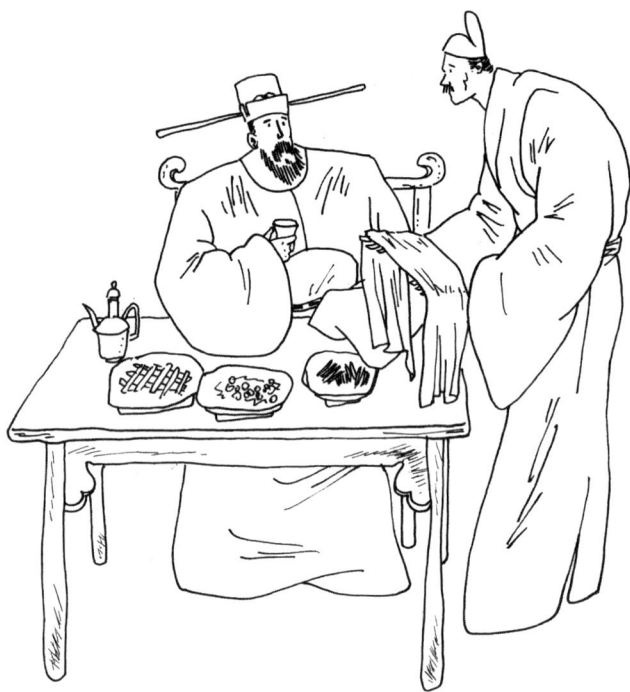

为领导拂须

# 仁宗耕田写诗

明道二年二月十一，春耕即将开始，宋仁宗带领一帮大臣，举行盛大的春耕启动典礼。

"礼始！"礼仪官喊道。

仁宗站在耕位前，官员就将一把耙叉双手呈上，仁宗握紧农具，将耙叉插进土里，反复三次。

"礼毕！"礼仪官又喊道。

仁宗显然是意犹未尽，他认真地在田里干起活来了。耙土叉草，左右开弓，非常熟练，一直将十二畦土整理完毕。

第二天，他还写了《籍田礼毕诗》，分送给参加春耕仪式的有关官员，并要求他们和诗。不久，他又命令吕文靖编写了一本《籍田记》。

（宋　王辟之《渑水燕谈录》卷第一，《帝德》）

宋仁宗在春耕仪式上的行动，目的只有一个，就是倡导官员重视农业。

古代社会，农业是根本中的根本，但并不是所有的皇帝都重视的，有的重视也只是口头重视。仁宗则是身体力行，看看他一气整理了十二畦，没有一点体力，没有对农业的重视，显然做不到。

当然，皇帝都这么重视了，那下面的官员还有什么不重视的理由呢？

不能怪孩子们不知道米是怎么来的，有很多大人，也不知道呢，那孔夫子就在游说途中被人嘲笑过五谷不分的。

# 开矿不害民

仁宗朝的时候，南剑州有公文报上来：石碑等地的银矿值得开发。

仁宗对最高财政长官要求：开矿可以，但要注意，不损害百姓利益，这样才会对国家有利；如果对百姓利益有损害，这样的矿不开也罢。

（宋　王辟之《渑水燕谈录》卷第一,《帝德》）

从南剑州政府的报告可以探知，古代的开矿已经非常发达了。

浙江遂昌的金矿，就有唐代金窟，而且开发的技术已经比较先进了。

矿是一定要开的，否则，那些金银哪里来呢？

因此，原始的开矿技术和矿工的劳动安全就成了尖锐的矛盾，洞打着打着，一个不小心，石头就会塌下来，水也会突然淹进来；石头抬着抬着，一个不谨慎，就会压死人；矿炉烧着烧着，一个不注意，毒气也会熏死人。

这些问题，皇帝是知道的，他告诫主管部门，不可只为金银，而要更多地注意生产安全。他是不会下达考核指标的，他也不会要求当地抢抓机遇，想方设法增长经济，一切要以爱民为前提。

# 跑官，一辈子不录用

宋真宗曾经和宰相提起过一个外放的郎官，真宗称赞他才德都好，要求等那郎官任期结束，就提升他做监司。郎官任期结束，真宗又和宰相提起了这个人。宰相就拟好了任职通知，准备第二天上报皇帝。

晚上，宰相回到家里，郎官到宰相家里拜见。

第二天，宰相将那郎官的名字报上去，真宗却不发声了，摇头不同意。

真宗为什么会变卦了呢？原来，监察部门已经将那郎官拜见宰相的事报告给了皇帝。

整个真宗朝，那郎官始终没有再被任用。

真宗厌恶官员跑官要官，竟然到了这种程度。

（宋　王辟之《渑水燕谈录》卷第一，《帝德》）

官员不被人重视不好，太被人重视也不是好事。皇帝这么重视一个人，真少见。

那郎官一定德才兼备，皇帝是不会随随便便地赞美一个官员的。

世上没有不透风的墙，皇帝对郎官的极度好感，消息一定会被放大传递出去，那郎官也极有可能会得到这样的好消息。一种结果是，官员工作更加努力，以求得最大程度的晋升。按照这样的逻辑，郎官回到京城，去拜见一下宰相，也属人之常情，人家这么关心，礼节还是需要的。

也有可能，那郎官根本不知道皇帝对他的好感，根本不知道即将到来的任命喜讯，也是按照常规，回京官员，总要拜访一下主管领导，以求得到比较好的任用。于是，就到宰相家意思意思，做了一般官员都做的事情。

可真宗就是这样想的，我要提拔你，可以，你自己跑官，不行！跑官要官，一辈子不重用！

不过，整个事件似乎有点可怕，官员的一举一动，好像都在监控之中，否则，官员之间这么平常的一次拜访，皇帝为什么第二天就迅速知道了呢？

# 不要润笔费

王元之曾经起草李继迁的任命文件，继迁送他五十匹马作为润笔费用，王拒绝。后来，王做永阳太守，文采不错的福建人郑褒，徒步去拜访王长官，回家时，王长官特地买了一匹马，让他骑回家。

有人状告王太守，说他借自己的权力，低价弄了一匹马，宋太宗指示：他能拒绝李继迁送的五十匹马，难道还会不付清一匹马的钱吗？

（宋　王辟之《渑水燕谈录》卷第二，《名臣》）

为什么写个任命文件要送这么多匹马呢？

宋朝有这个规定，就是起草任命文书的官员，可以得到报酬。另外，古人的润笔费应该比较高，从记载看，韩愈苏轼他们都有比较高的润笔费。还有，李继迁是西夏的党项族，西夏向宋称臣，可以得到像和辽一样的白银、茶叶和丝绸，那是赏赐，前提是西夏的国主，要宋朝来任命。因此，这样的任命就是一件大事，所以才会有如此丰厚的润笔费。

对于这样的钱，还是不拿为好，王元之肯定想了又想，拿了虽然合法，但也许就成了众矢之的，不拿的好处肯定比拿了多。

果然，他在遭诽谤时，连皇帝都看不下去了：大钱都不要的人，还会贪这点小钱吗？况且，他也是替文友考虑，徒步来拜访，路途有点远，买匹马送送他，这在他可以承受的经济能力范围之内，有什么不可以吗？完全可以，这种朋友之间的友情，这种朋友之间的互助，要大力提倡！

我们可以将上面两件事情的因果关系看作"舍"和"得"的一种生动实践：舍弃润笔费，得到了皇帝的批示。先有舍，后才有得。如果王元之没有舍弃李继迁给的丰厚润笔费，那么，要一下子摆脱别人的状告，也不是一件容易的事。

大多数时候，因和果之间的联系，都是非常直接而明白的。

# 于令仪善待小偷

曹州于令仪，是个商人，他为人忠厚，行事端正，晚年，家里颇为富裕。

一天晚上，有个小偷进入他家偷东西，被他儿子抓获，一看，这不是邻居的孩子吗？

令仪问：看你平时也少做错事，为什么要来偷东西呢？

小偷答：家里太穷了！

令仪又问：那你想要什么东西呢？

小偷答：我只要十千钱就足够生活了。

令仪就让人取了十千钱给他，让他走。

小偷刚离开，令仪又将他叫住，小偷害怕极了，以为令仪要变卦或者报官。

令仪对他讲：你家里这么贫困，而你又夜里带了一大笔钱回去，被人发现恐怕对你不利。你晚上别走了，就住我家，明天白天再走！

小偷大为感动，到了天明才回家。

小偷感动并惭愧，改正错误，终于成了良民。

（宋　王辟之《渑水燕谈录》卷第三，《奇节》）

于令仪自己坐得直，行得正，坦坦荡荡，心底无私，他积的是正义之财。

小偷是一时做错事，因为，据他观察，平时这个孩子还是挺好的，没发现什么不良行为。

小偷做错事是有原因的，因为家贫。家里实在揭不开锅了，于是动起了歪脑筋，本质上并不想偷。

对于令仪来说，给他十千钱，不是什么难事，但大半夜，带着十千钱回家，极有可能被怀疑，如果被举报，被官府捉拿，那就害了孩子的终生。

大多数时候，一个人做错一件事，不要以一推十，完全否定他，除非圣人，常人犯错的概率还是很高的。

为他人着想的善良，应该是于令仪善待邻居小偷的精髓所在。

我们也许还可以设计出后面的一个情节：那小偷后来靠着自己的努力，也成了富翁，他也碰到了这么一件相同的事情，他也用同样的方法，低调处理了小偷事件。

传递一份善良，人世间就多了一份美好。

# 为领导拂须

寇准做宰相的时候，丁谓刚刚当上参知政事。

有一次，他们一起聚餐，席间，因吃羹，寇宰相漂亮的胡须沾了些汤汁，丁谓立即站起来，替宰相揩干净。宰相说：丁大人，您做参政大臣，却替我拂须，真是不好意思！

丁谓听了，极为惭愧。

（宋　王辟之《渑水燕谈录》卷第四，《忠孝》）

寇准还是有性格的。

他三十多岁就做了副相，后来听人说，皇帝说他有才，但太年轻，胡子都是黑的，如果胡子白了，就可以做宰相了。他于是天天吃"三白"——萝卜、盐、饭，这"三白"，是穷人吃的，没什么营养，吃着吃着，胡须就白了。白了胡子后，果然做了宰相。

所以，寇大人对自己的胡须还是十分在意的，这可是资格的象征呢。

胡须长了，自然不方便，吃东西沾上难免，他也习惯了，饭后洗洗就可以了。然而，今天，参知政事，可是副相噢，却替我拂须，真叫我难受，我真的不喜欢这样拍马屁的人，我这样说，只是在告诫你而已。

后来发生的事，大致情节是这样的：寇大人自然不喜欢丁谓，要批评他，该推荐也不推荐，等丁副相做了宰相后，就找了个借口和机会，造谣中伤，寇大人于是罢相，贬雷州司户。丁谓这样的人，自然也要倒霉，也被贬雷州。两人雷州见面，丁要认错和讨好，寇大人理都不理他。

拍马是官场常见的现象之一。但是，这个丁副相，显然太过了，也许，他做这一切的时候，极其自然，见寇准须上有汤汁，立即起来拂须，并没有多想，只是习惯而已。

溜须拍马，丁副相真正是在溜须，但须也不是随便可以溜的，要看人。否则，就如给寇准溜须一样，拍马拍到了马蹄上，反而被踢了一脚。

# 杀猪刀的宏大志向

胡旦，年轻而有才，但也盛气凌人，他曾经对人讲：考试不考到状元，做官不做到宰相，真是虚度人生呢。第二年他果然中了状元。

他晚年的时候，双眼害病，终日闭门闲居。

一天，史馆的研究员们，正在讨论替一贵侯作传记。那贵侯，小时候家里很穷，曾经以杀猪为生，史官们认为，不写嘛就是不真实，实写嘛又难下笔，他们就一起来拜见胡大师。说明来由，胡大师告诉史官们：为什么不写"某少，尝操刀以割，示有宰天下之志"？史官听了，没有不叹服的。

（宋　王辟之《渑水燕谈录》卷第四，《才识》）

到现在，我也不太喜欢看人物传记，总觉得溢美之词过多，不是说所有的人物都这样，只是说，人性有弱点，可信度不高。

果然，连一个贵侯的传记都这样隐讳，举着刀干什么呢？没事举着玩？还说有执掌天下的宏大志愿，杀过猪就杀过猪嘛，少时贫穷，今有成就，反而显得一个人的伟大。

不仅仅是史官。

唐朝李家坐江山后，也要找依靠，找来找去，找到了李聃——老子，道家的祖宗，著有《道德经》，不得了，那就是我们李家的祖先！

所以，一把杀猪刀，也可以找到宏大的志向，就如朱元璋，那一根讨饭棍，也能讨出明朝的天下一样。

# 神原来是狐

景德年间，邠州号称有神祠，凡是老百姓祈祷上的供品，"神"一定亲自享用，杯盘尽空。远近的老百姓，都争着来供奉。

有人观察到它的机巧：神座下面，有个狐洞，一直通到寝殿下，又做了扇门，门还用绣箔装扮好，一般人看不出。那些狐，就是从这个洞进出，享用着各种供品的。

王嗣宗做邠州长官的时候，骑兵带着弓箭，赶着猎鹰和狼狗，将柴草塞进洞中，用火烧，群狐纷纷逃出，全部被斩尽杀绝。他还将庙祝抓来，鞭打责罚后，将他们赶回家，所谓的神祠也统统毁掉，妖狐于是断绝。

（宋　王辟之《渑水燕谈录》卷第九，《杂录》）

许多事实都充分证明，神是人造出来的，这里又出一例。

邠州神庙的管理者，为什么要营造这样一种假象？

盈利才是他们的主要目的。庙不灵，人不来，香火则不旺，没有香火，和尚们拿什么过日子呢？相反，庙灵了，才是真灵。咱这个庙，神灵连供品都会享用，那不是真灵吗？你们有谁见过，那些供品会被神享用的？一定没有见过这样灵的庙，于是，香客们纷纷来给神灵上供。

给神灵上上供品，只是小意思，更大意思是，这是座神庙，众信徒有什么头痛的事，烦恼的事，只要往庙里捐献，问题就会得到有效解决，给多大钱，办多大事，极其灵光。一传十，十传百，越传越神。

总有智者会识破的，识破而不戳穿，一是还有点怕，怕得罪了其他信徒，二是没有能力去戳穿，也就是说，他即便戳穿把戏，信徒们也不相信。

州长来了，他是个无神论者，他也是明白人，他才不信神神鬼鬼呢，而且，他一来就得到密报，非常详细，于是，一番精心准备，那些狐就成瓮中之鳖了。

神原来是人为，神原来是妖狐。

## 落苏和蜂糖

钱镠做钱塘王时，他儿子的脚不好，他又特别喜爱儿子。杭州话将"跛"叫作"瘸"，为了避讳，就将"茄子"喊作"落苏"。

杨行密做淮阳王时，淮人避其名，就将"蜜"叫作"蜂糖"。

（宋　王辟之《渑水燕谈录》卷第九，《杂录》）

"茄子"，我小时候一直叫它"落苏"，小学叫，中学叫，家里叫，后来，去读大学，就将茄子叫作"茄子"了，怕人说乡音土气，有很多人并不知道落苏是什么东西。

没想到，落苏还这么有文化。

其实，王辟之这个说法也不太可靠，因为，我在唐代段成式的名著《酉阳杂俎》里，就看到了将"茄子"叫"落苏"的。按他们的说法，应该是"酪酥"谐音而来，就是说，茄子比较美味。

蜂糖也是这样，我家乡就将蜜喊作蜂糖，现在一直这样叫。

但这样的避讳，也是合情合理。

现在我吃茄子时，或者喝蜂蜜时，往往会想到这样的典故。嗬，这不是普通的吃和喝呢，这是在吃文化呢。

# 小名和尚

欧阳修不喜欢佛教，碰到有读佛书的，他一定会很严肃地看着对方。

但是，欧阳修小儿子的名字，却叫和尚。有人不解地问了：您既然不喜欢佛教，而且十分排斥，为什么又将儿子取名为和尚呢？欧阳修回答：我正是看不起佛教啊，就如现今人们用牛啊驴啊做小儿的名字一样。

问的人大笑，也很佩服他的机智。

（宋　王辟之《渑水燕谈录》卷第十，《谈谑》）

以毒攻毒，看着听着解气。

或者，取个贱名，犹如狗蛋猫蛋，好养。

也算性情中人，想什么就做什么。

儿子有什么办法呢？人是他生的，取什么还不由他啊。

叫和尚并不一定会成为真和尚，真和尚也不一定是和尚，取个名而已。

# 卷十五

坟上的树

# 唐武宗废佛

　　唐武宗即位，愤怒地发表宣言：使我天下穷困的，是佛教！下令全面清除寺院，清退僧人。

　　这场废佛运动，拆除寺庙四千六百所，清退僧尼二十六万零五百人，还有为寺庙服务的奴婢十五万人。

　　西京，保留了四座佛寺，数十个僧人；东京，只留下两座寺庙。

　　　　　　　　　　　　　　　　（宋　赵令畤《侯鲭录》卷第二）

　　唐武宗前，佛教已经有两次大劫。

　　公元四四五年，北魏太武帝下令，诛杀长安僧侣，焚毁佛像，全国废佛。第二年，再度下令焚毁佛像、经籍，坑杀寺僧。公元五七三年，北周武帝下令：禁止儒家以外的祭祀，废除四万寺院，三百万僧众还俗为军民。

　　唐武宗前的两次大废佛，各有各的原因和触发点，但一定给他留下了深刻的印象，如此多的僧众，既费钱，又碍事，不如找个由头……

　　一个人的信仰，决定了他的处事态度。

　　要学会全面客观看问题，真的很难，即便他是皇帝。废佛运动，成绩固然巨大，但天下就此富裕了吗？肯定没有，因此，佛教不是天下穷困的最主要原因，佛教不是，其他教也没这个能耐。天下的贫富，取决于综合治理，是个互相联系互为因果的有机体。

　　不过，佛教的兴盛，的确也带动了更多的产业，看看，为四千六百所寺庙服务的，就有十五万人之多。赵令畤写这一段的时候，还有几句小字体的附记：本朝景德中，天下有二万五千寺，嘉祐间有三万九千寺。几百年间，已经数十倍发展，那是怎样一种景象呢？

　　其实，这还都是表面的，佛教是精神产品，靠的是思想传播，占领一个人的灵魂，那才厉害。也许，唐武宗想让他的君本位思想永远流传，而用天下贫困祸首的理由来废佛，只是一个借口罢了。况且，一个道教徒做出这样的行为，难免不挟私。

# 挑耳图

东坡说：王晋卿的耳朵，突然得了很厉害的毛病，不堪忍受痛苦。他问仆人，有没有方子可以医治。仆人答：您是将领，断头破胸都不害怕，两只耳朵有什么割舍不得的？三天之内，您耳朵的毛病一定会好，如果不好，割我的耳朵！

王晋卿听了仆人的话，似乎一下子懂了什么。

三天后，王耳朵的毛病，果然好了。王晋卿就写了一首诗给仆人看：

老婆心急频相劝，令严只得三日限。

我耳已聪君不割，且喜两家皆平善。

今天，定国所藏的《挑耳图》，就是取材于王晋卿的故事。

(宋　赵令畤《侯鲭录》卷第三)

耳朵暴疾，一定痛苦。有一回，一同事耳朵暴聋，只有住院。

晚上睡不着，耳朵里会出现虫子鸣叫的声音，唧唧唧，嗡嗡嗡，医生说，那是耳鸣，体质虚弱，免疫力低下，是病。我一问，身边很多人都有。

王晋卿的耳疾，从诗的第三句看，应该是暴聋，听惯了世俗的各种声音，突然处于无声世界，极度不适应。以为是小病，痛急才乱投医。

王的仆人，有大智。他不会医耳病，但是位心理大师。对于您这样的将军来说，这点小病痛，算什么呢？根本不值一提，谁提谁不好意思。

这就像一剂强心针，让王从心理上先战胜了耳病，然后，适当用药，耳病就自然不在话下了。

王这首诗，其实是首谐趣诗，哈哈，我的耳病好了，你的耳朵也安全了，两家都没事！

大多数时候，人进病退，很多病都是自己吓自己，或者说，是过度治疗而死。

刚听朋友说了一个病例：甲已患骨癌，乙只是感冒，两人一起去医院检查，医院将单子弄反了，检查的结果变成，甲患了感冒，乙患了骨癌。一段时间后，乙真的发病而亡，而甲却完全病愈。

心理暗示的力量真不可小觑。

# 东坡贬茶

苏东坡这样论茶：世上固然不可无茶，茶能除烦去腻，但也暗中损人不少。

我有一个法子可以解除这个毛病：每吃完饭，就用浓茶漱口，油腻马上去掉，而脾胃还不知道呢。那些夹在牙齿之间的碎肉末，一碰到浓茶就会脱去，剔牙都不用。

当然，如果几天喝一次茶，也没什么大碍。

《大唐新语》记载：右补阙毋煚，博学有著述才。性不饮茶，著《茶饮序》云：释滞消壅，一日之利暂佳；瘠气侵精，终身之累则大。

（宋　赵令畤《侯鲭录》卷第四）


看样子，苏东坡不太喜欢茶。

茶自来就有利弊两说，武则天生性讨厌茶，从来不喝。即如苏轼，也认为弊大于利。

中国人喝茶的历史够悠久了，从整个茶产业的发展过程看，应该是利大于弊。

认为茶弊的，主要是茶性凉，不宜多喝。特别是有些肠胃不好的人，更加要注意喝茶的节奏，否则，得不偿失。

但茶弊者的许多观点，并不完全能站得住脚。

明代，顾元庆在《茶谱》中，引《梦余录》的一段话，用来反击苏东坡的"损人不少"。

东坡以茶性寒，唯饭后饮浓茶，涤齿而已。然大中三年（公元八四九年），东都（今洛阳）一僧，已一百三十岁，唐宣宗问他：您老人家吃什么长生药啊？老僧答：性唯好茶。

茶有多种制作方法，因各地土壤气候水质等不同，品性也大有不同，自然不能一概而论。

在布衣看来，苏轼贬茶，只是一时的感觉罢了。《苏轼诗集》收茶诗七十多首，其中约有一半作于杭州。

宋神宗熙宁六年（公元一〇七三）的一天早晨，苏轼因身体不适，便去西湖边跑了一大圈，喝了不少茶，他的《游诸佛舍，一日饮酽茶七盏，戏书勤师壁》诗这样写：示病维摩元不病，在家灵运已忘家。何须魏帝一丸药，且尽卢仝七碗茶。

看看，苏轼还是爱茶的嘛。

# 坟上的树

坟上种什么树，是有规矩的。

《春秋纬含文嘉》说：天子坟高三仞，树以松；诸侯半之，树以柏；大夫八尺，树以栾；士四尺，树以槐；庶人无坟，树以杨柳。

（宋 赵令畤《侯鲭录》卷第六）

三仞，一仞八尺，皇帝的坟，高度应该十米不到。一直到士，一米多点。老百姓的坟，绝对不能露很高，否则就违法，不管你多有钱。

松柏，常青不落叶，常常用来形容品格高洁。大夫和士，不管品行有多好，也只能种一般的栾树、槐树，落叶乔木。

那杨柳，水边河边，随地生长，贱得很，生命力也强得很。

柳树下，三两茅舍，炊烟袅袅，酒旗幌子，在夕阳下摇动，这家客栈，在迎候旅人的到来，这些旅人，贩夫走卒，一定都是普通百姓，官家去的都是高级宾馆。

孔林中，哪怕是同宗，能树碑的，只有七品以上的官员孔；平民孔，只能是一抔黄土，加几棵柳树罢了。

张养浩感叹：兴，百姓苦，亡，百姓苦。庶人百姓，总是最底层，要忍受与生俱来的各类折磨。

古人坟上植树，其实也在昭示着一种生态观，人和地，人和天，人和自然，终究要融为一体，人回归大地，树安静生长，人树合一。坟上种树，规矩中虽有许多的不平等，不过，人类也如树木，都是由各式品种组成，因此，从生态的角度看，也合天时。

大学教我们宋词的叶柏村教授，临终前有遗嘱，要家人将他的骨灰埋在学校图书馆边上的某棵桂花树下，树上面不设标志。叶老师想得很明白，他愿意和书籍相伴，上辈子下辈子一直相伴，他愿意和花草相伴，悄无声息地融入大自然。

月上柳梢头，人约黄昏后。在这样的环境下散个步，约个会，庶人平民，想想也是幸福的。

# 钓客李太白

开元年间，李白去拜见宰相，递上去的木板名片上写：海上钓鳌客李白。

宰相看到这样的名片，有点惊奇，就问了：先生临沧海钓巨鳌，用什么东西作钓线呢？

李白答：用风浪逸情，用乾坤纵志，用虹霓做丝，用明月作钩！

宰相又问：那么，用什么东西作饵呢？

李白笑答：用天下无义气丈夫作饵！

宰相一听，吓得不轻。

（宋　赵令畤《侯鲭录》卷第六）

鳌，是传说中的大龟，这龟，不是一般的大，它可是载着大山，支撑人类居住地的，力大无比，如果没它支撑，人就不可能立足。

这样的巨物，谁都没见过，只存在于传说神话中。

鳌，自然是个比喻，比喻人的大志向。

李白，一直有这样的志向。

他的《赠薛校书》诗这样表达：未夸观涛作，空郁钓鳌心。

显然，李白是久有钓鳌志向的，大丈夫处身立世，一定要有钓鳌这样的雄心，唯此，才能做成一番事业。

严光也是著名的钓客，他在我的家乡——浙江桐庐的富春山上，天天坐在大石头上，向富春江抛鱼竿。钓鱼是真，隐居更是真，即便当皇帝的同学来请他出山，他也懒得去，这一片富春山，这一条富春江，就是他的理想地。

李白显然不是学严光，他只是表达志向，他是真想报效朝廷。

听完李白回答，宰相的表现，有两种记载，一说吓坏了，一说表示崇敬。两种表现，表示不同的人才观。吓坏的，他可能这样想：这样有野心的人，要是用他，不知道会弄出什么事情来呢，我宰相的位置也有危机；崇敬的，他可能这样想：真是人才，壮志报国，正是国家需要人才之际，给他合适的岗位，一定会有大作为，说不定也能做到宰相呢，能力远远超过我！

不过，李白和严光，同是钓客，差距不是一般的大。

# 烧　尾

士子初登荣达，还有官职升迁，亲朋好友，都要办酒庆祝，席间觥筹交错，载歌载舞，热闹非凡，大家都叫它"烧尾"。

有人说，老虎变作人，只有尾巴变不掉，必须烧掉才行，这样才算正式成人。所以，初次为官的，就好比老虎变人，尾巴还在，必须烧掉。

也有人说，新羊入群，被其他羊所排挤，必须烧掉新羊尾巴，整个羊群才会安定下来。贞观年间，唐太宗曾经问朱子奢，烧尾怎么来的，朱答烧羊。

（宋　赵令畤《侯鲭录》卷第六）

士子荣登的庆贺，公开热闹，且两种说法都含有很深的寓意。

老虎烧尾说，表示要夹着尾巴做官。初次为官，如同婴儿新生，初涉人世，必须小心翼翼。

新羊烧尾说，表示要深入基层。你是带着尾巴来的，众羊们也都有尾巴，可它们不翘尾巴，低调做羊。你是新羊，必须自警自省，如此，羊们才能团结和谐。

上面两种说法，还可以进一步引申。

官与民，不应该相对，而应该相谐。为什么历朝历代，都有不少官民相对的事情呢？原因之一，就是有些官员，没做好民之仆，不是"公仆"，反而处处做着"公主"，成为民众的主人。

"公主"，会怎么样呢？那一定娇气十足，霸气万分，不会像"公仆"，对着主人，逆来顺受，服务体贴入微。

有尾巴，真不好，一个人要是翘尾巴了，那一定脱离群众了。

孙猴子大战二郎神，两个交替变幻成麻雀、饿鹰、鹚老、海鹤、鱼、鱼鹰、水蛇、灰鹤、花鸨，最后变成一座土地庙。虽然，门啦窗啦菩萨啦，都变得很像，可是，那条变成旗杆的尾巴，立在庙后，还是一下子被二郎神看出破绽：好你个孙猴，小样，哪有旗杆立在庙后的？！

烧尾，孙猴要是尾烧掉了，就没有这个麻烦了！

# 卷十六

欹器（不倒翁）诚

# 乡下人有大智

南唐的李建勋被免去宰相后，去做南昌的地方长官。

有一天，他与属下一起游东山，大家都穿着球鞋运动衫，步履轻松，还带着酒菜，俨然郊游。他们在丛林溪畔游玩，碰到景致好的地方，就坐下来喝酒聊天。

忽然，行到了一宽阔的平地，中间有一茅屋，里面传出儿童琅琅的读书声。大家很兴奋，带着书一齐奔到茅屋，只见一老头正教着一群孩子朗诵。老头见一群陌生人突然出现，且都气度不凡，立即站起来招呼，虽有些惊慌，但动作儒雅有致，李宰相非常喜欢，于是就叫老头一起到茅屋里吃酒，且让老头坐在他身边，老头有些拘谨，也不敢多说话。

因为跑了一些路，运动量有点大，李宰相口渴，就一连吃了好几个梨。下属马上提醒：领导，梨头不宜多吃，这个东西是五脏的刀斧呢！听到此，老头就偷偷地笑了，李宰相说：先生您笑什么？一定是有原因的！

老头作揖道：是小的不才，在您面前失礼了，确实没有什么意思！

李宰相不肯放过，一定要老头说出笑的原因，还拿出一个大杯威胁：您如果不告诉我原因，就要罚您大杯喝酒！

老头见避不过，只得问刚刚的劝客：请问您说的"刀斧"，有什么根据吗？劝客笑笑：这还要根据？全世界的人都这样讲，一定是有根据的！

老头这才认真地纠正：这句话出自《鹖冠子》，所谓五脏刀斧者，不是说我们吃的"梨"，而是说离别之"离"，是谐音，人们离别时，心里难受，比刀斧割还难受！

老头解释完，就到书架下取出一本小书，擦拭着呈给李宰相：

175

喏，《鹖冠子》，一本小书。

大家饶有兴趣地翻阅，果然，找到了老头说的出处，李宰相因此特别看重这个有知识的老头。

（宋 文莹《湘山野录》卷上）

一群官员郊游，而且是跟着大领导出游，兴致一定大好，遇好山好水，则痛饮放歌，快意人生。

毕竟是读书人，纵情之余，闻得读书声，也就接上了脑子里兴奋的知识神经。

以讹传讹的事，古今都有，且还在继续，有的因为约定俗成，真相反而无人知晓，只有讹义留传后世，如"七月流火"之类，大家习以为常，见怪不怪，这也算得千年的妖怪修成正果了。

生有涯而知无涯，所以，乡下有大智的老头，也很正常，李宰相就深深知道这一点，他不放过任何可以学习的机会，果然，他学到了新知识。

但也有许多不懂装懂的主儿。

沈括《梦溪笔谈》卷十四"艺文一"，就将一高官貌似有学问的嘴脸刻画得入木三分：王子韶做县令的时候还不出名，他曾去拜访一高官，恰逢那高官和客人在起劲地谈论《孟子》，根本不理睬他。过了好一阵，高官忽然回头问子韶：你曾经读过《孟子》吗？子韶回答说：平生很喜爱这部书，但是根本不明白其中的义理。高官问：不明白什么义理呢？子韶说：开头就不明白。高官于是再问：怎样开头就不明白？说来听听。子韶说"孟子见梁惠王"，《孟子》开头这句我就不懂。高官非常地惊讶：这句话有什么深奥的义理吗？子韶说：《孟子》中既然说了不拜见诸侯，为什么要去拜见梁惠王呢？高官无言以对。

李宰相的刨根问底，乡下老头的欲擒故纵，形象栩栩，绝对现代大咖。

# 陈姓大家庭

南唐时代，五代同堂的一共有七家，先主李昪都给他们发锦旗表彰，并免征他们的劳役。

江州（今江西九江）陈氏一家，最为典型。

这是唐代元和年间给事中陈京的后代，老老少少加起来，一共有七百多人。陈家没有仆人，不养小老婆，上下极为和睦。凡起居漱洗、穿衣晾衣、男女教育、婚丧嫁娶，总之，吃喝拉撒，衣食住行，一律都有规章。吃饭的时候，大家一起坐着，捧着饭，集体吃，没有成年的小孩子则另外坐。陈家有狗百余只，喂食时，都放在一条大船内进行，一只狗没有到，其他狗都不动一下嘴。陈家还建有私立学校，各地的读书人都可以来读，都会提供食宿，江南一带名士，好多都毕业于陈家大学堂。

（宋　文莹《湘山野录》卷上）

这样的家庭极为少见。

陈家的规矩，通过狗食这个细节，表现得淋漓尽致。

是什么支撑着这个大家庭多年而不散？一定有一根精神主线，这根主线就是规矩，继而演化成强大的精神内核，严格执行，绝对不能逾越，于是代代相传。

所谓家国，家也同国，治理靠内在驱动力。

我好奇陈家后来的发展。

其实，宋史都有记载，陈家唐代就很有名了，他们创造了三百三十二年不分家的纪录，宋太宗赐有对联：三千余口文章第，五百年来孝义家。也就是说，陈家最兴盛的时候，有三千九百多人。宋嘉祐七年，宋仁宗出于统治的需要，强行将陈家拆分，一共分为二百九十一家，于是散到了全国。

呵呵，如果不拆分，陈姓就是一个王国，连皇帝的家族都无法与之抗衡，哪朝皇帝都害怕。

其实，宋皇根本不需要害怕，这样的大家庭才是国家的中坚基础。假如，天下所有的大家庭都能做到如此自立、自律、明理、自省，那么，天下则稳和安了。

# "牛"的谜案

鲍当做睦州知州时，曾经说了这样一件案子。

桐庐县有一村民，人品很差，喜欢占人便宜，做人又刻薄，乡里的人都怕他怨他，背后这样诅咒他：死了一定要做牛！一天早上，此人死了，邻村有农户家里果然生了一头白牛，牛肚子旁边清清楚楚写着此人的户籍地、姓名，牛主人暗地里报告了那人的儿子，儿子一听，竟然有此事，急忙去察看，果真是这样。儿子虽然悲愤，但也想不出什么办法来，他又恐怕事情被说出去，就想将这头白牛买回家。牛主人出价很高，他儿子也没有讨价，悄悄买回了白牛。

儿子将"父亲"牵回家，好生养着。

没过几天，一专门刺字的人拿着十千金子，到知州那里自首：某某让我在那新生的白牛肚子上刺字，我们约定，讹到的金子平分，但那人多占了许多，所以我来自首！

审问的官员很好奇，要那刺字人详细招来。那人说：用快刀剃去小牛的茸毛，用针墨刺字，毛长出来，字就如娘胎里生下来一样。

鲍知州深恶痛绝，将这两个奸人脸上刺上字，发配千里外海岛。

（宋　文莹《湘山野录》，卷中）

案中主角，除了刺字者，还有就是牛主人。

这牛主人估计自己的牛要生了，又听得那品行不好的人被人满大街地诅咒，于是摸清一切情况，想好一切计策，喊上合作伙伴，如果不是这么高难度的技术，估计他就自己单独干了。

那人死了，他的牛生了，一切都那么顺理成章。

那人儿子得到这样的消息，看到真实的场景，不由得不信，我们还要生活下去，总不能再背着骂名，必须大事化小，要将父亲恶劣的影响化到没，那只有用钱了。

这则人为的投胎再生案，它有着广泛的思想基础，好人好报，恶人恶报，恶人来世要变牛变马变畜生，环环相报，一报还一报，历朝历代，书上写的，口头传的，都是这种报应故事。

这里的"牛案"，至少说明，很多所谓的异象，其实都是人为的。

# 我们如何种香菜

冲晦处士李退夫，古怪矫情。他曾带着一个儿子游学京师，租住在北郊外的别墅里，一边耕种，一边读书，似乎是耕读传家的样子。

有一天，老园丁请求撒芫荽，就是《博物志》中张骞出使西域所引进的胡荽（香菜）。按风俗，播撒香菜种子时，主人必须口里念着黄色下流话，菜才会长得茂盛。退夫本来就是个正经人，这种话哪里说得出口啊，他手里拿着菜籽，一边撒，一边低声轻诵："夫妇之道，人伦之性；夫妇之道，人伦之性。"一直不停口。

撒种任务还没有完成，客人来了，他只好停下来，交代儿子，要他完成余下的工作。这儿子更加说不出口，他拿着余下的菜籽，一边撒，一边咒：我家大人已经说过了，我家大人已经告诉过你了！

皇祐年中，馆阁以这个为调侃雅戏，凡是说黄色笑话而又要避讳的时候，就用"宜撒芫荽一巡"，撒一圈芫荽，就代表讲个黄色笑话。

（宋　文莹《湘山野录》卷中）

按播香菜种子的风俗，嘴里应该讲下流话，最好是夫妇性事的那种，斯文人哪里说得出口呢？就连"我们做那事吧"，估计也够呛。

"撒芫荽"，事涉民俗学、人类学，这个话题，二十世纪二十年代，《语丝》杂志曾经热烈地讨论过。这其实是原始的生殖崇拜，道理很简单，万物生长类同人类生长，人类的交媾、怀孕、生产，植物的受粉、开花、结果，两者之间联系紧密，人类这样赤裸裸，就是想让植物长得茂盛些嘛。

清朝李渔的《闲情偶寄》中，也有关于杏树的记载："种杏不实者，以处子常系之裙系树上，便结子累累。"这里面的内在逻辑是，用处女的裙系果树，生果子就多，李渔不知是哪里听来，还是自己想出来的，但一定有他的根据。

我去皖南，听得一闲谈：以前那里的农村，农户在水稻扬花灌浆时，农人夫妇会夜间到田头过性生活。

因此，撒芫荽，种香菜，看似笑话，实在不是简简单单的黄色呢。

# 范仲淹颂严光

　　范仲淹被贬睦州知州，船过严子陵祠下，正好碰上当地一年一度的祭祀大典。鼓呐震天，彩旗飘扬，神来神往，众人唱着《满江红》迎神，有这样的词句：桐江好，烟漠漠。波似染，山如削。绕严陵滩畔，鹭飞鱼跃。

　　范仲淹听了很有感触，他说：我不擅长音律，但我也要撰一绝句送神。

　　这首绝句为：汉包六合网英豪，一个冥鸿惜羽毛。世祖功臣三十六，云台争似钓台高。

　　后来，当地的习俗中，就将范仲淹的这首绝句当作经典传唱了。

（宋　文莹《湘山野录》卷中）

　　范仲淹听到的这首《满江红》一定是不全的，但是，仅有的几句，桐江的神韵已经初现：烟波浩渺，这是一种水烟，继而升腾成云烟，像从绿缸里染过一样，两岸崖壁峭悬，严陵滩畔，还有鹭，还有鱼，鹭在飞翔，鱼在跳跃。

　　七里严陵这一带，应该是富春江景色最美的，黄公望的《富春山居图》，原来就叫《富春山图》，富春山，就是严陵山，别无选择。我曾经说过，黄公望画富春山图，不仅仅将自己融入了富春山水，也是向严光致敬，严光的隐士之风，一直吹拂指引着他，他画山居图，也实现了自己归隐的愿望。

　　范仲淹的绝句，意思也相当明白。东汉大地，各路英豪纷出，东汉王朝网罗了大批人才，可是，就有这么一个人，一个怀有宏图大志，却不愿为官的人，他真是爱惜自己的羽毛：老同学啊，您再怎么请我，我都不会动心的，您的朝廷人才济济，不差我一个，放过我吧，我的羊皮大衣非常暖和，我的竹丝斗笠非常结实，我要纵情山水，山水就是我的天地，这高高的钓鱼台，就是我的灵魂所在！

范仲淹写这么一首绝句，显然不过瘾，别急，这不是刚刚碰到这样的场景吗？我会好好来祭拜严先生的，一定来！

云山苍苍，江水泱泱；先生之风，山高水长。

永远的严子陵，永远的范仲淹！

# 欹器（不倒翁）诫

苏易简翰林，有一天晚上在宫中值班，得到了一个欹器（不倒翁），江南徐邈做的，名牌产品。闲着无事，于是就将水倒进倒出，试着玩。一小太监来传达命令，正好看见，他不知道这是个什么东西，就悄悄地告诉了宋太宗。

第二天早上，太宗将苏翰林叫来，研究事情。

太宗问：你昨晚玩的东西，是不是不倒翁啊？

苏老老实实答道：是的。

苏急忙从怀里拿出不倒翁，双手递给太宗，太宗也很好奇，亲自将水倒进倒出，多一点水，不倒翁倒了，少一点水，不倒翁也倒了，只有水量在适当的时候，不倒翁才会立在那儿一动不动，这个水量只相差一丝丝。

做完这个实验，宋太宗很有感叹：这真是圣人告诫我们的道理啊，千真万确！

见此，苏易简立即拍马屁：愿陛下您治理国家也像执这样的神器，行事有度，适中均衡，那我们的千秋大业，则可以与天地相同。

太宗笑笑，对苏易简说道：如果它的肚子里装酒，欹器的品德，会不会因为酒而有沉湎之过啊？

太宗这个假设是有根据的，苏易简喜欢喝酒，常常喝过头，太宗就是想以不倒翁来敲打敲打。

苏易简听到太宗这样问，立即汗流浃背，惭愧得很。

太宗心情大好，索性亲自撰写《欹器铭》及草书《诫酒诗》赐给他，这一下，苏易简真是赚大发了！

（宋　文莹《玉壶清话》卷第一）

宋太宗也是饱读圣贤书，他的一番实验就有了感叹，因为，

《荀子》里就记载了孔夫子见到不倒翁的感叹。

有一天，孔子到鲁桓公的太庙里参观考察，见到敧器，他不认识，于是问守庙人：这个是什么器具呢？

守庙人答：这是一个如座右铭一般的器物，倾斜易覆，且充满道理。

孔子自言：噢，我听说过这种器物，空着时会倾斜，水装了一半就会正，装满了就会翻倒。

孔子回头对随行的学生说：往里面灌水吧，我们试验一下。

学生弄来水，倒了一半，果真正了，装满了，果真倒了，全部倒空，它又倾斜了。

此情此景，孔子也很感叹：唉，哪有倒满了水而不翻倒的啊！

北朝时，西魏文帝也造了两个敧器，将它们放在宫中的前殿，用它们来警示满与盈。

宋太宗的高明之处还在于，他早就知道这个道理，恰好苏易简玩了这个不倒翁，于是借机教育，现场教育，效果大好。

那《敧器铭》和《诫酒诗》，表面上是写给苏易简的，其实，宋太宗是想教育大宋王朝的全体干部群众：做官做人，都要掌握适度，不倒翁才永远不会倒！

# 长啸之法

宋太祖出征，从太原返回，途经真定，顺便视察了龙光观，道士苏澄隐迎驾。

这苏道士，九十来岁年纪，清风道骨，相貌不凡。太祖很好奇，细细问了他的养生之法。苏道士告诉皇上：我刚刚从外面游历回来，和亳州道士丁少微、华山道士陈抟一起，还有孙君房、獐皮处士等，又学到了很多。太祖问：您学到了什么方法呢？苏道士回答：也没有什么方法，只有一种长啸引和之法还可以一说。

宋太祖要求苏道士展示一下，苏道士于是长啸。苏的长啸之声，清亮透彻，似乎传到遥远的天外，绵绵不绝。太祖惊叹了好久。苏道士一直长啸着，声音时而亮，时而细，亮如阳光灿烂，细如潺潺流水，太祖听着听着竟然小睡了一会儿，醒来后，又吃了饭，愉快地伸伸懒腰，苏道士居然还长啸着。

宋太祖更加惊奇，再问苏道士导引之法、养生之法。

苏道士答：君王的养生，和我这个是不一样的。老子说：我无为而民自化，我无欲而民自正，无为无欲，就能达到太和的境界，就可以像古代那些君王一样，将治理天下的事业永远地继续下去，我认为这是正确的养生之法。

宋太祖于是赐苏道士为"颐素先生"，据说，苏道士活过百岁。

（宋　文莹《玉壶清话》卷第一）


清晨，我们常见那些早锻炼的人，对着河，对着湖，对着山，对着树，扯开嗓子，他们在天空和大地间长啸，声音有些肆无忌惮，但很少有荡气回肠的。

美国著名的萨克斯手肯尼基，他的《回家》《茉莉花》风靡世界。二〇一四年中秋节，他来杭州黄龙体育中心巡演，一上台，就是一首经典的《爱着你》，让人惊奇在于，他在这首曲子快要结束的时候，来了一个"循环换气法"，就是一直吹一个音，不间断，时间长达五分钟。五分钟还是很短的，他有四十几分钟不换气的纪录。其实，不换气是不可能的，只是他会循环换气而已。

那么，苏道士的长啸，很可能也如肯尼基一样，是循环换气，只是他练习得炉火纯青，一般人听不出来。

苏道士的长啸引和，应该还是可以学的，不难。难的是，君王的养生引和之法。要治理好一个国家，显然不可能无为无欲，这里的无为无欲应该有特指，就是君王必须放弃一些东西，放弃自己或者自己小集团的一些利益，以百姓为重。

君王的长啸之法，应该是这样的：民为重，社稷次之，君为轻。

# 卷十七

人。胡孛逆怀袖里漫存茈

中药名入诗

# 中药名入诗

扬州人陈亚，官做到太常寺的少卿，七十岁去世。他曾写有百余首中药名诗，风行于世。

比如，"风月前湖近，轩窗半夏凉"；"棋怕腊寒呵子下，衣嫌春暖宿纱裁"；"相思意已深，白纸书难足。字字苦参商，故要槟郎读。分明记得约当归，远至樱桃熟。何事菊花时，犹未回乡曲"。

他曾经做祥符的知县，亲戚朋友常常向他借车马用，他也写了药名诗：地居京界足亲知，倩借寻常无歇时。但看车前牛领上，十家皮没五家皮。

陈诗人经常发表他的文学感言：药名用于诗，无所不可，曲折隐含的意义，往往切中事理，给人启发，让人深思。

有人提问：那么延胡索可用吗？

陈诗人答：当然可以。他深沉地思考了下，随口朗诵道：布袍袖里怀漫刺，到处迁延胡索人。这两句可以送给游来游去的穷读书人。

他还就自己的名字作诗：若教有口便哑，且要无心为恶。中间全没肚肠，外面强生棱角。

（宋　吴处厚《青箱杂记》卷一）

诗可以观，可以怨，诗本来就是社会现实的折射，加上药名，其中的寓意就更直白。牛领上的"五家皮"，就如微电影，公车频繁使用，公车使用过度，不爱惜，不顾牛的死活，一切都栩栩如生。

陈诗人自己的观点，完全可以表达他的诗歌行动。

《病了的字母》出版后，我在央视读书节目的访谈中说：字母不会生病，一定是现象病了，社会病了，字母生病只是一个假借。我借中药名来装饰，并不只是为美观，而是想寓事说理，更生动一些。

当然，陈诗人的中药名诗，一定有牵强之作，因为诗与物之间的联系，有天然暗合的，也一定有牵强附会的。

# 感恩为相

张文定是洛阳人，年少时家里极贫困，父亲死了都没钱下葬，河南县史甲先生替他父亲置办了棺木收殓。张文定深深感谢，并以兄弟感情对待，后来，张发达了，也不忘那人的恩情。

宰相赵普，秘密向宋太宗推荐张文定，宋太宗并没有重视。赵普就将张的事情向太宗一一介绍，并且据此推理：陛下您如果提拔张文定，那么他日后一定会感恩，就如感恩帮助他葬父的那个人一样。

宋太宗听了很高兴，没过多久，果真提拔张文定做了宰相。

（宋　吴处厚《青箱杂记》卷二）

这里着重说的是一个人的品行问题。

滴水之恩，当涌泉相报，古老的格言，告诫我们，人一定要学会感恩。可现实往往不如人意，以怨报德，过河拆桥，谴责的就是那些不知道感恩的人，不知道感恩也就算了，还要害人，千方百计地害人。

不知道感恩的，也自有他们的逻辑，但一定是强词夺理的。

帮助人是美德，知道感恩同样也是美德。张文定就是这种美德的良好践行者，他的声名越传越远，越传越好，终于，被责任心强的官员发现了，当然，皇帝也喜欢感恩的人。

不要责备人家为你做了多少，而要常常反思，我为人家做了多少。以此推理，可以上升为国家和民族，若此，我们的牢骚和抱怨就会减少许多，心态也会平和许多，自然，这都是有利于健康的。

# 爱读书的宋真宗

宋真宗在处理完朝政大事的空余时间里，只喜欢读书。他每读完一本书，就要写诗文记录感想，还常常让身边的大臣随他诗文的原韵或原意唱和。

他留下的作品有：《看尚书诗》三章，《看春秋》三章，《看周礼》三章，《看毛诗》三章，《看礼记》三章，《看孝经》三章。

还有，《读史记》三章，《读前汉书》三首，《读后汉书》三首，《读三国志》三首，《读晋书》三首，《读宋书》二首，《读陈书》二首，《读魏书》三首，《读北齐书》二首，《读后周书》三首，《读隋书》三首，《读唐书》三首，《读五代梁史》三首，《读五代后唐史》三首，《读五代晋史》二首，《读五代汉史》二首，《读五代周史》二首。

（宋　吴处厚《青箱杂记》卷三）

不读书的皇帝一定不是好皇帝，好读书的皇帝有可能是好皇帝。

宋真宗是个守成之主，说不上很好，但绝对不算坏。他常常思接千载，和古代各位君主对话，那些经验，那些教训，足以让他警醒，他是个会思考的皇帝。

读书的好处是不用说的，他的《励学篇》诗，虽有点像打油诗，却留下了三句读书名言：富家不用买良田，书中自有千钟粟。安居不用架高楼，书中自有黄金屋。娶妻莫恨无良媒，书中自有颜如玉。出门莫恨无人随，书中车马多如簇。男儿欲遂平生志，五经勤向窗前读。

千钟粟，黄金屋，颜如玉。说得实在而又动人，但前提是苦读五经。书读好了，考取功名，步步升官，真正实现财务自由，金钱，美女，自然不用说了。所以，那些士子，一辈子都是以读书为主要目标的。

真正喜欢读书的人，大都是挤时间，没有人敢说皇帝不忙，而他却有大把时间读书写作。

史上爱读书的皇帝应该不少，但有这么三句人人传诵的名言，却很少很少。

# 父睡婶睡

　　岭南的风俗，互相喊人，不以排行称，只以各人所生男女小名呼其父母。

　　元丰年间，我（作者吴处厚）担任大理丞，审理宾州上报的案件，发现下面一些有趣的名字：

　　百姓韦超，他孩子的小名叫首，就呼韦超"父首"。

　　百姓韦遫，他孩子的小名叫满，就叫韦遫"父满"。

　　百姓韦全，他女儿的小名叫插娘，就叫韦全"父插"。

　　百姓韦庶，他女儿的小名叫睡娘，就叫韦庶"父睡"，他老婆叫"婶睡"。

（宋　吴处厚《青箱杂记》卷三）

　　吴处厚，也算有心人，这也许是作家的职业敏感吧，发现了和别处不一样的风俗。中国地大人多，各地的风俗也千差万别，有些地方风俗能长久流传，且能流传开去，发扬光大，这是普遍性在起作用，大家都认可，但有些风俗，只在小范围存在。我不知道，现在，宾州那地方，这样的称呼还有没有保留着，这要语言学家来研究。

　　就称呼言，中国人的称呼向来复杂，如唐宋就喜欢以数字称人：

　　李十二，李白。

　　杜二，杜甫。

　　白二十二，白居易。

　　元九，元稹。

　　柳八，柳宗元。

　　韩十八，韩愈。

　　秦七，秦少游。

欧九，欧阳修。

黄九，黄庭坚。

中国人的姓名真是一个大学问，上万种的姓，稀奇古怪。现代没有这样的排行了，最多李一、李二。

我读《论语》等先秦作品，常常惊叹于书中人的姓名有意思。宰我大白天睡觉，孔老师批评他"朽木不可雕"也；孔老师安排漆雕开去做官，漆回答说对做官还没有信心，孔老师又大加表扬。宰我、漆雕开之名，比我们现在有创意多了。

杭州岳庙，岳飞像前跪着的那个万俟卨，我说 Mò qí Xiè，"万俟"是以前少数民族鲜卑族的复姓，陆地同学跟着念了好几遍，一出门，就忘记了，常常读成 Wàn'āi Lú，怎么记也记不牢。

# 卷十八

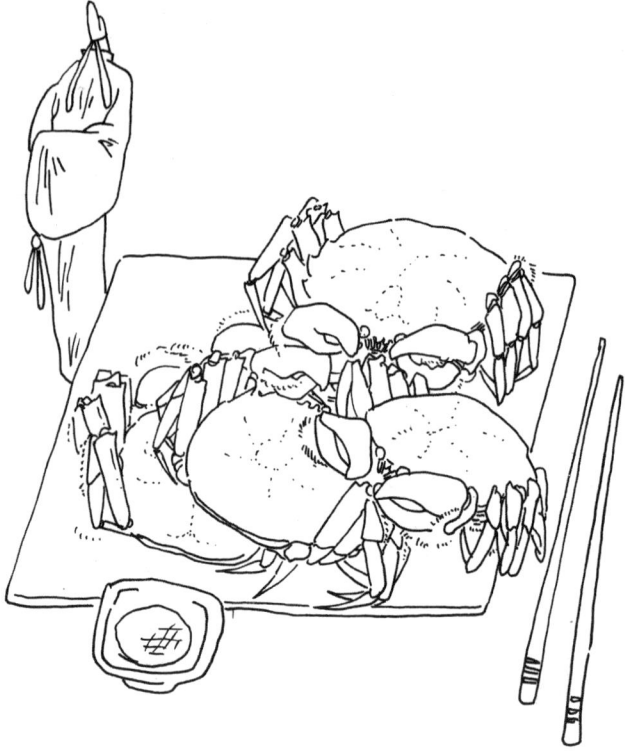

仁宗不吃螃蟹

# 贵妃不得接受大臣礼物

有一天，仁宗宠幸张贵妃，见张房间里有名贵的定州红瓷器。

仁宗就拉着个脸问了：你怎么得到这件东西的？

张妃说：是大学士王拱辰送给我的。

仁宗大怒：我再三告诫过你，不要随便接受大臣们的礼物，你为什么不听？骂完还不解气，他将那瓷器朝柱子上摔去，撞碎为止。张贵妃害怕极了，一个劲地认错。

又一次，张贵妃陪着仁宗过元宵节，她穿了件有灯笼图案的锦服。

仁宗很细心，又问了：这件衣服，没看到你穿过，怎么来的呢？

贵妃也是老实：是文彦博送来的。

仁宗碍于情面没有发作，但还是不高兴。后来，文做宰相，御史中丞唐介曾经上书告文的不是，也说到了灯笼锦的事情。结果是，唐介贬官，文宰相也被贬。知情人说，那件灯笼锦，其实是文夫人送给张贵妃的，文宰相并不知道。

（宋　邵伯温《邵氏闻见录》卷第二）

治理天下，就要从管好身边的人入手。

一人之下，万人之上。下面那些人，是无孔不入的。不怕你不收，就怕你没爱好。皇帝不敢送，他身边的人一定要试试看，曲里拐弯，没有关系，一定要找出关系，关系就是蜘蛛网、网网相连，只要有心，还怕找不着一张网？

一件瓷器，一件衣服，也许是人之常情，但有了开始，一定会有更多。宋仁宗其实看得很远。历朝历代，皇帝身边那些人，如果不注意节制，奢侈或者干政，就会像传染性极强的病菌一样蔓延，往往不可收拾，好多朝代灭亡甚至由此开始。

文宰相看来是有点冤枉了，他怎么知道夫人替他去走上层路线呢？何况她们还沾亲带故，一点小礼物，并没有什么大用心。

这个张贵妃，是仁宗的最爱，连最爱都这么严厉，可见仁宗对大臣们会是怎样的态度。

# 不要小报告

北宋建国之初，赵普做宰相。他办公桌的座位后面，挂有布屏，屏的后面，放了两只大瓮，凡是有人送上比较偏激的各类文字，他看完就随手丢进大瓮中。东西放满了大瓮，就让手下将瓮抬到大街上，公开烧掉。

李沆做宰相时，正是太平时代，凡是喜欢激进好大喜功的建议，他一概不予采纳，还常常说：我就用这个，来报效我的国家。

（宋　邵伯温《邵氏闻见录》卷第六）

这两个宰相有一个共同点，就是，做事情喜欢公开，有话好好说。

宋真宗就问李宰相：大臣们人人都有小报告给我，你怎么从来就没有呢？李沆回答：我当宰相，公事就在朝廷上公开奏对，还要密奏干什么呢？凡是密奏，不是诬陷别人，就是对您献媚，我一向厌恶这种做法。

可以想象得出来，那些被赵普丢进大瓮里的东西，基本都是些见不得人的小报告，要么告人阴状，要么无中生有，要么小事弄大，总之，都可以不理，你要是理了，很认真地理了，好人就会受气，坏人则扬眉吐气。

武则天刚坐江山那会儿，实在是底气不足，因此，她工作的一个重要方面，就是不断地让人收集异见，她在明处，那些反对她或者有意见的则在暗处，如此一来，则给了很多小人打击报复的机会，拍马屁的告暗状的，数不胜数，弄不好就给安个谋反逆反的由头，吃不了兜着走。

党同伐异的结果，只能是万马齐喑。两位宰相能够如此行事，前提是自己行得端，坐得正，否则就是做做样子。

有些人做事，总是喜欢走偏、出奇、使怪招，如果不带恶意，那也无伤大雅，只怕那些招数里，都暗含了些阴招毒招，一不小心，就会上当。

防人之心不可无，置之不理，甚至烧掉，当着众人的面，就是最好的办法。

# 当官的做派

枢密章綜曾经对我说：他当初做官，去的是四川，虽然路远道艰，也只是妻子骑着驴，他自己在前面牵着驴，儿女都还小，妻子抱着，只用一头驴驮着。

现在，却大大不一样了。那些刚刚当上官的，没有数十辆车都不走，车上载着老婆孩子仆人，一大堆。唉，真是可悲啊。前辈人勤俭的精神一点都没有了！

（宋　邵伯温《邵氏闻见录》卷第十七）


我爸二十世纪六七十年代做公社书记，有一辆自行车的时候，已经是七十年代后期了。九十年代初，我在县里工作，县长坐的是桑塔纳，还是普通型的。因此，初次履职，一般都还会保持勤俭的本色，即便想奢侈，也没这个条件。

物质大大丰裕，生活也大大改善，官员自然要走在前列。享乐是人的天性，奢侈风气形成了，没有条件，创造条件也要上。

如果奢侈花自己的钱，虽无可厚非，消费也是对社会的一种贡献嘛，但也要适度。可惜的是，官员们的奢侈大多用的是纳税人的钱，这就让人有些不齿了，这不能算本事，有本事，你就勤俭！

因此，勤俭是一种节操，它需要坚强的毅力。

# 仁宗不吃螃蟹

仁宗皇帝四季都穿单衣，冬天不烤火，夏季不用扇，他说，他靠的是天地之间的中和之气。

有一次，宫廷举行宴会。其中有一道菜是新上市的螃蟹，一共有二十八只。仁宗问：这些蟹我还没有尝过呢，一只要多少钱呢？

左右报告：一只值一千。

仁宗听到这里，非常不高兴：我多少次警告你们，不要奢侈，不要奢侈，你们就是不听，一下箸，就要花费二十八千的钱，我实在于心不忍。于是罢吃。

（宋　邵博《邵氏闻见后录》卷第一）

历史上的宋仁宗，真是个好皇帝，让人敬仰。他死的时候，开封街头哭声一片，甚至连对手辽国君主，也为他建了一个衣冠冢，表达哀思。

所以，我是相信他的事迹的。

四季穿单衣，只要加强锻炼，应该不是什么神话。他对自己有十足的信心，他相信他是替天在完成大业。

他自律，螃蟹都不肯吃，这么贵，心痛。

其实，他是可以吃得到螃蟹的，宫廷的东西，经过多次转手，层层加价，一两文的东西就变成千钱了。

要当个好皇帝，当个百姓都喜欢的皇帝，真的很辛苦，不能由着自己的性子乱来的。

# 常州百姓追苏轼

建中靖国元年，苏轼从被贬的海南往北走。

他身体不好，头戴小帽，身披厚衣，坐在船中，一直北行。六月十五日，回到常州。

常州百姓得到消息，都挤到运河两岸看苏轼，有数万人之多。东坡回头对同船的人笑笑说：这是要看煞我老夫啊！

（宋　邵博《邵氏闻见后录》卷第二十）

郁闷中的苏东坡，见到这样万民齐呼的场景，一定心情大好。

常州人民非常喜欢苏东坡，东坡也一直将常州当作他的第二故乡。他曾经十四次到常州，分别向皇帝上《乞常州居住表》《再上乞常州居住表》，最后也在常州终老，可见他与常州的感情。

名人效应，在哪个时代都有。不过，要让百姓发自内心地追星，那也是有条件的，人品好，有才能，可信度高。

虽然，苏是文人，但在娱乐明星还没有社会地位的时代，像苏东坡这样的大文豪，一定是万民敬仰的。

南宋曾敏行的《独醒杂志》卷第六《东坡书惠政桥额》载，苏东坡的出现也是万人欢呼：东坡被贬岭南，元符末年才开始北还。他的船经过新滏时，当地恰好造了一座石桥，听说东坡经过，父老儿童二三千人齐站在东坡船的边上，请求他给新桥命名。东坡将要登岸去拜访县长，众人挤在船边，出也出不来，他只好在船上写了"惠政桥"三个字，老百姓见字后才慢慢退去。

常州百姓追星，追得正是时候。一个多月后，东坡就与世长辞了，只留下诗文永远陪伴人们。常州满城上下，悲痛至极，各商铺都自动停业三天，他们都想去见大文豪的最后一面。

常州现有东坡公园，系当年他弃舟登岸入城之地，公园里的"舣舟亭"，就是为了纪念苏东坡揽舟于此而建，亭碑那鲜红色的字，在阳光下显得透亮，一如东坡之名依然灿烂于文学天空。

# 卷十九

以石抵罪

# 木桶和蜡烛

临海县尉舒亶，是个强悍人物。

有一天，衙门里的某弓箭手，喝醉了酒，在院子里大喊大叫。舒县尉用鞭抽他，不听，就用大杖打，还是不听，并且很嚣张地喊：打得好啊，打得好啊，你也就是敢打打我，你敢杀我吗？哈哈，你是不敢杀我的！舒县尉手起刀落。

当然，舒县尉被弹劾了。彼时，正是朝廷大量访求人才之时，案子报上去，许多官员都认同舒的行为是大胆有魄力。王安石一见大喜，人才啊，立即向皇帝推荐，不仅没问罪，反而快速升官，没多少时间就做到了御史中丞，他在任上，办了很多案子，为王安石新法的实施扫清了不少障碍。

有一次，舒大人将案子查到了宰相王珪身上。原因是，王曾经将公家的洗澡盆拿回家私用。这不是假公济私吗？高级领导干部这样的行为，也绝不容许！

后来，舒大人因为得罪了旧党，也被关到了监牢里。其中有一条罪状是：舒曾经将公家的蜡烛拿到家中去点。这不是和盗贼一样的行为吗？

舒大人得罪了很多人，因此，他的贬官，许多人还是欣欣鼓舞的。有一对子这样讽刺：舒亶不爱蜡烛，王珪岂爱木桶！

（宋　朱彧《萍洲可谈》卷一，《舒亶惨酷深文》）

舒杀部下，有点儿像张咏杀那偷一文铜钱的士兵，都是因为对方先激怒，然后手起刀落。但细比较，舒比张残酷，偷一文钱，毕竟是偷，以此推论，法律上还有点依据，但弓箭手只是狂妄而已，一个人在上司面前狂妄，就可以杀他吗？绝对不可以！

所以，秋雨先生对舒亶的印象非常不好，说他是宋朝的检举揭发专业户，起因就是，苏轼因为舒的检举，被贬黄州。苏轼议论新法的诗确实没有错，但过于吹毛求疵了，王安石的新法哪能十全十美？改革总要付出一些代价的。我认为，《宋史》对舒的描写，几乎全是反面，原因就是旧党所写的书影响了后世人的判断，将他的功劳一笔抹杀。

王安石重用舒，看中的就是他的果敢有毅力，做事坚韧不拔，新法推广，实在需要这样强有力的执行者。

舒还是锱铢必较的人，因此，他才会将王珪宰相也弄得灰溜溜的。在舒眼里，洗澡盆虽不是什么贵重物品，但它是公家的代表符号，公私必须分明的。

当然，因为他的不小心，也将公家的蜡烛带回了家，尽管他点蜡烛是为了办公，但是，人家也同样可以认为，洗澡难道不是为了更好地工作吗？！

# 考零分反得终身俸禄

元丰年间，宋朝举行一场特奏名考试。什么叫特奏名？就是那些考取举人后，省试、殿试多次考不上的老举人，年纪都已经很大很大了，朝廷将这些人集中起来，皇恩浩荡，再来参加一次由皇帝主持的考试，分出等级。

有个七十多岁的老生，在试卷上这样写：臣已经很老了，实在写不出文章了，只有一个心愿，祝我亲爱的敬爱的皇帝陛下，万岁万岁万万岁！

皇帝看到这样的试卷，很感慨，这也算是个老实人啊，我不能让老实人吃亏的。特给初品官，食俸禄终身！

（宋 朱彧《萍洲可谈》卷一，《七十老生特奏名试卷》）

这是无奈之下的急中生智，就比如现今那些作文考试中，剑走偏锋的一样，如果把握好尺寸，往往能得满分。

这老先生很容易让人想起那白卷考生，这样几个拍马屁的字，就能得到这么多的好处？

是的，拍马永远存在，就看怎么拍。老先生拍到点子上的最主要原因，现场唯一，如果大家都这样写，那肯定完蛋。说实话，即便那些会考试的，把数张卷子都写满了，也不太会有好文章，要有才，老早就考上了。所以，在满场格式化的阅卷过程中，突然跳出这样一匹"马"来，让人兴奋，继而感叹，终于开恩。

皇帝还是精明，这七十多岁的人了，已经高寿，赐他个食俸禄终身，哈哈，还有几年呢？但是，这一特赐，则是皇恩浩荡，天下感动。

前几天，我去浙江绍兴市的上虞区档案馆参观，看到显眼处挂着一张长长的镜框表格，上面列了该地历朝历代的三百余位进士名单，再仔细看了看进士的名次，居然有二十位特奏名进士，嘀，这些考生不仅顽强，也真是寿长啊。

所以，老先生作文零分，只是试卷表面上的，事实上他是满分考生！

对考生，对皇帝，都是双赢。

# 以石抵罪

刘铢喜欢造各种各样的房子。房子造好了，装饰的时候，就需要奇形怪状的石头，这样的石头并不是很多的，于是，他下令，犯了法的可以用石头来赎罪。

那些富人犯了法，就开了船到江苏浙江一带去采购怪石。现在城西苑药洲，有九块大石头，都是数丈高，人们叫它"九耀石"。

（宋　朱彧《萍洲可谈》卷二，《刘铢令国中以石抵罪》）

五代十国南汉这个刘铢皇帝，荒唐事很多，他喜欢任用阉割的人，谁想当官，必须把自己给阉了。

以石抵罪，而不论罪重罪轻，显示了他对法律的为所欲为，只为自己着想，完全置法律法规不顾。可以设想的情景是，那些有钱的，那些钻法律空子的，买得起各式石头的，是怎样的一种嚣张和跋扈，抢劫偷盗可以成风，杀人也不在乎，结果只能是百姓遭殃。

用石头可以抵罪的南汉，注定短命。

# 王夫人还官床

王安石的夫人姓吴，有洁癖，而王呢，大家都知道的，是个标准的不讲卫生的率性汉子，所以，他们俩每每因为卫生问题要吵架。

王宰相退休回家时，有公家的藤床一张，吴夫人占用着。官家派人来要，但都怕吴夫人，不敢明说。第二天早上，王宰相赤脚爬到床上，躺了很长时间，吴夫人看见了，立即答应送还。

（宋　朱彧《萍洲可谈》卷三，《荆公吴夫人好洁一》）

两个生活习性完全不同的人，也可以组合成家庭的，这个不讨论。

我想说的是，这个大宋朝，规矩还是挺严的，就如前面的"洗澡盆和蜡烛"之争，官员退休回家，带了张床，都要还回去，估计这也不是什么新床，值不了几个钱，但既是公家的，必须还。规矩有了，还得要执行好，这才是关键，官员得有这样的意识，不能占公家的便宜。

王安石自然是明白人，腐败和廉洁，家属也是重要的一环，藤床舒服，咱自己买就行了，如果买不起，那就竹床、木板床吧，不就是睡个人嘛。

王宰相到底是个有修养的人，他不明说，只是赤脚躺藤床，这算提醒，也算轻微抗议，你不是干净吗？我躺过，你可以不要躺了！

# 败家子戒

郭进造新房，落成那一天，他举行了一场宴会。

郭将造房子的各类工匠，都请到尊贵的位子上坐着。有人认为不可以，那些人只是劳动者，郭却不这样认为，他指着各位建房师傅说：这些都是造房子的。又指着他的那些子孙说：这些是卖房子的，他们就不应该坐上座。

（宋　朱彧《萍洲可谈》卷三，《郭进戒子》）

郭进这个反常举动，应该作为败家子戒。

劳动者光荣，并没有什么可耻，他们靠自己的本事吃饭，理应得到人们的尊重。而我这些子弟呢，他们只是享受者，如果不经风雨，不经世面，一旦苦难来临，他们必定撑不住，说卖房还是轻了，说不定还会流落街头呢。

败家子，很有可能是从卖房开始的。

街头，极有可能遇到这样的场景：甲乙两个不相识的人，坐在墙根晒太阳，都有些落魄而又有些骄傲，看着眼前来来往往衣着光鲜的人群，甲感叹：唉，数十年前，我爷爷家的金银数不清，我们家光佣人就有多少多少个；乙连忙接话：是啊，我爷爷可是朝廷的二品大员哪，要什么没有呀！可是现在，他们什么都没有，只有满肚子的牢骚和愤懑，这种情绪，培养了他们一身的臭毛病，好吃懒做，眼高手低。

因此，郭进新房落成排座位，确实是一场教育深刻的警世课。

话题稍稍岔开下。

同样是造房子，现代一个常见的现象是，那些辛苦至极的农民工，到年底往往拿不到工钱，弄得国家年年到年关都要强调再强调，整治又整治，电视上常见农民工排队领工资数钱喜笑颜开的镜头。

至于像郭进样的新房落成仪式，那坐上位的绝对都是不造房子的各路官员，他们衣冠楚楚，手里拿把剪刀，也是喜笑颜开，咔嚓一声，典礼成功！

# 卷二十

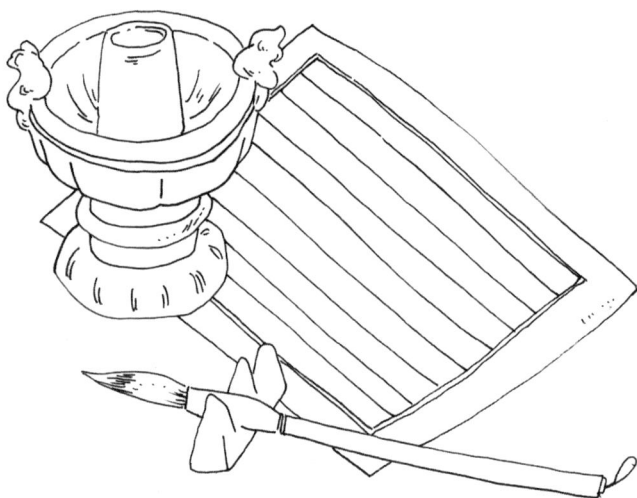

省油灯

# 朝廷的面子

　　吕元直做宰相时，对官员管理严格，一向以严厉著称。

　　有一天，某官员行为失当，吕宰相一巴掌打过去，弄得那官员很难堪。这个官员年纪和职位都比较高，认为自己受了侮辱，就对吕宰相说：按照法律，我们这些做下属的犯了错，应该送大理寺依法处理，而今我却像低级工作人员一样受辱。我自己受辱也就算了，大人您应该考虑下朝廷的面子。

　　吕宰相听到这里，大怒：你知道你错在哪里吗？今天皇上检查海防，许多大臣都穿着草鞋走在泥泞的道路上，而你呢（却在岸上观望）？这是什么时候，你还要面子？待皇帝回京了，我再给你面子！

　　　　　　　　　　　　　（宋　陆游《老学庵笔记》卷二）


　　吕宰相确实厉害。没有多少官员敢打下属巴掌，除非那些暴戾之徒。但吕宰相打得有理有据，也给别的官员一个相当响亮的教训。

　　这个挨巴掌的官员，平时一定是官僚主义，做什么事都只动嘴不动手，不肯做表率，当太平官糊涂官。你看，连皇帝都亲自下到一线了，那些高级别的官员都不管身份，还保持勤劳的本色，他们都知道，如果江海河流不治理好，很容易出问题的。

　　深入基层，这应该算最实际的群众路线了。

　　朝廷的面子应该体现在具体的工作细节中，而不应在表面上。但关键时刻，朝廷好多所谓的面子，就是让少数官员活生生给弄没了。

　　那些陪着皇帝视察的官员，穿着草鞋走泥泞，还是让人敬佩的，要是不装装样子就太好了。

　　不过，从另一角度看，那个被打的官员还是挺诚实的，平时表现和皇帝来的时候一个样，要知道，能做到这一点也非常不容易，许多官员往往急于在皇帝面前表现，将最好的状态显现出来，而平时却懒政怠政，甚至专横跋扈。

# 天下第一乐

陆游引用护圣杨老的两个生活小技巧，很有意思。

一个是写被子的：被当令正方，则或坐或睡，更不须觅被头。

二个是讲喝粥的：平旦粥后就枕，粥在腹中，暖而宜睡，天下第一乐也。

（宋　陆游《老学庵笔记》卷二）

正方形的被子，不用找被头，困意上来，扯过盖上就是。

早上喝粥后，肚子里暖和和，拖枕，躺倒，再睡上一个回笼觉，那感觉，天下第一快乐的事情。

不过，乐不乐，其实是心境，被子的形状，温暖的粥，只是心境的表达方式。

心态平和，心无旁骛，满足于当下，那么，就是"粥后复就枕，梦中还在家"。

心态好了，即便喝粥，也能喝出天下第一快乐的事。

# 寺院人数

行持和尚，明州人，雪窦寺住持。德行高，也幽默。

有一天，新太守来访，天童寺、阿育王寺的住持都在。太守问天童寺主持：您寺里有多少人啊？一千五百。又问阿育王寺：您呢？一千人。再问雪窦寺：您这里呢？一百二十。太守就很奇怪了：三寺的名气都差不多，人数怎么会如此不一样呢？行持和尚拱拱手说：我们院是实数。太守大笑。

（宋　陆游《老学庵笔记》卷三）

寺庙人数出现如此大的差距，不外乎两种原因：

争名气，挣财气，人数多，香客多，香火则旺，而香火旺了，什么事都好办了；争规模，朝廷对寺庙都有一定的管理制度，全国各地一盘棋，人数就是管理部门衡量一个寺庙大小的重要依据，能多报点就多报点。

而行持和尚，却是个明白人，他看得很透，佛家五戒中有一条就是不妄语，连这一点都做不到，那还谈什么修为，那还如何导引信众？不就是人数吗？有什么好夸大的，一点意思也没有！

虽是寺庙的人数，也可以看出是某种现实的反映。

统计数字应该是客观现实的反映，但为了某种目的，往往会和现实不一样，有时还大相径庭，以至于决策者云里雾里，严重影响判断。

一个寺庙僧人的数字，实在无关紧要，这一场问话，只当笑料罢了，他们只是在争名气，旺香火，但如果是国计民生方面的大事，这样的数据，轻则导致决策失误，重则会酿成国破家亡的。

# 纱帽不肯借

张文昌有《纱帽》诗云：惟恐被人偷剪样，不曾闲戴出书堂。

皮日休也说：借样裁巾怕索将。

（宋　陆游《老学庵笔记》卷五）

纱帽是不能随便借的，否则会被人依样画葫芦抄了去。

是不是可以这样理解，帽子是身份的象征，帽子也是贫富的符号，有一顶好帽子，比过诸多财产，而唐宋朝帽子设计师稀缺，难得有好帽子出现。

而陆游最喜欢的两件东西是道冠、拄杖。这顶帽子也是不肯借的噢，它是我陆游的象征，出门完全靠它了。

戴着冠，拄着杖，陆作家又出门了，这回是到山阴老街上去喝老酒呢。

# 秦桧的虎威

秦桧晚年，专权尤重。

他家门口，常年有穿黑衣的持棒卫兵守卫着，路人走过，稍微回头张望一下，士兵就会骂人。有几天，秦身体欠佳，告病没有上朝。另一个执政大臣独自在朝堂上应对皇帝，但他什么话都不敢说，只是在皇帝面前一味吹捧秦桧。

秦桧又上朝了，他碰到那个大臣，突然发问：听说你昨天在皇上面前说了很久啊。彼大臣非常害怕：我没说什么啊，我只说太师您如何如何功劳大，说完就退朝了。秦桧笑笑说：太感谢你了。

原来，官员在朝堂上说什么，其他人都会向秦报告的，那位大臣刚回到家里，内阁弹奏他的副本已经送到秦的家里了。

（宋　陆游《老学庵笔记》卷八）

简单的情节，简短的对话，都极具戏剧性，至少有三个栩栩如生的画面可以还原：

一个是外表悠闲、内心焦躁的秦大人，人虽在家里养病，心却惦记朝廷的大堂，那是他的权力场，没有权力，一切皆空；另一个是唯唯诺诺的大臣，皇帝问他，什么事都不敢决定，眼睛环顾左右而言他，眼前老是出现秦桧的身影；再一个是宋高宗，皇帝意志严重消退，有秦桧帮他撑着，能不管就不管，这不，秦桧生了几天病，他也六神无主。

专权者也有软肋，那就是特别害怕失去权势。因此，他们会千方百计培养亲信，维护自己的独权。那位和秦搭档的大臣还算识时务，他深知秦位高权重，一时扳不倒他，只能言不由衷了。假如，他说了对秦不利的话，不说皇帝未必相信他，秦的那些党羽充满朝堂，肯定不会放过他。

秦的狠毒如此。

宋高宗软弱如此。

有时抓某些老虎，常常先将其调离。老虎在位，虎须无人敢捋。调至一虚职岗位，大权旁落，众人便放开胆量举报，往往成功捉得各类老虎。

# 省油灯

陆游经常要熬夜写作，油灯自然少不了。

写着写着，他就会对眼前这种省油灯关注起来：这省油灯是有些历史的了。宋文安公集中就有《省油灯盏》诗，现在四川汉嘉一带使用普遍。再仔细研究一下，它的原理也很简单：灯中有夹层，边上开个小洞，将冷水注入。盏中注油，夹层中注水，当灯被点燃后，夹层内的冷水可以控制燃油的温度，减少蒸发，达到省油目的。

（宋　陆游《老学庵笔记》卷十）

无论从什么角度看，这都是一项很好的科学发明。

古人有很多发明，好多都从生活中而来，有时，也只是一个小小的窍门而已。

我曾感叹，古代读书人，眼睛近视老花怎么办？没有灯怎么办？近视老花是没有办法的，哪怕他是皇帝，眼镜的发明，至少要到明朝中期，那还是极少的人能用上，效果也一般。没有灯，则留下了很多关于无灯阅读的成语：囊萤映雪、凿壁偷光，但也有人考证，这样的借光阅读，还是不太靠谱，基本上只是用来励志而已。有灯，油钱很贵，自然要省油了。

二〇一五年十一月，我去温州，参观一家私人建设的塘河灯博物馆。进博物馆前，我就惦记着陆作家那盏省油灯，会有省油灯吗？进去一看，整一个灯的世界，形状大大小小，年代长长短短，各类灯盏都有，但一个个被我忽略，很快，我就在一个显眼的展台，看到了省油灯，不大的灯盏，青瓷，精致而简洁，我特地问了老板灯的年份，他说是南宋的，他自然知道陆游写的省油灯了。嗯，我还是很惊奇，一直观察，忽然想，只要注上油，南宋的光亮还会一直燃下去。

能源问题越来越困扰着人类。

煤终有挖完的一天，油终有抽干的一日，替代，再替代，上月球，上火星。

省油，再省油！

# 卷二十一

吃鱼高手欧阳修

# 讲故事

宋仁宗庆历初年，曾经召儒臣讲唐朝的旧事，主要是吸取前朝的教训，以更好地治国。当时也有考核要求，每天要讲五个故事，大臣们都要一起听。

后来，就有很多官员进献故事，史官一下子都来不及讲解。

（宋　叶梦得《石林燕语》卷一）

所有的朝代都知道前车之鉴，远的教育不了人，近的，特别是前朝的旧事，最有教育意义。

唐朝总算辉煌了吧，李世民也汲取前朝灭亡的旧事，这个镜那个镜的，水可载舟，亦可覆舟，可是，他的子孙仍然错误百出，照样灭亡。

尽管都要消亡或灭亡，但那是历史的规律，谁也奈何不得。

然而，学习总会有一些效果的，至少同样的错误可以少犯或不犯。

# 退休金

唐朝贞元五年，萧昕等人退休，发一半的退休工资，这以后就成为定例了。但是，这还是有附加条件的，官员必须有清名和有功劳才能享受，如果有赃犯或者遭贬谪，就没有退休工资。

太和元年，杨于陵退休，特批拿全工资。这就相当于离休干部，工资十三个月，医疗费全报。

宋朝至真宗，才开始按照唐代的方法发退休官员工资，但更加严格，御史台每年都会检查，如果有不合格，立马取消退休金。

（宋　叶梦得《石林燕语》卷五）

那些贪赃的官员，一定没有仔细核算过，退休金和品德之间有什么具体的联系。

其实，它完全可以用金钱来计算。只是，他们太过精明，精明于眼前自认为可以逃过关的利益，拼死吃河豚。仔细算算，规规矩矩，反而合算得多。

对于公务人员犯罪，古今差不多都是一样的解决办法，轻则没有退休金，重则会在牢里度过余生，当然，也有送掉性命的。

# 闲不住的王安石

王安石是个闲不住的人，不是睡觉就在走路。

他晚年居住在钟山的谢公墩，从居住地到城里来回走路，刚好一天。他养了一头驴，每天早饭后，就骑着驴出门到钟山，中饭后又从钟山返回家里，走路走得累了，就靠着山林边的树睡一觉，往往到太阳下山才回到家，每天都这样。如果来不及整个来回跑一趟，那也要骑着驴，半道中间返回，从来没有停止过。

（宋　叶梦得《避暑录话》卷一）

生命不息，走路不止。

从形式上看，王安石是在锻炼，但是，他骨子里显现出一种顽强好动的因子，这种因子，促使他每天都处在亢奋中，除了睡觉，否则不会停止。

如果用来思考，这肯定是一种好习惯，长久定会收获不菲。如果用来做事，则更会让整个世界都要围着他转，下属没有一定精力，极难适应。

王安石的改革，犹如他的行走，力度很大，终于让宋神宗吃不消了。

# 特殊收养法

我在许昌做官的时候，刚好碰上大水灾，洛阳遭灾特别厉害。饥民数十万涌入许昌，我将常平仓的储备几乎都拿出来了，几十万人不至于立即饿死。

但是，许多被遗弃的小孩成了问题。我问部下：那些家里没小孩的，为什么不来收养呢？部下说：他们倒愿意收养，可荒年过去，或者小孩长大，那些父母来认领怎么办呢？我仔细研究了律法，找到一条：凡因灾伤遗弃小儿，父母不得复认。这条规定得非常明确，你既然丢弃他们，父母之恩已断绝，你就不能再来相认了，试想，如果别人不收养，你的孩子还能活下去吗？

于是，我让人制作了一批表格，表格上将这一条律法印上，孩子从哪来，年龄，具体家庭情况，凡是孩子能说得出的，都写上，然后让乡长里长等签字。收养的家庭，有了这样一张法律文书，非常放心。那一年，我们一共安置了三千八百个孩子，也就是说，这些孩子都被人领养了。

（宋　叶梦得《避暑录话》卷一）

饥荒的场景很吓人，特别是那些嗷嗷待哺的孩子，犹如田间幼苗，太阳一晒就会枯萎，在极度困苦的情景下，一些大人只有先遗弃孩子保自己的命，或许，他们认为，这个世界，好心人多，丢掉的孩子，如果命大，还有活下去的可能。

所谓规定，也有因人因地因时制宜的，有时只要稍微一点变通，立即变得充满人性和温暖。如果能让付出有所回报，则付出的人也会心甘情愿。

而这里，则显然是有些部门根本没有理解清楚政策规定，或者说面对既有的棘手现实，束手无策。

一个负责任的官员，一定是良好政策的执行者。

苦难事，尴尬事，变成欢乐事，开心事，那些收养的家庭，不仅有了天伦之乐，更让政府的法规落到了实处。

# 安禄山作诗

安禄山也喜欢写诗的。

他曾写了一首《樱桃》诗：

樱桃一篮子，

半青一半黄。

一半寄怀王，

一半寄周贽。

有人给他指出，您如果将"一半寄周贽"放在上面，则全诗就押韵了。安禄山非常愤怒：难道要让周贽来压我吗？！

（宋　叶梦得《避暑录话》卷一）

在鲁莽的武夫看来，他写诗，算是瞧得起诗了，至少，他认为诗是文化和教养的象征，但是，碰到指出他缺点的"不识相"的人，便本性暴露无遗。

在他眼里，诗歌是要为他政治服务的。你们这些文人，无病呻吟，不干点正事。不就是一篮子半青半黄的樱桃吗？偏要怀王放到前面。

装样子也要技巧的，安禄山连装都懒得装。

# 孙莘老读书

　　孙莘老喜欢读书，但晚年眼睛不好，于是他就从自己带的队伍中，找了两个文化程度比较高的士兵，让儿子教他们读《西汉》《左氏》等书。

　　然后，他就闭目坐在书房中，让这两个有文化的士兵给他读书。一个读完一节，就换一个人，在换人的中间，他很惬意地喝一杯酒。以酒佐书。士兵也很高兴，这老头还不错，这样的活干着不累，陪他读书，自己还能长不少见识！

　　　　　　　　　　　　（宋　叶梦得《避暑录话》卷二）

　　读书，各人有各人的读法。

　　红袖添香，雪夜闭门，都是让人神往的读书境界。但孙莘老的读书，有浓厚的生活味道，以酒佐书，酒味醇，书味厚，何等的惬意和放荡。

　　其实不仅如此，孙莘老更享受他和士兵读书的互动过程。

　　如读《郑伯克段于鄢》，我猜测这样有趣的场面：

　　士兵读：初，郑武公娶于申，曰武姜，生庄公及共叔段。庄公寤生，惊姜氏，故名曰寤生，遂恶之。

　　停！孙莘老问士兵：郑武公几个儿子？

　　士兵答：两个。

　　孙问：叫什么名字？

　　士兵答：庄公、共叔段。

　　孙问：庄公为什么叫寤生？

　　士兵答：不知道。

　　孙哈哈大笑：就是他娘难产了，脚先出来，倒着生，差点要了他娘的命，所以他娘不喜欢他！

要是这样读下去，读个几年，那士兵，啧啧，肯定大学毕业了！

**附记：**

明朝何良俊的《四友斋丛说》，卷三十三也有这样有趣的读书场景。

苏子美很喜欢喝酒。在外舅公杜祁家里，每晚读书，都要用五斗酒做伴读。外舅公不太相信，就这么读读书，也能喝得下五斗酒？他就派弟子偷偷观察子美。观察者听到，子美读《汉书·张良传》到"良与客狙击秦始皇，误中副车"，拊掌曰："惜乎，击之不中！"于是倒满一大杯喝下；又读到"始臣起下邳，与上会于留，此天以与陛下"，又抚案曰：君臣相遇，其难如此！又倒满一大杯一口喝下。

观察者回来向外舅公报告，外舅公大笑，这样读书下酒，五斗不算多啊！

# 迈向无知的境界

我读书的习惯发生了改变，这是我体悟出来的。

年轻时，喜欢博览，喜欢追问。有一件事弄不清楚，则夜不能寐，反复推研，一定要搞清楚才睡得着。这样的结果是，这个世界变得极其复杂，我自己也深陷其中而不能拔。

中年以后，各种杂事烦事碎事干扰，再也没有心思像以前那样读书，真希望自己是一个木偶人，不要有思想。有时，一个念头产生，就会努力将其克服，这种念头有了，心就像碰着刀刃，有如陷在陷阱里一样的感觉。

到了晚年，经过数十年的磨炼，心境逐渐平稳，感觉心内心外都没有什么事情能够压着了。只有一件事不能去掉，那就是心中还存着数百卷书。

但我还是有信心，只要再过一些时间，我一定在心里统统将那些书抛弃掉。

现在看来，以无知达到有知是容易的，而以有知返回无知，真是有点难啊！幸亏我醒悟得早，否则我还在追求有知的道路上孜孜不倦，而自己一点闲适的时间也没有，这又是何苦呢！

（宋　叶梦得《避暑录话》卷三）

看山是山，见水是水；看山不是山，见水不是水；看山还是山，见水仍是水。佛家悟禅的过程，重在悟，重在过程，山其实还是山，水也仍然是水，只不过年龄心境因世态时态改变而已。

作者为什么如此向往无知？心绪复杂得很，原因有诸多种，老了，身体不行了，书也读不动了，做任何事情都没有激情，更重要的是，他看多了世事，见惯了人事，有时，看着那些不读书的人无忧无虑，甚至会觉得是读书误了事。

然而，有知不可能达到无知，除非因疾病而起的痴呆遗忘。

作者追求并钟情于无知的境界，我们要小心体会，不要被他的表面词句所迷惑，其实不过是一种对平静生活的追求而已。

# 吃鱼高手欧阳修

京城里没有人能切得好生鱼片，只有梅尧臣家的老佣妇会做。

欧阳修、刘原甫等人，每每想到要吃生鱼片了，一定提着鱼到梅家。老梅往往会在自己的书中写下这些事情。比如《买鲫鱼八九尾尚鲜活永叔许相过留以给膳》，比如《蔡仲谋遗鲫鱼十六尾余忆在襄城时获此鱼留以迟永叔》。

有一天，我们（作者叶梦得和友人）在蔡州聚餐。正在吃一只鸡头时，有人就说起古今嗜好的不同了，有人说屈到喜欢吃菱角，有人说曾皙喜欢吃小柿子。突然有人说，欧阳修喜欢吃鲫鱼。有什么根据呢？你们看一下梅尧臣的诗文就知道了！

（宋　叶梦得《避暑录话》卷四）

著名文人的许多生活细节，都成了文学史上的有趣轶闻轶事。这些生活细节，其实都印有深深的历史足迹，经济、文化、政治，都能在细节中得到显现。

对吃的讲究，也是社会安逸的一种表现。宋朝的生鱼片，许多笔记都有记载，正所谓食不厌精，有时，吃客们干脆将吃生鱼片的战场放到鱼塘边，现捕现杀，原汁原味。

"我家少妇磨宝刀，破鳞奋鳍如欲飞。萧萧云叶落盘面，粟粟霜卜为缕衣。"（梅尧臣《设脍示坐客》），梅写有数十首吃生鱼片的诗，读这些诗，让人更多感觉的是情景的再现和时光的飞逝。

欧阳修会不会切鱼片，笔记里没有明确记载，但他一定喜欢吃，从梅尧臣的那两首诗名就可以看出，想吃鱼片了，拎了鱼就往梅家去。鲫鱼好吃，但多刺，要切成薄薄的鱼片真是需要上好的刀功，梅家的阿姨也许只是宋朝众多烹饪师傅中的一位而已。现代几乎很少吃到淡水鱼片了，如鲫鱼之类，现代人大多清蒸或红烧了事。

活蹦乱跳的鲫鱼，一下子让我们回到了文人相濡、氛围安详的北宋。

# 卷二十二

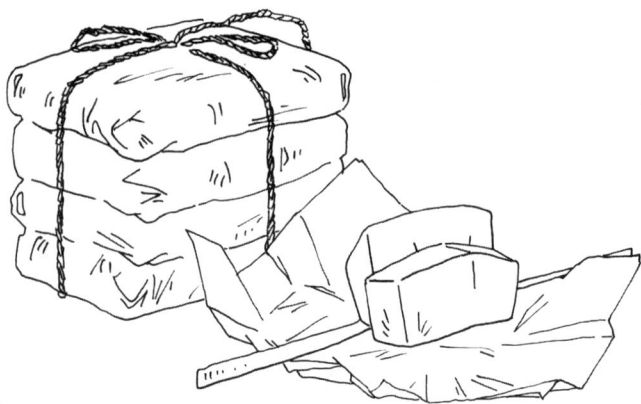

官帽是一服良药

# 烤羊不吃了

宋仁宗宽仁爱物，节俭有度，一点点小事都对自己要求很严。

一日早晨起来，他和身边的陪侍官员讲：昨晚睡不着，感觉肚子饿，很想吃烤羊哎。

侍臣问：那您为什么不叫我们去弄呢？

仁宗回：我听说宫中每一次要什么东西，外面都会成为惯例。我害怕，从此以后，你们每天晚上会宰杀羊，以备我随时的需要，长此以往，太浪费了。我怎能以一个晚上的饥饿来开启无穷无尽的杀生和浪费呢？

听到这个消息，左右都喊万岁，有的人感动得甚至流下了眼泪。

（宋　魏泰《东轩笔录》卷一）


皇帝也不好当哎，肚子饿了，也不能随便想吃什么就吃什么。

皇帝知道他的要求不能随便提，楚王好细腰，那是什么结果？一定是上有所好，下必甚焉！于是自律，他不想给想法多的人留下机会。

有多少皇帝能做到这样？显然很少。

有多少官员能做到这样？显然，有一部分肯定做不到，这一部分人，会让自己的爱好延伸下扩，想吃羊了，随时要，半夜里也要，他知道有人会半夜里送羊。

其实，偶尔吃一次也是可以的。如果还想吃，也没关系，说不定还能带动一个产业的发展呢。皇帝都爱吃烤羊，于是吃烤羊就成了一种时尚，等到成为时尚了，产业也就欣欣向荣了。

**附记：**

《东轩笔录》卷十一同样有写宋仁宗仁慈的"喝水事件"。

某个春日，仁宗在花苑中散步，常常回头看，众人不知什么意思。等回到宫中，他对陪同的妃子讲：哎呀，渴死我了，快拿凉开水来！

妃子立马取来了水：皇上您为什么在外面不喝水，而这么忍着呢？

仁宗答：我回头看了好几次，没看到管茶水的，如果问起来，这个茶水工必定要被责罚，所以我还是忍着渴回来喝了。

看看，这就是宋仁宗，这样为下属着想的皇帝真的不多啊！

再岔开去。

清朝，梁绍壬的《两般秋雨庵随笔》卷五中，有"帝王言动"一节，除记载了上面宋仁宗两件事情外，又举了明朝的两个例子：

明武宗在宫中，偶见黄葱，就择了一根，用力吹起来，类似于舞台上演戏的那种。跟随的宦官见了，就布置下去，整车整车购买，葱价甚至陡涨数月。明穆宗想吃有果子馅的饼，第二天、御膳房就忙起来了，和面的，剥果子的，制糖的，开支达到五千金。明穆宗笑着说：只需要五文钱，便可以在东华门口买一大盒哎。

吹葱游戏，我们小时候都玩过，甚至还有吹树叶、吹麦叶的，反正薄薄的都好吹。而五文钱一大盒，说明皇帝老早吃过，知道行情。

宋仁宗的远见，明朝两位皇帝的随意，后者恰好是前者的有力佐证。

# 一事藏三十年

张文定以右拾遗的身份做江南转运使。

有一天，他举行家宴，一用人偷了好多银器藏在怀中，张公从帘外仔细看了，却没有当面揭穿他。

张文定曾三次做宰相，他门下的工作人员，很多都得以推荐任用，只有那偷银器的，一直得不到任用。瞅准一个机会，偷者实在忍不住了，向张公发牢骚：我跟随您这么多年，比我迟来的人，都得到了提拔，您为什么独独不提拔我呢？话一说完，眼泪大滴大滴往下流。

张公听完，脸上满是同情：我想不说的，你还要怨我。你还记得我们在江南时的那场宴会吗？你为什么偷银器呢？这件事，我在肚子里藏了三十年，本不想说的。我虽是宰相，提拔过无数的官员，但都是有原则的，怎么敢任用有偷盗前科的人呢？今天把事都说出来了，你肯定有愧心，我这里你是待不下去了，念在你为我服务三十年的面子上，我给你三千钱，你离开吧，自己去找个安身的地方。

偷银器者听完，一脸的震惊，哭着拜谢而去。

（宋　魏泰《东轩笔录》卷二）

偷银器者，错在偷。这样的人，如果任用了，有一种后果是，他在自己的任上，一旦有机会，就会故技重施，且，胆子会越来越大，他会仗着自己是宰相府出来的，偷气更足。

张宰相用人无数，阅人无数，这偷者绝不能用，偷着偷着就会成瘾的。他的本事是，一件事，可以放在肚子里三十年，不必说，不屑说，藏得这么深，难怪宰相肚里好撑船呢！

当然，仍有疑问，偷者为什么偷？是不是因为家贫？就如那冉阿让，穷得活不下去了，偷半块面包，度过眼下的困难再说。如果是和冉阿让一样的原因，那么，千年前大宋王朝的一个普通工作人员的命运，竟然和法兰西作家笔下的人物高度相似，一次偷窃，毁了一辈子的好生活。

有些错事可以原谅，有些却要一辈子偿还。

# 为官真相知

鞠咏在准备考进士的过程中，因为有才能而被王化基所赏识。后来，王化基任杭州知府，鞠咏也考上了进士，被朝廷录为大理寺的属官，并以这个身份到杭州的仁和县做县官。

这鞠咏高兴呀，自己的恩师是顶头上司，上任之前，就迫不及待给老师写了信并寄了诗，以前受他教导，现在又做他部下，以表达王老师的知遇之恩。

但是，王化基没有回信。等鞠咏到任后，王知州对他一点也没有礼遇，并且，还加大力度考核他的工作。鞠咏大失所望，但他马上静下心来，既然不能指望老师，那还是好好工作吧。于是，他加倍努力，认真努力做好各项工作。

后来，王化基调任参知政事，他首先向皇帝推荐了鞠咏。问他推荐的理由，王答：我不担心鞠咏的才能，而担心他能不能做到宽容和大度，所以，他做我的部下，我故意压制他，对他考核严厉，这都是为了帮助他做得更好，从事实看，他经受了考验。

鞠咏听到王老师这样推荐他，非常感动，这才是真正的懂我爱我呀。

(宋　魏泰《东轩笔录》卷二)

这大约是知人善任的典型。

两人都有大度量。

我有两个假设。

假设一，鞠咏生气了。他生气的是，我没有仗着老师的权势去张扬，你不看重我也就罢了，为什么还要比别人更严厉呢？看看，我仁和县的事情，每一件都做得很好，可就是评不上先进！而且，每次大会上，王老师几乎没有表扬，都是批评，真让人受不了！换了任何一个长官，都不会这样的！

假设二，王化基生气了。你个鞠咏，大笨人一个，我是有意培养你呢，对你严格一点，都是为你好，培养你的事情，我又不能和你明说，明说了，那不就是结党营私吗？朝廷严禁。可是，你居然不理解，还对我大发脾气，工作也消极抵抗，你不就是有点才吗？这样的态度，以后是成不了大器的。

每个人都有优缺点，越优秀的人，可能缺点也越多，缺点如果不从各方面加以抑制和捶打，一辈子也改不掉，还会越来越厉害。而王化基真是慧眼，他知道鞠咏的毛病，要想成大器，必须敲打。

无论古今，如果多一些王化基，官场上就会干净许多。

# 官帽是一服良药

王文康先生，一直被淋病所苦，医了好多地方，用了好多方子，就是不见好。自从被提拔做枢密副使，病立即就好了。后来，王罢官，淋病又犯了。有人嘲笑讲：想要治好淋病，只有一味药，就是枢密副使，还要常年服用，不可以间断。

（宋　魏泰《东轩笔录》卷三）

权力是最好的催情剂，看来，古人也是一样。

这王文康，生活估计不怎么检点，或者家里大小老婆多。这生殖器上的毛病，在古人看来，不怎么算毛病，百治不好，一当上官，什么都好了。

医生和我讲，如果从生理角度看，确实有这样的作用，心情好，免疫力就提高，人就处于亢奋状态。血脉偾张的原因，是注意力转移了，有好多的人和事要处理，那点毛病就暂时忽略，被掩盖了。

与此相类似的是，许多官员刚退下来时不适应，有些不适应简直要命，对这些官员来说，如果能一直做下去，就如一直在服用强心药，会坚持到死的那一天。

# 在人脸上打草稿

朝士陆东，曾经做过苏州的通判，分管刑事诉讼。

有一回，审判结束，他给一个人判了流放罪，命令给犯人脸上刺字："特刺配某州牢城。"字刺完，师爷来了，告诉他：凡是用"特"的，是所犯罪行没有达到这个程度，而出自朝廷临时的指令，现在，此犯人本应流放，又加了"特"字，这不是主管官衙有权行使的。陆东一听，非常害怕，马上下令，将"特刺"改"准条"，犯人脸上再刺一次。这件事很被人嘲笑。

后来，有人推荐陆东升职，石参政听说这件事后打趣道：我知道这个人，不就是那个在人脸上打草稿的苏州官员吗？

（宋　魏泰《东轩笔录》卷十）

林教头一忍再忍，忍到别人都认为他太懦弱，其实，应该体谅他，八十万禁军总教头这个职位，来之不易，主管领导高太尉得罪不起，被陷害后，他被打了二十棍，脸上刺了字，发配沧州。

脸一针一针地戳，血一滴一滴地流，字刺完，脸已模糊，结痂显字，永远的印记，即便现代美容术，也难除尽印记。

和林冲一样，刺配，在《水浒传》中常常见，一百单八将，大多数人的脸上都有这个印记，带着耻辱，带着仇恨。

陆通判在犯人脸上打草稿，缘于他业务不熟悉。对法律条文的模糊，带来的直接后果就是草菅人命。虽不至于要命，但要将已刺的字除掉，再重新刺上，那是一种怎样的痛苦？为保住自己的职位，管不了那么多了。

一个负责任的官员，在对法律政策条文的把握理解中，应该具有强烈的民本意识，学律师们为当事人辩护的那种"钻空子"精神，要将所有的"空子"钻透，才会很好地维护当事人的权益。

不过，相比很多的冤假错案，这个犯人还算幸运，他只是多吃了些皮肉苦头，并没有枉送性命。

# 为韩愈辩白

唐人小说记载，韩愈曾经爬华山，上去下不来，发狂大哭，还给家人写下了遗书。后来，华阴县令组织救援，韩愈才得以脱险。

沈颜写的《聱书》中，有替韩愈辩白的，认为没有这样的事，哪里会有圣贤不爱惜自己性命的。

后来，我（作者）读到韩愈的《答张彻诗》，里面讲到游华山的事，文中有："磴藓涩拳跼，梯飚飐伶俜。悔狂已咋指，垂诫仍镌铭。"才知道，唐小说写的是真实的，而沈颜的辩白毫无道理和根据。

（宋　魏泰《东轩笔录》卷十五）

华山险，古代更险，旅游设施简陋，安全设施落后，很容易出事故。

大文人喜欢探险，只考虑了上去，没想到下山碰到了危险，这很正常。

华阴县令的积极营救，一说明他管理到位，否则怎么能这么快知晓消息？二说明他指挥有方，成功将韩愈一行人救下。

对于这样的遇险经历，韩愈一定是终生记得，也一定会化为美妙的文字表达。今天去登华山，我们仍然可以想象，唐代著名作家韩退之，困在那险峻处，一边哭一边写遗书的有趣场景。

# 卷二十三

与皇帝握过的手

# 风流白乐天

白居易做苏州地方长官时，曾经带了容、满、蝉、态等十个妓女，夜游西武丘寺。这有诗为证，诗的末尾是这样的：领郡时将久，游山数几何？一年十二度，非少亦非多。可见当时的领导们，还是有很多休闲时间的，而组织部门的考评也没有这么严厉。如果是在我们大宋朝，一定会因为这个而犯罪，做不成官了。

（宋 龚明之《中吴纪闻》卷一，《白乐天》）

唐朝的夜生活想来是丰富多彩的。百姓如此，官员更如此，或者是官员的夜生活带动了百姓的夜生活。

这应该有两个前提：一是唐朝政府对官员嫖娼不追究责任，不是说大力提倡，只是说你做了官家不追究，而且，很多官员经常以工作的名义游玩，这就是风行的主要原因。二是政府财政富裕，如果没钱，你还搞什么夜游？那些妓女也要吃要喝的。用自己的工资支付夜游费用？基本不可能，官员的工资，无论哪个朝代，都是有限的。偶尔一次还可以，但这位白大人，一年有十二次呢，每月都要来的。

白乐天在杭州做官，有不少功绩，但吃喝玩乐一样也没落下。他业余时间还教官妓练习霓裳舞曲，"墙西明月水东亭，一曲霓裳按小伶。不敢邀君无别意，弦生管涩未堪听"（白居易《答苏庶子月夜闻家僮奏乐见赠》），"两瓶箬下新开得，一曲霓裳初教成"（白居易《湖上招客送春泛舟》）。这得有多大的兴趣爱好，才能坚持下去呀。音乐就是生活，美好的音乐，能让人的精神丰富而充实。

白乐天喜欢美妓，这在圈内是出了名的，他晚年都还迷恋在家的妓女小蛮、樱桃等人。

嗬，他是人，不是神，只是唐朝的一个比较讲究生活质量的著名诗人嘛。

# "来"唤作"厘"

吴人将"来"叫作"厘",这是从唐朝的陆德明开始的。"诒我来牟""弃甲复来",都是谐音"厘",原来,陆德明就是吴人。

(宋　龚明之《中吴纪闻》卷四,《俗语》)

陆德明是唐朝著名的语言学家,以经典释义和训诂学为主要成就。

将"来"唤作"厘",别人不好理解,对我来说,却是小时候的日常用语。

我的老家,浙江省桐庐县百江镇,我们家乡操的土语(范围还有分水镇、瑶琳镇的部分村),就是将"来"唤作"厘"的。试举几例如下:

"你过来一下"——"侬顾厘一记";

"你晚上到我家来吃饭吧"——"侬夜里到我郭厘乞范吧";

"来来来,给你糖吃"——"厘厘厘,拨侬糖乞"。

与"来"相对的"去",我们的发音很接近"客",也是去声。

方言土语,是一种有声的历史文物,我不知道我家乡的"厘"和陆德明说的是不是一回事,但我想八九不离十,都是吴地,我也不知我是不是陆德明的后人,但很有可能就在我家乡那儿保存下来了。

# 与皇帝握过的手（A）

朱勔一天比一天更加受到宠幸，他和父亲朱冲权力都很大，都获得了节度使衔。他又得到了宋徽宗的画像，安放在特地建成的殿堂里，监司、知州，每逢初一、十五，一定要到这里朝参。

朱勔曾参加曲宴，宋徽宗亲自握住他的手，与他亲切交谈，朱勔便以黄绸裹缠在胳膊处，与别人作揖时，这条胳膊竟然不往上抬。

（宋　龚明之《中吴纪闻》卷六，《朱氏盛衰》）

朱勔，宋徽宗时的"六贼"之一，与父亲朱冲都谄媚蔡京、童贯等人，在苏州设应奉局，勒索民间奇花异石，运往汴京，称"花石纲"，就是《水浒传》里杨志担任监督官押运的那种，他们鱼肉百姓达二十年之久。

朱勔出身虽低微贫贱，一旦得势，却张牙舞爪得厉害。

与皇帝亲切握过的手，那就是一种荣耀，这种荣耀，可以鄙视一切，一定要长久地保留。这样的衣服是不能洗的，犹如黄马褂，特赐。

无独有偶。

明代沈德符的笔记《万历野获编》卷二十一，有《同邑二役》，也有同类奇事（见下）。

朱勔和谈木泉，都以为有了护身符，不想，那都是纸糊的，说破就破。

# 与皇帝握过的手（B）

我有个同乡，叫谈木泉的。他年少的时候，做过看门的保安，长得极帅，书法也写得不错。

后来，他到了京城。恰好碰到世庙做法事，于是被聘为祭祀官，因为帅，能力又不错，皇上很喜欢，他的官，一直做到工部左侍郎。

他母亲去世，要求回家守孝，皇帝不许，于是只好请假回去葬母。

谈回家，脱下了孝衣，每天披着皇上赐给的蟒袍，和妓女玩耍。他所穿的袍，在衣肩上特地又绣了一只玉手，这只手就是他的手啊，说是曾被皇帝握过的手。

这还不算，谈回家，对那些县官州官，还有有身份的人，统统不放在眼里，且常常欺侮他们。

假期已到，谈乐不思蜀，不回去上班，皇帝命令下了好几次，他都不理。皇帝很生气，派人将他抓回，一审，后果很严重，不法不孝之事还这么多，直接拉到西市口，砍了！

（明　沈德符《万历野获编》卷二十一，《同邑二役》）

谈木泉的得意之处在于，皇帝宠他，自我感觉良好，他知道自己能干，许多事情，皇帝离不开他，如果没有他，那些事根本做不成，他把自己当成了天下第一，不，是天下唯一。那么，约束对他来说就是多余的，而没有约束，别人也不敢约束，后面可怕的结果他自己肯定没工夫去想。

看看他的显摆。我这只手，可是皇帝握过的，你们来握吧。你们握我的手，就是握皇帝的手；你们握我的手，算是我看得起你们，也是皇帝看得起你们！

呵呵，他就差点把自己当皇帝了。

小人得志，并不可怕，有本事嘚瑟一下，人之常情，怕的是他会忘形，这很有可能会送掉自己的性命！

# 卷二十四

只收柴草的县长

# 竹木长短任由它

建隆年间，有个管理竹木的监官，担心堆在场地中的材料长短不齐，于是打了个报告，要求按长短截齐堆放。

宋太祖在报告上指示：你的手指头和脚指头，有没有长短呢？为什么不将手指头脚指头截得一样齐整？长的任由它长，短的也不要管它有多短！

这份报告，宣和年中，我的亲戚还看到过原件呢。

（宋　朱弁《曲洧旧闻》卷第一）

这应该是实事求是的典范。

宋太祖知道，如果要整齐，那会损失不少材料，木桶原理告诉他（哈，美国管理学家彼德发明的木桶理论，显然没有我们早，大宋朝的皇帝老早就知道了），整齐取决于最短的那一根，而不是最长的那一根。

显然，宋朝的材料管理还没有形成大规模，如果大规模，分类堆放，那也是做得到长短齐整的。

那竹木管理的监官，也是一个追求形式的官员，只想外表好看。

看来，形式主义在哪个朝代都有，并不是新生事物。

# 金子巷的来历

山阳郡城，有条金子巷，众人都不知道它是怎么来的。

朱作家经过采访得知了这样一个传说：宋太祖随周世宗打楚州，遭到全州的顽强抵抗，好久都没攻破。后来，城被攻克，周世宗命令屠城。

宋太祖经过这条巷的时候，看见一个断头妇人倒在道旁，而她身体下有个孩子在吮奶，太祖心生怜悯，返回将小儿抱起，并请了奶妈将其养在巷中。这条巷所有的居民因此得以获免，大家于是叫它因子巷。年代久了，七传八传，就变成了金子巷，这个典故却很少有人知道。

（宋　朱弁《曲洧旧闻》卷第一）

到我写这的时候，我还没有在影视中看见过这样残忍的镜头。

战争的残酷，从这个细节中得到了淋漓尽致的表现，乳儿在吃奶，吮着的却是断头妇人。为什么会这么没人性，将乳妇砍头？一种解释是，军人在执行皇帝的屠城命令。

这个周世宗，注定要短命的。此时，赵匡胤还是周世宗的殿前都点检呢。

人性在适当时候充分显现，赵匡胤是好心有好报。

# 纸扇的意义

哲宗皇帝上专题课，课程结束，赐座，然后，照例要赐扇子。文潞公见哲宗手中拿着纸扇子，于是率群臣称贺。

宣仁太后听说这件事，高兴地说：这些大臣真是和别人不同，十分用心。当天晚上，太后问哲宗：你知道那些大臣向你称贺的意思吗？用纸扇子，是表示人君节俭的美德，君主节俭，国家就会富裕，国家富裕，则百姓就会富裕且长寿，这些大臣不只是称贺你啊，也是在为老百姓称贺呢。

（宋　朱弁《曲洧旧闻》卷第二）

对皇帝来说，使用任何东西，都是一种风向。

和精美的锦帛扇相比，纸扇的成本无疑是极小的，有时甚至不及十分之一，如果单单是皇帝个人使用，也不见得会有多少奢侈，但是，它是风向，这种风向传向民间，那它就有标志性意义，看看，连皇帝都在用纸扇，我们还有什么更多的理由去奢侈呢，扇子不就是扇扇风吗？

且，扇子也只是一种消费品，如果扇子开了个好头，那么，有很多的日用品，都可以参照的，能俭朴就俭朴，能节约就节约。以此类推，更有很多的领域可以推广，衣食住行，吃喝拉撒，太多了。

嗬，这只是一种简单推理，要是纸扇，真能带来这么多的意义延伸，那真是太让人高兴了。

# 校对如扫尘

关于校书，龙图阁大学士宋次道有这样的观点：校对书籍，就如同打扫灰尘一样，随时扫随时都有。他家的藏书，都校对三五遍以上，所以，天下的藏书，都以他家的藏书为善本。

宋学士曾经居住在春明坊，仁宗时，士大夫喜欢读书的，多愿意在他家边上找房子住，为的是借书方便。当时，春明坊那儿的房价租金，常常要比别的地方高出一倍。

陈叔易经常对我说起这件事，一说完，总是感叹：这种风气，再也看不到了啊！

（宋　朱弁《曲洧旧闻》卷第四）

先说差错。

校书如同扫灰尘，随扫随有。一千年前的观点，还是说到了校对的要害处。

无错不成书，迄今为止，世上好像还没有一本没有差错的书，书中的差错就如同那阴魂不散的鬼魂，布衣我也是深有体会。无论哪一校，无论过了多少人，仍然有差错。

曾有杂志夸下海口，他们的杂志没有差错，不想，却是错得不少。

万分之三，出版管理部门规定的报纸差错率，法定的，这说明，差错应该有合理的存在。

再说读书。

这样认真的宋大学士，他的行为，就成了读书人的榜样。读书要读他家的书，因为他家的书差错少，做人要做他那样的人，因为他是读书人的楷模。房价算什么，那都是身外之物，读好了书，什么钱啊财啊名啊，统统都有了。

宋学士有点像今天的各类名校，名校边上的房子，无论多旧多小，价格总是连年上涨，离谱得让人匪夷所思。但，那时的人们，追的是读书名人。毗邻而居的意思很明白，是为了经常能向他学习。

唉，难怪陈叔易要感叹了，在宋朝那个时候，这种现象就没有了。这真是一种难得的现象。

无论什么时候，将读书人当作明星追捧，都是一件值得效仿的好事！

# 一只蚂蚁的启发

苏东坡被贬海南儋耳，一时心情坏透。戊寅年九月十二日，与客人饮酒微醉，随手将感受写在一张纸上。

这段著名的感受，内容大致是这样的：

我刚到海南岛时，环顾四面大海，无边无际，凄然悲伤：什么时候才能够离开这个岛呢？一会儿又停下来想到，这天和地，都在这积水中，九州也在这大海中，整个中国也在这大海中，难道还有谁生下来不在岛上的吗？

把一盆水倒在地上，小草叶浮在水上，一只蚂蚁趴在草叶上，茫茫然不知道漂往哪里去，过了一会儿，水干了，蚂蚁直接跳下草叶就跑掉了。蚂蚁见到同胞，哭着说：我差点再也见不到你们了！哪里知道，一会儿工夫，情况就突然变化，我的眼前就出现了四通八达的大道了。

想到这里，真是可以笑一笑的。

（宋　朱弁《曲洧旧闻》卷第五）


再大的名人，再有思想的哲学家，碰到不如意的事情，都会有心结，纵然这个坎迟早会过去，但毕竟有坎。

苏东坡面对那一望无际的大海，绝望感油然而生，这个坎，就是绝望，他不知道什么时候才能走出这汪洋大海。

毕竟是哲人，他马上就推理出来了，所有的人，其实都处在大海中，谁也不能例外。这样一想，就有点释然了。

然后，他做了个实验，弄一盆水，水里放几根小草，再将一只蚂蚁放在小草上，哈，那蚂蚁就处在汪洋大海中了。蚂蚁面对无际大海，也感到很绝望，四海茫茫，怎么能跑得出这片海呢？突然，水没了，蚂蚁从草上跳下跑走，蚂蚁见到同伴的哭诉，正好是苏东坡自己内心的真实写照。

这种感想，说到底，也没有多深奥的道理，只是由景而生。

一只蚂蚁救了苏东坡，虽然是酒后感想，却让他卸下了沉重的思想负担。

# 精简机构也要实事求是

淳化年间，有一县官上书，要求皇帝精简宫中办事人员。

宋太宗对宰相讲：小官也敢对我皇帝内宫中的事提建议，精神可嘉。但是，内宫现有给事二百人，都是各有任务，连卫生保洁都算在内了，并没有空闲人员。如果要精简，很多工作就会没人做了。那县官离我们比较远，并不知道皇宫内情。

宰相想要根据有关法度，治那县官乱提意见罪，太宗不允许：如果以言论获罪，那么后世会怎么看我呢？宰相很惭愧。

（宋　朱弁《曲洧旧闻》卷第七）

这里讲了两层意思。

一、提建议的权利。县官都可以给皇帝提建议，任何人都可以给上级提建议，不管建议正确不正确，都要给提建议人权利，如此，才可知无不言，言无不尽。

二、实事求是原则。县官可能是根据想象和传说，认为皇宫机构臃肿，人员众多，那样会耗费许多国资民财，加重百姓负担。但宋朝初期的几个皇帝，还是相当自律的，人员控制得很好。

哈，皇宫内，适当的排场还是需要的，只要不过分，有时，事关国威、国家礼仪呢。

# 只收柴草的县长

王明做郓陵的县长，以廉洁自律出名。

王明到任时，当地百姓按旧例送东西给他。王县长都不收，只对他们讲：你们实在要送我东西，就送柴草好了，请集中堆放在某某地方，其他东西不需要。

久而久之，柴草堆成了山，老百姓都不理解王县长为什么要收柴草。

七传八传，王县长收柴草的事传到了皇帝的耳朵里。宋太祖派人调查研究，知道了事情的原委，王县长到任后，就开始修筑大堤，这些柴草，是防止发大水用的。

没多久，王县长就被提拔了。

（宋 朱弁《曲洧旧闻》卷第七）

王明的确是个好县长。

郓陵这个地方，县官极可能有贪财的传统。

苦的是老百姓。我不理解的是，为什么会有这个旧例？细分析，不外乎三种原因：一种是当地曾经出现过爱民如子的好官，此官离任时，百姓自发送别，还赠了许多自家生产的各类土特产；另一种是，当地的官员，一直在占老百姓的便宜，经常会想出各类敲诈的办法，但总是有堂而皇之的借口，弄得百姓有苦诉不出；还有一种是，此地民风淳朴，对于外来客人，一律热情招待，倾其所有。

无论哪一种原因，都不适合王县长，他只遵循为百姓服务的理念。

王县长机智。他知道，明显拒绝，既是打破惯例，也不利于他马上要开展的工作，于是想到了此地最严峻的工作，就问他们要防洪最紧缺的东西。如果明派任务，有些人说不定还不愿意呢，这样就给了人家一个拍马的机会，不管怎么样，我送过东西给县长了。

和被揪出的有些"清廉"贪官比，他们表面上也不收东西，却收字画啦玉器啦什么的，那种雅贪雅腐，和王县长实在比不得。想着老百姓，还是想着自己，区别就这么简单。

# 卷二十五

毒药库也不要了
苏轼考试也"作弊"
宋徽宗和蔡京制造的一起冤案
睡觉时胡须放在什么地方

苏轼考试也"作弊"

# 毒药库也不要了

政和初年，国朝形势一片大好。皇宫大内后拱宸门的左边，有一间仓库，没有名字标记，只叫它苑东门库，这是朝廷放毒药的地方。

仓库由内宫和外官共同守护管理。药都是两广、川蜀一带，每三年一次进贡来的。药分七等，野葛、胡蔓皆有，鸩毒排在第三，施刑法时，将药放在犯人的鼻子前闻一下，立即就死亡。

有天，宋徽宗视察到此，问了情况后，下了个命令：根据仓库毒药使用次数看，自建隆以来不曾有过。这些毒药，都是前朝用来杀那些不规矩官员的，我认为，如果官员犯了死罪，应该向天下昭告，然后执行死刑，不适宜悄悄用毒药。各地都要停止进贡这样的贡品，现存毒药，统统放到远郊，焚烧埋弃，并做上标记，牛畜什么的不要碰它。

（宋　蔡絛《铁围山丛谈》卷第一）

毒药只是执行死刑方法之一种，但执法程序上还是有问题，悄悄地干掉，所以要废除。

贡品不一定是进贡名优特产，连毒药也要进贡。我们经常会在影视剧中看见，太监或什么的小喽啰，拿着毒药，公开或偷偷地执行皇帝的命令。威严宣布旨令，当事者绝望愤懑的眼神，被逼着喝下，立竿见影，场面血腥。

我们好多人只知道鸩毒，可它只排第三。

现任执政者认为，官员犯了死罪，应该公开，悄悄弄毒药干掉，没有惩戒作用，所以，在一个富裕和谐的社会中，毒药就没什么用处了。

李世民对死刑管控得极严，贞观元年，他就规定：凡死刑都要让中书省、门下省、四品以上官员及尚书九卿共同决议，禁止滥用刑罚，严格避免冤案。从贞观元年到四年，全国一共只有二十九人被判为死刑。

死刑执行得越来越少，且要让被执行案犯没有痛苦，自古以来，这些都是衡量社会文明进步的重要标尺。

# 苏轼考试也"作弊"

苏轼，曾和他弟弟苏辙一起参加考试。

有一道题，苏轼始终理不出个头绪，忘记了出处，实在想不起来。他对着考试桌长叹，并且老是朝苏辙看。苏辙知道哥哥的意思，把毛笔管横过来，东看看，西看看，若无其事的样子，然后用嘴巴对着笔管吹吹气。

苏辙这个小动作做过之后，苏轼马上悟出来了：哎呀，我怎么没想到呢，这句话不是《管子》里的吗？

（宋 蔡絛《铁围山丛谈》卷第二）

名气再大的文人，也有糗事，权当有此事，这也算是苏轼人生中不光彩轶事之一桩吧。

不知道这苏氏两兄弟参加的是哪一场考试。第一场，二十一岁的苏轼和十九岁的苏辙一起考，主考欧阳修看着苏轼的大作，以为是他学生曾巩所作，为避嫌，给了第二名，苏辙列五甲。三年后，宋仁宗又搞了个"贤良方正能直言极谏科"选拔考试，苏轼得二等（最高），苏辙得四等。这场考试，笔记里记载着极有趣的段子，开考前，苏辙突然身体不好，宰相韩琦听说后报告皇上：这苏氏兄弟都是人才中的人才，要是弟弟没参加，肯定是一件遗憾事，不如等苏辙病好了再考吧。于是，这场考试足足往后延了二十多天。

其实，这样的作弊也算天衣无缝，只打了下哑谜而已。而古代考场上，也还有许多离谱的作弊案例，将例文抄在衣服里子中，穿在身上，或者用细楷抄好塞在衣袖里，形形色色，有趣得很，就如现代，平时学习不用心，就会在作弊上用心，必然的。

科举考试，其实就是死抠经典，什么都要引经据典，假大空的居多。唐代的元稹，就将时文准备起来，集成册，那些屡败屡战的考生奉为经典，如果运气好，背流利了，有可能会改变命运的。

所以，苏轼的作弊，也挺有趣，无奈中透着机智。

# 宋徽宗和蔡京制造的一起冤案

政和甲午年间，有人告状，说某某将其父亲杀害，天府狱将犯人材料报上去，宋徽宗和宰相蔡京，都以为是大耻辱，这不是给我朝大好形势抹黑吗？他们层层批示：不要声张，悄悄执行死刑。

七八年后，案犯的老父亲跑到高等法院：我外出很久了，听说有人诉我儿子杀我。我回来不见了我儿子，我害怕你们审案机关将我儿子杀了啊！如果真是这样，你们说怎么办呢？

于是，天府狱都感到事情闹大了，不好收拾。此时，蔡京已经退休，而审理这个案子的一些官员，也都调走的调走，升迁的升迁，皇帝呢，也不那么管事了，整天花天酒地。

（宋　蔡絛《铁围山丛谈》卷第二）

这父亲肯定得不到公正的答案。

这父亲的儿子肯定冤死。

皇帝和重臣定的案，能翻得了？不可能，只有皇帝自己可以翻案。你见过有多少皇帝会翻自己的案子？显然不太可能。

草菅人命的事，哪个朝代都有，冤案都以各种方式呈现。但不管什么朝代，都有各种堂而皇之的理由，事后看，这些理由都可以用一个个小细节击破。

和呼和浩特毛纺厂年仅十八周岁的职工呼格吉勒图相比，河南商丘的赵作海，是幸运的，说赵杀人，后来，罪犯抓到了；呼格吉勒图杀人，后来，罪犯也抓到了，但小伙子呼像宋朝那儿子一样，已经远逝人间。

案子真相大白后，总令人唏嘘不已，的确，司法不公，才是最大的不公，百姓喜欢包青天，因为包青天常常能给人以青天。

补一句，替作者蔡絛赞一下。他是蔡京的儿子，也不是什么好人，尽管他的《铁围山丛谈》中有不少为他老爹美化的地方，但仍然有阅读的价值，如此将老爹所做的恶事给抖搂出来，也算是一种良心的显示吧。

# 睡觉时胡须放在什么地方

我（作者）的堂伯父蔡襄，人称美髯公。

有天，宋仁宗看见蔡襄的胡子，突然就问蔡了：你那一脸的胡须真漂亮，我问你，晚上睡觉时，你是怎么处理胡须的？是将胡须放到被子里面呢，还是将胡须放到被子外面？蔡襄一听，哈，一下子竟然回答不了：胡须到底是放外面还是里面，我自己也不知道呢！

蔡襄回到家里，晚上睡觉时，一下子就想起皇上问他的话，将胡须先放到被子里面，感觉不妥当，又将胡须放到被子外面，又感觉不舒服，里面，外面，放进放出，竟然一夜都没有睡着。

（宋　蔡絛《铁围山丛谈》卷第三）

对男人来说，胡须的事，并不是小事。胡须里充满了学问。

《康熙字典》里，就这么详细分类：胡须在上唇，称"髭"，下唇，称"须"，颊旁的，称"髯"，下巴上的，称"胡"。复杂得很。

我也好奇呢，那长胡须是怎么安置的？我估摸着，结果只能是，里面外面都有，有时里面，有时外面。睡觉时，先放外面，睡着了，一个翻身，就到里面了。

类似的问题，还可以有趣延伸：比如，走路时，你是先迈左脚还是先迈右脚呢？比如，熊猫是"熊"还是"猫"？

有些事情就这么奇怪，无心变成有意，一下子还真说不清，说不清，就想要去弄清，这样就费神劳心了。

睡觉，其实是不需要管胡须的，这就是一种习惯，当要改变习惯时，一定会很难受。当然，睡不着应该是小事，不至于害了性命，无事烦，自扰的。

不过，也可以将宋仁宗的发问，看成某种科学发明者的好学之问。世上有许多发明，初看其实也是无聊，细究下去，却挖出了大萝卜，牛顿被树上的苹果砸了一下，就是极好的例证。

打趣一下，太监有一点好，没有胡须放内放外的烦恼。

# 卷二十六

米从哪儿来

# 十道考试题

天圣八年，仁宗皇帝亲自在崇政殿主持考试，题量挺大的，问题有十道：

一问：戊不学孙吴，丁诘之，曰顾方略如何尔。

二问：丙为令长，无治声，丁言其非百里才。壬曰，君子不器，岂以小大为异哉。

三问：私有甲弩，乃首云，止槊一张，重轻不同，若为科处。

四问：丁出，见癸缧系于路，解左骖赎之，归，不谢而入，癸请绝。

五问：甲与乙隔水将战，有司请逮其未半济而击之，甲曰，不可。及阵，甲大败，或让之，甲不服。

六问：应受复除而不给，不应受而给者，及其小徭役者，各当何罪？

七问：乙用牛衅钟，牵引过堂下，甲见其觳觫，以羊易之。或谓之曰：见牛不见羊。

八问：官物有印封，不请所由官司，而主典擅开者，合当何罪？

九问：庚请复乡饮酒之礼，辛曰，古礼不相沿袭。庚曰，澄源则流清。

十问：死罪囚，家无周亲，上请，敕许充侍。若逢恩赦，合免死否？

（宋　曾敏行《独醒杂志》卷第一，《仁宗殿试拔萃科问题十通》）

这些题目，都是文字题，其材料也含了很多的题型，有侧重管理才能方面的，有对道德要求自律的，更有多题是司法方面的。司法的题目多，应该可以理解，这些考生，将来要到各类机关去任职，尤其是到地方去做官的，一定要审理各式各样的案件，没有一定的法律基础，肯定胜任不了。

当然，这么多题目，估计不用详细回答，否则做完这些题，要等到什么时候？皇帝亲自监考，坚持不了那么久的。

科举考试，重的是典有出处，如果考生不熟读经典，就不知道出处，即便知道字面意思，也不会答得满意。

试解释两题。

第五问：甲长官带领的部队和乙长官带领的部队，将要展开决战。乙部队是渡河而来，而且是强敌，甲方参谋长给长官出主意：我们等他们渡到一半时，或者还没有达到岸边时，就攻击他们，他们一定措手不及，我们一定会取得胜利。甲长官连连说不行的不行的，这样显得我们不遵守规矩，要被人家嘲笑。等到乙部队顺利渡河，调整好队伍，两边正式开打，甲部队大败。有人责怪甲长官，甲长官还不服。

对这样的事，怎么评价呢？显然是两方面的，甲长官又对又不对，对的是他能遵守规矩，错的是他墨守成规。

第七问：工作人员乙要杀牛以血涂钟行祭，他牵着牛经过大堂时，主人甲看见牛在发抖，就命令用羊代替。有人对这件事评论道：这是看见了牛而没有看见羊。言下之意就是，羊也是动物啊，也有生命的，你要发慈悲，应该对所有的动物都一个态度，而用羊不用牛，显然是小气了。

甲主人的态度，确实是见牛而不见羊。而对这种行为，考试官显然想得到更理想的答案，君子，在任何时候都要讲修身，而不仅仅是看得见的地方，如果仅仅是看得见的地方，那就是装样子，装给别人看的，就如见了牛同情牛，见了羊也会同情羊的。这不是真正的同情。

其实，这两道题，都有出处。

第五问出自《左传》，讲的是比较著名的宋楚泓水之战。宋襄公还是比较厚道的，在自身实力明显不如强敌的现状下，还要遵守某种战争传统，这显现了古代贵族的一种遗风，可敬可佩。

第七问出自《孟子》，那主人甲就是齐宣王。老百姓以为齐王是吝啬，但孟子对齐王这种行为表示赞赏，这是仁义的表现。君子看见活的动物，就不忍心见它死去，听过动物的声音，就不忍心吃它的肉，所以，君子必须远离厨房。

十道题目，一段完整的科举史料。

我们仿佛听到，考生在大殿里抑扬顿挫的回答声，或志在必得，或踌躇满志，皇帝呢，一边摇着羽扇，一边点头认可。哈哈，考别人的感觉真好，心里美滋滋的。

# 王安石拍马

王安石的新书《诗经义》写好了，宋神宗很想先欣赏一下。

皇帝先读序言，序言还没读完，就和王宰相讨论了：你将我的功德和周文王相比，实在不敢当啊！

王解释：陛下您每日道德修身，从谏如流，和文王相比，有什么好惭愧的呢！

皇帝说:《诗经》中所说的"陟降庭止"之类（日夜勤政求成功），我怎么能做得到呢？

王安石笑笑：人都可以成为尧舜的，陛下您就不用谦虚了！

皇帝还是一个劲地摇头：不行，不行，不如改掉吧！

（宋　曾敏行《独醒杂志》卷第一,《神宗不敢比德文王》）

王安石，也算正直的名士了，还要拍皇帝的马？要的，社会一向如此，宰相也不例外。从对话中，可以体会，也许王安石真这么以为，现在的皇帝这么支持我的工作，这么大力度地支持改革，且又谦虚谨慎，应该不比周文王差。史家就喜欢直言嘛。

说王安石拍马，集中在两点：

他对神宗治理国家的表现高度概括；当神宗自谦时，他又将"人皆可以为尧舜"做大前提，似乎是在说服皇帝。但这个大前提，依然没有说服皇帝，反而显出破绽：人皆可以成尧舜，我皇帝自然也可以成，你王安石也可以成，所有的官员都可以成，所有的百姓也都可以成，你这是在夸我吗？

再说宋神宗，被王安石歌颂得有点不好意思了：我不就是做了点应该做的小事吗？我是不可能和周文王相比的，几斤几两，我自己知道！

历史自有后人评价，皇帝比谁都清楚，王安石也很清楚，只是，人在江湖，确实身不由己啊。那神宗，人处高位，被吹得拍得久了，也成习惯，溢美之词，听着总是让人舒服，极度舒服。

人性的弱点和软肋，无处不在，古今皆同，只有后来者，或者旁观者，才会比较清醒。

# 天注定还是官家定

有天，宋仁宗一身轻松，在宫中，信步闲庭。

忽然，他听到厢房外有争吵声，就走近仔细听了，是两个卫兵的声音。

甲兵说：人生富贵不富贵，都是命中决定的。

乙兵反对：不是的，今天做宰相，明天被贬为老百姓；今天是富翁，明天被官府抄家，人生的富贵，一切都在官家。

两人观点不同，谁也说服不了谁，所以争吵。

宋仁宗还是很有心的，他将甲和乙两人的相貌名字都记下了。

有一天，皇宫里传出一个金盒子，封闭得很好，上官交代乙兵，立即送往内东门。乙兵快要送到时，突然胸腹剧疼，不能忍受，他又害怕迟到，此时，他正好碰上甲兵，就急急地托甲代送一下。

盒子送达，守门官打开盒子，里面是一张皇帝的批条：送盒子的人有功劳，可以保明补官。正在阅读批条时，乙赶到了，见此好事，急忙争辩：是我得到命令送盒子的，快到达时，我肚子突然痛，甲只是代我送了一下。

这显然是多出来的情节，没想到这么复杂，守门官只好报告皇帝，怎么办？送达的已不是原先那个乙了。皇帝下令：应该是送达的人。

甲兵于是补官。

（宋　曾敏行《独醒杂志》卷第二，《仁宗闻二卫士争辩》）

宋仁宗只是在验证一下自己的功力。

从他的安排看，显然是赞同乙兵的观点。事情就是这样嘛，我让谁贵，谁就贵，我让谁富，谁就富。一切权力皆在我官家。

于是他就精心安排了这样一场小局，来印证自己观点的正确性。我猜测，他甚至还设想了以后的细节，看看这个乙的表现，他如果官做上去，做得好，就再升他，有能力，一直升，当有一天，他的官职够到朝堂来议事时，我就将这个事情挑明，看他的反应，那一定很好玩。

然而，事情却出了意外，这个意外也很简单，没什么大不了的，我不是写着的吗：送达者给官。乙没有送达，而突然冒出来这个甲，更加证明了我的观点，让谁贵就谁贵。

这样的结局，一般人会更加认同甲的观点，富贵是命中注定的，天注定，本来就是乙的，他怎么就得到了呢?

哈哈。其实，甲的观点就是乙的观点，两者你中有我，我中有你，谁也说不清。

命由我作，福自己求。一切的成功都是努力而来，这才是积极的人生态度。

# 米从哪儿来

蔡京的孙子们，生活一向无忧无虑，衣来伸手，饭来张口，根本不知道劳动的艰辛。

有一天，蔡爷爷和孙子们开起了玩笑：你们整天只知道吃饭，谁能告诉我，这米是从哪里来的？

一孙子急忙答道：米是从石臼里春出来的。

蔡京哈哈大笑。

另一个孙子慢腾腾地更正：不对，我看见米是从席子里舀出来的。当时京师运米，都是用席子做成的袋装着的。

（宋　曾敏行《独醒杂志》卷第十，《蔡京诸孙不知稼穑》）

官宦人家的孩子，不知稼穑之辛，基本上是普遍现象。

蔡大人高居相位，从他的角度看，也是在忧国忧民，下一代这么不懂事，还怎么接班呢？我这么忙碌操心一辈子，为的是谁，不就是为子孙吗？

他以自己的亲身经历，时刻告诫自己，富不过三代，太有道理了。如何才能让蔡家长久的大好形势保持下去呢？唯一的办法，只能从继承人上着手，要是将来的继承人，都能像他一样，深深爱惜权力，并深知权力带来的巨大好处，那就必须努力再努力，做一些必要的体力劳动，这是苦其心志劳其筋骨的好办法。子孙们唯有吃过苦，才能吃得了苦；唯有吃过苦，才知甜中甜。

显然，这并不能全怪子孙们。其实，他的孙子们也是看见过劳动场景的，仆人们将稻谷春成米，仆人们将米抬进仓库，米不就是这样来的吗？要怪蔡的儿子们，怪他自己，忙于权力的纷争，忙于奢侈的享受。

时光在延续，现代，许多普通人家的孩子，也不知道米是从哪里来的。明代宋应星说的稻要经过八种灾难，种子入仓、撒播、鸟灾、成活、虫灾、烧禾、水灾、狂风阴雨，这样才能变成米，不过，这已经没有多少人记得。

说到底，不知道米从哪里来，也是一种能力的缺失，一种人类自我更新能力的缺失。

# 卷二十七

历书奇迹

角力定状元

东坡也喜欢拍马

角力定状元

# 历书奇迹

沈元用将参加殿试。

有一天，他在街上，忽然发现，一卖旧东西的货郎担上，有一个小布书套，他拿来一看，是本历法书，他就花十余钱买了回来。临考前，闲着无事，他将历法书仔细读了，一直读完。

没过多久就考试了，令他没想到的是，廷对时的策问，就是关于历法的。元用一向对历法没研究，一开始还有点茫然。马上，他就想起了刚刚研读过的历法书，因为是才读过，记忆犹新，对答时就很流利。

元用的回答，与标准答案非常符合。

考试全部结束，宣布结果，他得第一名。

（宋　王明清《投辖录》，《沈元用》）

都说考试带有偶然性，但偶然寓于必然之中。

这里的必然是，沈元用喜欢读书。如果不是对书的特殊爱好，他就不会对货郎担上的小布包注意，如果没有每天阅读的习惯，他就很可能错过。

展现在我们面前的有趣场景是：一个即将大考的读书人，躺在床上，百无聊赖，随手在翻一本历法书，嗬，读书虽然多，历法知识还是欠缺呢，而这些，好多是生活中会碰到的，还算有趣，一直读，一直读，在放松的心态下，记忆更加深刻，这本小历法书，给他留下了深深的印象。

古人对书的爱好，有时我们都无法想象。

南宋四大诗人之一的尤袤就说，吾所抄书若干卷，将汇而目之。饥读之当肉——饿的时候读抄来的经书，就好像吃肉一样；寒读之当裘——冷的时候读就好像身上披棉衣一样；孤寂而读之当友——孤独寂寞的时候读书，就像是朋友来了。

读书时嫌累嫌烦，但常常是书到用时方恨少，而好读博读的结果是，说不定什么时候，如沈元用一样，就一下子用上了。所以，喜欢阅读的有心人，他不会放过任何一个获得知识的机会。

# 角力定状元

宋咸茂谈录云：祖宗以来，殿试考三题，先交卷，没有污点，各项科目都好，这样的考生才有可能得状元。

开宝八年的廷考，考生王嗣宗和陈识，同时交卷。赵匡胤决定，两人角力定第一。结果，王嗣宗胜了，拿到了状元。

后来，王状元做长安的长官，种放辞官回到终南山隐居。

有一天，王长官去拜访种放，种放让各位侄儿出来迎接，王长官非常傲慢，种放认为王不懂礼节，就讽刺了王。

王很不高兴：你教这些孩子的时候，我已经拿到状元了。

种放回击：我怎么会和"角力"的争高低呢，没必要！

这件事情，最后传到了皇帝那边，皇帝下诏，种放还是迁到洛川去居住吧，以避免不必要的冲突。

（宋　王明清《玉照新志》卷第四）

也许是宋朝初建，各项规定执行得还不是很到位，像状元这种事，本来就是皇帝临时监考的，出现各种各样的意外，很正常。

和规定出现了冲突，角力解决，就如现在的足球赛，在规定的时间内，平局后，点球定输赢。每每出现这样的场景，总是让人紧张和揪心，因为太残酷。

状元考试，比的是智力和文章，而最后靠的是角力，这就加上了滑稽的色彩，这样得来的状元，是要让后人笑话的，种放的讽刺，就是民间舆论场的一种反映。

如果，一个人既有知识，体力又好，那一定更受人欢迎。

现代教育要求学生要德智体全面发展，这显然是将文武状元合而为一了。

不过，关于这场角力，我还听到过这样一个版本：得状元的那位，很有心计，另一位竞争者是个秃子，头上戴着顶帽，状元冲上去将对方帽子一把拿下，对着赵皇帝讲：我将他的帽子掀翻，我赢了。赵皇帝认为他机智，就选他做了状元。

如果这个版本成立，那这位状元也真是个人才了！

# 东坡也喜欢拍马

东坡先生南迁北归，到达毗陵时，久旱得雨，有个叫袁点思的乡人，写了一首绝句吹捧：青盖美人回风带，绣衣男子返云车。上天一笑浑无事，从此人间乐有余。

袁点思还将诗写在条幅上，送给苏东坡指正。东坡非常高兴，为之重抄了一遍，并写了亲笔信送给袁。

东坡为袁点思抄的诗和信，至今刻石收藏在袁家。

（宋　王明清《玉照新志》卷第五）

说实话，这首诗写得不怎么样，美人啦，绣衣男子啦，俗，也没什么诗意，却是专门为东坡写的，东坡为久旱的毗陵带来了喜雨。

东坡肯定知道，他不可能带来雨，他又不是龙王，即便是龙王，也不一定会带来雨的，只是巧合嘛。

东坡肯定还知道，袁点思的诗，实在太一般了，但是，这可是人家的一片心意哎，作为自己的忠实粉丝，这样的人还是以鼓励为主。

多少拍马阿谀的文字，都随历史灰飞烟灭了，但仍然有人要写，因为有人喜欢，而且，这样的文字会以各种形式巧妙出现，并代代相传。

前段时间，我到浙江诸暨采风，去了著名画家王冕的故里枫桥，王以"只留清气满乾坤"的正直清高著名。然而，在《儒林外史》中，却有一节写了王的庸俗、人格低下的一面。王冕小时就胸怀大志，才华横溢，却怀才不遇。后来，他见到了"真命天子"朱元璋，十分振奋，于是作《应教题梅》诗以吹捧：猎猎西风吹倒人，乾坤无处不生尘。胡儿冻死长城下，始信江南别有春。末句，吹捧当时朱元璋辖下的江南，如春天般温暖、光明，与前三句的险恶环境形成鲜明对比。朱元璋龙颜大悦，立即授王冕咨议参军的官职。

袁点思的诗，果真随东坡一起永垂不朽，就如李白那《赠汪伦》一样，即便汪伦只是偶然的一个酒客而已。

# 卷二十八

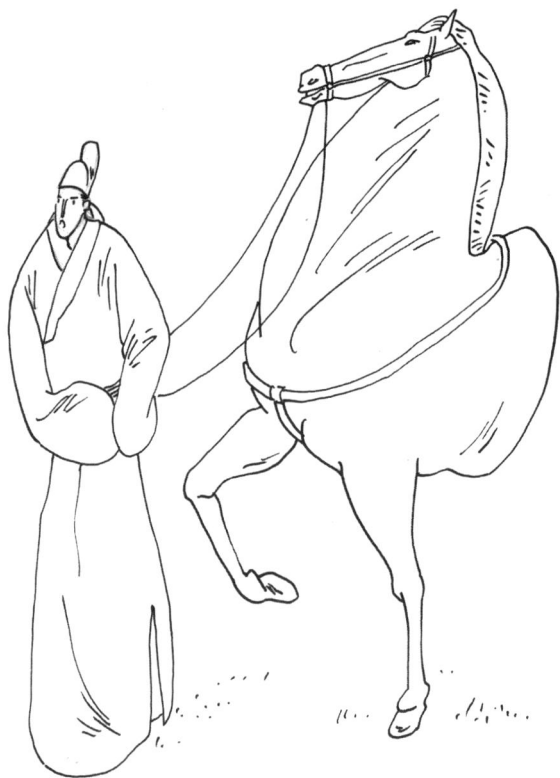

马半匹

# 马半匹

建炎之后，国家财政穷极。一般的赏赐都废除了，只有官员升迁，还有日常衣物及鞍马的赏赐，但也是减半。

绍兴二年，黎确由谏议大夫升吏部侍郎，皇上赏赐的东西有：马半匹，公服半领，金带半条，汗衫半领，裤一只。

（宋　庄绰《鸡肋编》卷中）

如果只是一般的贫困，朝廷断不会做出如此没有面子的事情。

公服、金带、汗衫、裤，都可以一半，但马不能分开，因此，这种赏赐只是按职位需要，计算成金钱罢了。

其实，贫困的财政，也可以换一种思路。

吏部侍郎一定要配有专车（马，相当于专车吧）吗？如果不是外事需要，服装什么的一定要配吗？整齐划一，难道就显示出朝廷的威严了？

古今的官员，一定知道，他们的俸禄来自百姓的税赋，但是，在使用上，不一定记得起，否则就不会大手大脚了，或者一味抱怨了。

# 南宋的一次观潮事故

绍兴二年，农历八月十八，钱塘观潮，人如潮涌。

钱江堤岸，有两丈多高，上面堆积了很多的柴草，观潮的人都坐到柴草上面。忽然，大风推着数丈高的潮头，汹涌而来，一下子摧毁了堤岸，冲倒了柴草，有上百人被巨浪卷走。

（宋　庄绰《鸡肋编》卷中）

中秋节后，暖风习习，杭州人的一个重要节日，就是看钱江潮。

三五成群，携亲带友，堤岸上的堆柴处，自然是制高点，能清楚而又生动地看潮的舞蹈。

然而，人们并不能准确地预报潮的大小，只能凭印象和感觉。

因此，亲近的同时，也随时面临着威胁。这种威胁，人们往往没有什么感觉，因为也是数年数十年才会发生。

一九九三年十月，钱江潮发威，浙江萧山美女坝地段，十九人死亡，四十人下落不明。

潮平两岸阔。

潮涨狰狞目。

温柔水一旦变成大浪潮，是要十分小心的。

# 水泡记

庄绰说，他家的旧书堆里，有一部吕缙叔的《夏卿文集》，文集已经不完全，书中有《淮阴节妇传》，故事一波三折，有些现实教育意义。

有一妇（我们暂且喊她菊花吧），年轻美貌，对待婆婆非常孝顺，守妇德，品德好。

这菊花的先生呢，是个商人，一天到晚都在外忙生意。

和菊花丈夫一起搭档做生意的里人（我们暂且喊他吕不良吧），他们关系很好，共同出资，赚钱也平分，两家人经常走动，形同兄弟。

但是，吕不良早就看上了菊花，他正在谋划一个长久的计划，好让菊花跟了自己。

这一天，机会来了。

吕不良和菊花的丈夫一起过江，客人少，船上只他们俩。瞅准一个机会，吕不良就将菊花的丈夫一把推进水里。菊花丈夫不会游泳啊，不断地冒水泡，快要沉下去的时候，他对吕不良说：下次以这个为证，我一定会报复你的！

这吕不良见他沉下去了，才十万火急地大喊：救人啊，救人啊！水深江阔，人哪里还救得起来呢。

吕不良花了不少银子，才将菊花丈夫的尸体捞起来。他哭得很伤心，按兄弟的礼仪，为他备下制服并穿好，并买了昂贵的棺材装殓他。

吕不良于是扶棺回乡。

回乡后，吕不良告知了这次的意外事故。事故合情合理，滴水不漏。吕还将菊花丈夫的钱一分不少地奉上，并将本次他们合作做生意所赚的钱，全部给了菊花家。菊花自然悲伤万分，吕不良就承担了一切，诸如选择墓地、办丧礼等。葬礼办得很隆重，菊花一家十分感谢。

此后，吕不良每天都要到菊花家里去问候，有什么脏活累活，他都主动承担。重要的是，他待菊花的婆婆，也像对待自己的亲娘一样，耐心孝顺。

这样的日子，一下子就过去了一年。

菊花呢，因为婆婆年纪大了，不忍心离开她，自然对吕不良十分感谢，感谢他的兄弟情义。

吕不良，一个未婚青年，这么有情有义，婆婆看在眼里，喜在心里，她想，应该撮合他们，这样，自己也可以百年到老。

对婆婆的提议，菊花思考了一下，认为是最佳选择了。

于是，选了一个好日子，吕不良就和菊花成亲了。

你有情，我有义，吕不良和菊花的小日子美满得很，不几年，儿子女儿都有了，吕不良认为，这样的日子真是无比爽快呢。

有一天，突然下起了暴雨。吕不良独自坐在屋檐下，看见庭院里的积水不断地冒泡泡，就偷偷地笑。看见水泡怎么会笑呢？真是奇怪。菊花也发现了，她就问吕不良，怎么回事，吕当然不肯讲了，这是埋在心底的秘密呢，谁也不知道的。吕不讲，菊花就越加好奇，你到底为什么笑嘛！

菊花不断地发问，吕不良想，现在我和她，儿女都好几个了，我待她又这么好，她的心一定在我身上了，这件事，说给她听听，也没有什么关系吧。

于是，吕不良就很诚恳地对菊花说：我因为喜欢你，将你的前夫害死了。他死的时候，曾经指着水泡为证，喏，今天，我是看见水泡了，但这个水泡又能怎么样呢？所以我就笑了。

菊花听到这里，也呵呵笑了，她装出很轻松的样子笑了。

过了几天，吕不良有事外出。

菊花就跑到县衙去告状，告吕不良谋害她亲夫。

立即抓人。一审讯，吕不良什么都招供了，确实是我害了她前夫。

没有悬念，吕不良得到了法律应有的惩处。

事情过后，菊花仍然悲痛，她哭着说：因为我的美色，害死了两个丈夫，我还有什么脸面活在这个世界上呢？于是跳进淮河投水而死。

（宋　庄绰《鸡肋编》卷下）

这应该是一个悲剧。

悲剧的第一幕，是吕不良的色心害死同伴。

菊花丈夫如果真是意外事故，那么，吕不良显然是个道德君子。可惜不是，因此，他后来的所有行为，都是假装的，假装的原因就是极端的个人主义，为了满足自己的色心，竟然害死人。

悲剧的第二幕，是吕不良和菊花的爱情生活。

表面上的美满，实际上更反衬了故事的可悲性，菊花竟然和这样一个道德沦丧的人一起生儿育女。

悲剧的第三幕，是吕不良的自省。他认为，事情已经过去了，儿女一堆，菊花已经是他的女人，铁了心跟他。但后面的善良并不能洗清前罪，这种害死人的前罪必须用他的生命来偿还。可他，居然忘记了。

悲剧的第四幕，是菊花的自尽。三从四德的道德压力下，她无比痛苦，其实，这和她没一点关系，都是吕不良的错。

所以，整个故事，都透露着这样一种信息，菊花是被数千年的制度害死的。在那个朝代，她没法不死，她死了，才会成为贞节烈妇。

# 官家好呆

有一天，宋孝宗和人商议，要派汤鹏举出使金国，同行的还有詹事沈枢。沈是浙江吴兴人，突然用家乡话嘟哝了一句：官家好呆！

有人就将沈枢的家乡话，告状到了孝宗那里。孝宗一听，大怒，这还得了，对我的决定说三道四，立即派了四个官员审问沈：官家好呆，你这不是骂皇上吗？你说了还是没说？

沈是个直性子，自然承认说过了。

孝宗当天就将他贬到筠州去了。

（宋　张端义《贵耳集》卷上）

沈枢也许是对皇帝的这次安排不太满意，或者不愿意出使，或者不愿意和汤一起出使，从后面的结果看，应该是不太愿意和汤一起出使，因为汤将这件事办砸了。

不太满意，嘀咕了一句，本想着，用家乡土话表达下，没有人能听得懂，结果还是被举报了。

方言闯出的祸害，幸好不是什么杀头大罪。

但是，在皇帝面前，沈枢敢这样嘀咕，一说明孝宗平时还是为人和善的，朝堂上说不定经常有重臣开他的玩笑，当然是平和的；二也可以看出沈的某些性格特点，做事老感觉吃亏，经常提出异议，不断和上级讨价还价。

沈枢应该吸取这个深刻的教训，皇帝面前不要乱说话，你听令就是了，何况这也是外交上的大事，你是不能随便表达自己情绪的，贬官事小，弄不好要送命，宋金两国的事本来就让皇帝头痛得要命，你还来添堵。

可恶的是那个告状人。本来，什么事也没有，人家只是用土话表达一下情绪而已，你非要当作大事去向皇帝告状，什么意思？无非是为了得到皇帝的嘉奖嘛，这样的后果是，你今天告人，别人明天告你，恶性轮回循环，人性就这样在算计来算计去中逐渐泯灭。

官家好呆，其实不难懂，皇帝的这个决定，在沈枢看来，实在是愚蠢可笑。

# 国棋手要官

宋孝宗很喜欢下围棋，他经常将国棋手赵鄂叫来，陪他下棋。这赵国手，棋下得好，深得皇帝喜欢，于是官至武功大夫。

有一次，趁举行郊祀的时候，赵向孝宗提出，能不能再提拔我一下啊？孝宗朝赵棋手看看说：我下个圣旨倒是不难，但恐怕组织部门不放行呢！见赵兴致不是太高，过了一会儿，又给赵出了个主意：你和朝中的官员有没有比较熟悉的呢？有的话，让他们推荐下。赵想了半天说：葛中书是我的恩人，我和他说说看。

于是，赵一路奔到葛中书家，讲明来意，并将皇帝的意思也表达了。葛中书说：你是我的人，我如果保荐你做官，有碍祖宗的法律。况且，搞技术的官员，向来没有提拔的先例，即便皇帝降下圣旨，下面也不会放行的。

又一天，孝宗又和赵下棋。赵将去找葛中书的话说了一遍，说葛坚决不肯帮忙。孝宗劝赵说：哎呀，秀才难和他说话，那就不要和他说了。

（宋　张端义《贵耳集》卷上）

枯燥的叙述，却含着生动的情节。

各位看官，看到这里，一定会偷笑：这宋孝宗，对跑官要官的拒绝，太聪明了，太巧妙了。也会笑赵的傻：皇帝如果真要提拔你，还用得着这么麻烦？

当官的途径千万条，皇帝的赏识最重要。

技术官员不能给予太高的职位，也不是绝对。即便在宋朝，那高太尉，不是因为足球踢得好，才得主子的欢心吗？

将技术官员上升的通道堵住了，这也不太公平。当官不问出身，只要有能力，因此，从古到今，肯定也埋没了不少人才。

但就本条而言，就凭陪皇帝下下棋，你就想一路升官，那也太容易了些。如果滋长了这样的风气，可以想见的是，整个国家，整体棋艺的水平一定很高，官场的风气也一定很坏。

因为，谁也不知道，下一个皇帝喜欢什么呢！

# 知州不肯离任

有知州的任期还没有到，离职命令却下达了。在任者不肯离开，赴任者进不了城，接不了班。

赴任者愤怒了，他召集了民兵、各寨兵，还有外地的弓箭手，一起攻城。在任者见事情紧急，急忙召集部队抵抗。

管理监察州县的长官知道了，立即上报朝廷，朝廷的决定是：攻城的，过期不能赴任；守城的，擅离职守。听到这个消息，大家都笑了。

（宋　张端义《贵耳集》卷下）

这绝对是上级部门工作疏忽所致。官员任期时间不准确，马马虎虎，结果出了问题。这个情节有点像姜文的电影《让子弹飞》，县长赴任途中也出了问题。

按常规，新任和离任，怎么也要搞个仪式，上级总结一下，高度评价，离任者高兴离开，赴任者快乐上任，时间没到，人就来了，还有没有严肃性了？

在任者要的是一个尊严，但他对官位的迷恋也是显然的，换了别人，大不了有些失落，既然组织决定了，也没有什么好讨价还价的。官场也如社会，县官不如现管，那整天围在自己身边转悠的，一听说自己要离任，立即变了脸色，如果是升任还好，如果是平调别地，那么，你再也管不到他了，他平时对你的种种不满，也不用藏在心底里了，呵呵，谢天谢地，你总算走了！

赴任者更离谱，急什么呢？早晚不是你的嘛，对方再留恋，又能有几天呢？还攻城，显然不把老百姓放在眼里。在这样的赴任者心中，眼里只有官位，他千方百计才弄来的官位，一定要用足用好，用到极致，如果有成本投入，那一定要想尽办法收回，早早地收回，眼前，这个前任，太不识时务了，要好好地教训他一下。

虽然官场险恶，想做官的人仍如过江之鲫，赴汤蹈火，乐此不疲。

也难怪。

# 卷二十九

两个洁癖狂人

# 六岁的修行者

刘卞功，字子民，滨州安定人。他六岁的时候，不小心将一个瓶子打破了。家人朝他看时，他神色自若：待会补瓶匠来，一定可以修好它。家人本来没有责备他的意思，见他这样自信，就说他有点吹牛了。小刘说：人破都可以修，何况是瓶子破呢？话没说完，补瓶匠就到了。经过一番修补，瓶子果真就像新的一样。

从此后，小刘就在家的后面，建造了个小小的修道场所，再也不和人说话，也不走出那个场所，有时吃东西，有时不吃东西，一直持续三十年。

宋徽宗听说了小刘的名气，数次下达命令给当地官府，想要重用他。小刘对使者讲：我发过宏愿的，不走出这个修道场的门。宋皇帝知道不能请他出山，就赐了个号给他：高尚先生。

（宋　赵与时《宾退录》卷第一）

这无疑是对修道的美化。

但是，这里透着许多信息：

第一，小刘超常人的预见性。确实如他所说的，瓶子打破没什么大惊小怪的，修补一下就可以了嘛。人都可以修补，难道不是吗？脸破可以缝上，断指可以接上，华佗甚至都可以开颅。

第二，宋朝的手工艺高度发达。瓶子不知是陶还是瓷，但一定不是金银或者玻璃，小刘知道碎片可以修补，而且不留痕迹。

第三，小刘对修道的理解。在其他的记载中，刘高尚道行很深，得神人启发和帮助，但作家赵与时并没有写这些。我想，他写小刘的思想基础或许是这样的：人破了可以修补，瓶子破了也可以修补，这些都是外在的，而外在的成功必须以存在于我们头脑自身的精神作支撑，才能圆满，只有虚腹，只有静心，才能杜绝尘世一切干扰，达到圆满，这需要持续修炼。

第四，管理者也需要道行高深的人辅助。皇帝知道，像小刘这样的，能三十年不和人说话，能三十年不出修行场所的大门，这实在难得。需要毅力，更需要无欲无求，这样没有私心的人，能做好多少事啊！

# 白诗里的浮梁茶

浔阳江边，被贬官的白居易，因为送客人上船，见到了一位技艺高超的琵琶演奏员，她是茶商的妻子，他深有感触，写下了著名的《琵琶行》，其中有两句：商人重利轻别离，前月浮梁买茶去。

从白诗中，我们可以考证，唐朝的时候，浔阳还没有茶叶，它需要从外地引进，而浮梁茶在当时应该是比较好的。

现如今，浔阳到处都是茶，而浮梁所产的茶叶反而不出名了。唉，时代推移，土地所产也会变化的呀。

（宋　赵与时《宾退录》卷第三）

唐代的浮梁茶，一定盛极。

据《元和郡县图志》记载：唐元和八年前，浮梁每年出茶七百万担，税十五万贯，按推算，浮梁茶约占全国茶叶总产量的三分之一。

作家赵与时（一一七五至一二三一），为宋太祖七世孙，按时间推算，这一下，就是三四百年的光景，九江当地的茶也很有名了，九江边上的庐山，没有理由不产好茶的。

我查资料，现今的浮梁，打的茶叶旗号有两个：江西浮梁，千年茶都；千年品牌，百年金奖。呵呵，想要接上唐朝的辉煌，想法很好！

现如今的中国十大名茶中，浮梁茶肯定没有，他们自己说曾经是"华东十大名茶"，可见名茶路的艰难。

这也正常，广告的效应总归是有时间限制的，即便是白居易做的广告，也会因天时地利而变化，变化是规律，不变才不正常。

让我们再往一千年前定格：

白诗人和他要送别的朋友，有点落寞地喝酒，一坛又一坛，一碗再一碗，直到大家都醉醺醺了，忽然传来了好听的琵琶声。这一下，大家又兴奋了，听着琵琶女的转轴拨弦，听着琵琶女的传奇身世，大家见景触情，不禁击掌和歌，边和边唱，边歌边哭，气氛几度达到高潮。

布衣料定，那桌上一定摆着大碗大碗的浮梁茶！

# 两个洁癖狂人

谢景仁的居室干净素雅，他每次咳吐的时候，总是要吐在左右侍者的衣服上。吐完以后，允许侍者盥洗一天。他喉咙里刚痒痒，咕噜一发声，左右都争着扯起衣服来接。

殷冲则和谢景仁完全不一样，那些要向他汇报工作的各类官员，必须穿着新衣服，否则不能走近他身边。

（宋　赵与时《宾退录》卷第七）

有人将谢景仁这种行为解释为：他有怪癖，吐痰要吐在侍者的手帕上。因为"衣"可以用"布"解释。

但是，从宋史的记载看，应该是吐在侍者的衣服上，因为要给侍者放假一天，所以，侍者争着来接，接了，一天就不用干活了。

谢大官人是东晋的名士，他的这种行为，往好里说是不随地吐痰，往坏里讲，是只顾自己干净，而不顾别人是不是接受得了。

因为他的癖和别人的癖，明显不一样，他的癖，是以牺牲别人的尊严为前提的。而侍者们置尊严于不顾，只不过是贪图眼前一点小利而已，并不表明谢大官人可以逃过道德的评判。

殷冲怪是怪，还能理解。也许，自小他就喜欢闻新布散发出的那种特殊味道，冬天的棉被，经太阳的沐浴，那种特有的味道就很让人留恋，官员们总有一两身新衣服吧。

或者，他在小时候的某一天，看到某乞丐某穷人的脏破衣服，气味难闻，自此落下病根，继而，演变发展成对旧衣的厌恶，看到旧的破的就不舒服，直到他有权力要求他的下属必须穿新衣来向他汇报工作。

殷冲怪癖的后果是，如果他喜欢一件件地闻，不重复地闻，那就麻烦了，常要向他汇报工作的人员，每天都得换新衣，那会是什么样的负担，即便是用公款，穿的是制服，也够呛。

没有人反对洁，只是，切忌成癖，一成了癖，就走进了死胡同，让人讨厌。

# 大火中的商机

绍兴十年七月，京城临安大火，城内外一片火海，房屋烧掉数万间。

有个裴姓商人，他家处在闹市区的金银珠宝店，同样遭遇大火，他全然不顾，立即派出所有店员，分头赶赴周围郊区，碰到竹木砖瓦、芦苇椽梠，一律全部收购。

第二天，皇帝下令：竹木等一切建房材料，免征营业所得税。

裴商人收购来的大量建材，被百姓一买而空，他所获得的利润，远远超过在火灾中损失掉的。

（宋　赵与时《宾退录》卷第九）

临安大火中，那些遭遇火灾的人，一定是呼天抢地，或者抢救财产，或者穷于逃命。没想到，火中却藏着巨大的商机，成功商人的优良本质，前提必须是临危不乱。

只有不怨天尤人，才能做出重大决策，倾其所有，大肆囤积，这更需要魄力。

灾后必须重建，商人只要不违背商业道德，不发不义财，也是在帮助政府部门更好地工作。

祸福相依，能将其互相合理转化的，一定是商人中的哲学家。

# 卷三十

投黑豆自警

# 闲日子如何打发

待制刘安世，晚年居住在南京。有客人这样问他：刘大人退休后，怎么打发日子呢？刘安世很严肃地回答：君子提高道德修养，扩大功业建树，只担心日子不够用，怎么能说打发呢？

（宋　徐度《却扫编》卷中）

古人也要退休，古人也有退休后的时间安排问题。

作家贾平凹经常在讲演中讲这样一个例子：某老先生八十多岁了，问他健康的秘诀，他悄悄地告诉说，他每年的年三十，都要躲进房间，制订一个详细的规划，什么时间学习，什么时间锻炼，很具体，很有操作性。他说，去年的规划已经订到一百二十岁了，今年要订到一百二十一岁。他的观点是，把自己忘记掉，全身心投入自己想做的事情中。

刘安世不担心他的退休日子多余，他要不断地进德修业，日子反而不够用。

心不老，身体才会缓老；忘记日子，日子才会绵长。

# 不张扬的官员

吕惠卿太尉，去延安府做主将，路途中要经过西都。当时，程正叔正在乡里居住，他对门人讲：我仰慕吕大人的名声已经很久了，只可惜没见过他的面，明早他前去，一定要经过我们家门口，我可以偷偷地看一下了。

到了早上，车队还是一点动静也没有。问了路人，有人说，吕大人的车队老早就过去了，但很多人都没听到动静。

程正叔于是感叹：跟随的人有数百，车辆马匹有数十，行进途中却一点动静也没有，可见他对部下要求严格啊。他在朝廷工作，虽有各种议论，但他的治理才能是不能否认的。

（宋　徐度《却扫编》卷中）


按照朝廷规定，什么级别的官员出行，仪仗人员的多少，举什么牌子，都有很具体的规定，这是一种规格。不合规格就是越位，少了人家会看不起你，多了就是坏规矩。

然而，规矩有人立，就有人敢破。

鲁国卿大夫孟孙氏、叔孙氏、季孙氏，权力大大超过王公，他们的生活起居等各项礼仪，远远超过标准，孔子老师曾试图改变卿大于公的局面，但在"三桓"强大的实力面前，无法成功，还被赶出了鲁国。所以，他是一天到晚地哀叹礼崩乐坏，要克己复礼啊。礼就是他心目中的规矩。

我们所见到的常态是，比如，张择端的《清明上河图》中，有一大官的车队经过，路中间有乞丐挡道，卫兵在呵斥驱逐，栩栩如生。

吕太尉的行事低调，正是通过程正叔的观察而来。本以为可以拜见一下，如果人多拥挤，远远地仰慕一下也好啊，可惜他早走了，说不定就是凌晨悄悄走的，为的就是不扰民。

这样的细节，似乎刻意装不出来。

不过，那些高调的官员，正好有机会向老百姓显摆高喊：喝令三山五岳开道，我来了！

# 卖马粪的钱

全国掌管马政的太仆寺，下面有多个部门养着许多马，供各类官员之需，马粪则统一处理，每年可以卖不少钱。这些钱，专项存储，以备朝廷不时之需。

绍圣年间，令铄为太仆卿，主管马政。他工作勤奋，细致，账目管得很细，下面的官员骗不了他。多年下来，卖马粪的钱，已经达到几十万缗了（古代一千铜钱为一缗）。

有一天，宋哲宗将令铄和他的搭档叫上盘问：听说你们部门存了很多钱，到底有多少呢？令只是打哈哈。皇帝再问，令则答：您让我回去仔细核查一下吧，我核查清楚了，再告诉您！

到了宫廷外，副手问令：您平时将账目管得很仔细哎，多少钱您清清楚楚，为什么不据实回答呢？

令叹了口气：唉，当今皇上年轻得很，我们小小管马的地方都有这么多钱，那他还不以为天下富裕得很啊。我所以不答具体数字，就是担心皇上起了奢侈之心哪。

（宋 徐度《却扫编》卷中）

有清水衙门吗？有，也没有。

管理到位，再大的衙门也会自清；管理缺失，再少的马粪也会出事。

二十世纪五六十年代，化肥缺少，各类粪便是个宝，于是就有粪票：人粪一担，一百斤，某某生产部门发。

管理必须细致，只要是国家财产，马粪的钱也要管理。

积少可以成多，今天一千，明天两千，即便是马粪卖的钱。

假设，年轻的皇帝知道了这笔巨大的马粪钱，他招来大臣们商议，如何用好这笔钱。你猜，会有些什么结果呢？

嗬，一般猜不出的，这点点钱，对整个国家来说，就是一点零花钱而已。要是我，我则如此启奏：陛下，这笔钱还是用来买马吧，既可多产粪，更可增加军队的战斗能力，金人快速南下，靠的就是马呢！

# 投黑豆自警

赵康靖公退休回到乡里居住，他家的案几上常常放着三个器具，一个用来装黄豆，一个用来装黑豆，一个是空的。他会经常将数颗豆子放进空器中，人们都不知道他这样做是什么意思。

有一天，他比较亲近的人问他原因，他这样告诉：我平日里，脑子里有一个好念头产生，就投一颗黄豆；一个坏念头产生，就投一颗黑豆，用来自警自省。开始的时候，黑豆多于黄豆，后来，黄豆多于黑豆，现在，好念头、坏念头都忘记了，也就不再投豆了。

（宋　徐度《却扫编》卷中）

赵公的投豆行动，让我立即想起了《大学》讲修身时的一段名言，用的是排比和顶真的修辞手法，表意还是比较明白的：

要修养好品德，先要端正心意。心中愤愤不平，则得不到端正；心中恐惧不安，则得不到端正；心里有偏好，则得不到端正；心里有忧患，则得不到端正。一旦心不在焉，就是看了，却什么也看不到；听了，却什么也听不到；吃了，却辨别不出味道。所以说，修养品德关键在端正心意。

赵公应该熟知上面这段话，他投的豆只是一个借代物，目的就是要消除心中一切坏的杂念，并且严格自律。

我们讲修养品德，讲迁善改过，为的是使自己的人格更加完善。

自警自省有多种方法。

对于高要求的人来讲，坏的念头都不能有。因为，念头是先行，是指导人们身体的总指挥，有了坏念头，而又不去扼制，那么，坏念头就会成长且壮大，一有合适的时机，就会破笼而出。

即便是违法率很高的激情犯罪，虽是一时冲动而酿，也是内心深处之坏念头所引起。没有土壤，种子生长不了。

干脆，将坏念头扼杀。

黑豆没有错，只是借代物，它可是很有营养价值的噢。

# 最坏的打算

侍郎王涣之经常说：坐车，常常想到翻车；坐船，常常想到翻船；做官，常常想得不到上级的赏识。这些坏结局经常想想，我们的人生，就没有什么过不去的事了。

（宋　徐度《却扫编》卷下）

坐车坐船，都有可能翻车翻船，无论多小的概率，还是会发生的。如果不幸碰上，这也许是人生最差的结局了。如果经常想这样的结局，不仅危机意识常具，还会时时警醒自己，事故一旦发生，自救的可能性反而比别人要大得多。

做官不遇，可谓官运不通，但多大的官，也有退下来的一天，多大的官，终有死去的时候，只要踏实做事，问心无愧，也不算虚度人生。

我理解的锅底效应的主要意思是，如果已经在锅底了，算是最差了吧，我们就坚持吧，无论怎么坚持，都是向上的，都会一天天好起来的。

# 卷三十一

烧　信

老榜状元

国　香

国 香

# 烧　信

张安道在成都为官的时候，看中了妓女陈凤仪，并将她养为小蜜。后来，王仲仪任成都太守。安道写信给仲仪祝贺，并说了小蜜的事情。

王仲仪到任后，将陈凤仪喊来问：张尚书和你的关系不错吧？

陈一听，眼泪立即流下来。

王仲仪又问：他曾经写过好几封信给你，现在你能找得到吗？

陈答：我都好好地保存着呢。

王仲仪要求：张尚书给你的信，你全部拿来，我想看一下，你一封也不要落下。

陈凤仪按要求，将张尚书给她的书信，全部拿来，这是一个很精致的锦囊，装得好好的。

王仲仪看过信后，对陈凤仪讲：张尚书为人刚直，得罪过不少人，你的这些信，不要成为他的麻烦，赶紧都烧掉吧。

王仲仪后来告诉张尚书：你给陈凤仪的那些信，我都给你烧掉了。

张尚书非常感激。

张王两家，是儿女亲家。

（宋　张邦基《墨庄漫录》卷一）

官员最怕政治对手，如果让人抓住把柄，对政治前途，多少都有影响。

虽然，古代社会男子多妻妾，特别是有身份地位的男子，更可以个性张扬，但王张两位官员，心知肚明，婚外情这样的事，毕竟不是太光彩，如果让对手掌握，有百害而无一利。

有统计说，贪官百分之九十九都有情人，且大多是那种将权力看作催情剂的情人，她们就是奔着官员手上权力去的，但有些官员误会了，还以为自己长得帅，有感情，没想到，好多案子都是情妇举报的。

其实，陈凤仪是个没什么心计的女人，如果她真想要挟张尚书，断不会这么爽快，她也知道，尚书也没有什么贪贿的把柄，烧掉就烧掉呗。

即便这样，亲家还是要帮忙的，有时候，帮别人，就是在帮自己呢。

# 老榜状元

徽宗崇宁二年，福建人徐适被点为老榜状元。

按惯例，朝廷要赐新科进士闻喜宴，在宴会上，每人都会有幸得到皇帝亲赐的宫花。闻喜宴结束，徐适等人途经平康区的娱乐场所时，同年进士的宫花多被那些漂亮的妓女争抢，唯独徐适的宫花无人问津。

回到房间后，徐适戏题一绝句："白马青衫老得官，琼林宴罢酒肠宽。平康过尽无人问，留得宫花醒后看。"

哈哈，老百姓对这样的安慰奖还是很弄得清的噢。

当然，徐状元年纪虽大，还是弄了官做，做了广德地方的军队首领。

（宋　张邦基《墨庄漫录》卷九）

我们先看这件事的起因，宋朝王栐的《燕翼诒谋录》卷一有《进士特奏》：

开宝二年三月，大宋王朝在科举上做出了一项重大改革：贡士十五举以上曾经终场者，具名以闻。也就是说，对完整地参加过十五次以上考试的老年考生，一律给以进士的功名。

皇帝颁发的诏书是这样的："贡士司马浦等一百六人，困顿风尘，潦倒场屋。学固不讲，业亦难专，非有特恩，终成遐弃。宜各赐本科出身。"

呵呵，这一〇六个老考生，生活艰难，学问也不怎么样，但是，为了显示本朝对科考的重视，为了勉励广大的落榜考生，为科举的目标而终生奋斗，特颁发此令。

这的确是宋朝的创新之举。进士特奏，称为老榜，头名也叫状元。那徐适就是这样的状元。

试想，这个办法的出台，那些个年纪大的考生，不都还有希望吗？考试才是硬道理，只有考试才能救自己于苦海之中，只有考试才能出人头地光宗耀祖。

更重要的是，要吸取那些进士不第者造反的深刻教训。天下聪明人多的是，考取功名的只是一小部分人而已，每次录取名额总有限，区区几十人，怎么能将天下的人才一网打尽呢？

举孝廉，是一个办法，用道德去引诱。进士特奏，也是一个办法，用科举来诱导。一个社会，一定要有一个核心价值导向，整个社会的大小老少考生，一辈子在为科举而努力，这样社会才好治理。

不过，这样的功名，大部分只是空心汤团而已，并不值什么钱，和正儿八经的功名相比，差距老大了。

# 国　香

黄庭坚居住在荆州时，邻居有位刚成年的女儿，恬静漂亮，气质非凡，黄作家喜欢而叹惜，因为她父母都是普通百姓。没过多久，这位姑娘嫁给了同乡的一个男子，男家也贫困得很，黄作家认为，男子和姑娘很不般配。

黄作家和荆南的马中玉太守是朋友，有诗来往，他为这个姑娘写过一首《水仙花诗》：淤泥解作白莲藕，粪壤能开黄玉花。可惜国香天不管，随缘流落小民家。

若干年后，邻居姑娘生了两个儿子，她的丈夫还是帮人家打零工度日，生活依然困顿，但姑娘仍旧美丽，于是黄作家就将该姑娘叫作"国香"。

（宋　张邦基《墨庄漫录》卷十）

黄诗人怜香惜玉，淤泥和白莲藕，粪壤和黄玉花，差距不是一般的大。

可是，贫困人家就没有长得好看的姑娘吗？长得好看命运就一定会好吗？无论古今，无数事实证明，两者似乎都没有必然的联系。

那么，人们只好怪罪老天，国色天香，理应天下共怜之！

而历史提供给我们无数的事实，就是那些贫困而美丽的女子，因为一次婚姻，而改变了自己的命运，甚至改变了整个家族的命运。杨贵妃家虽不属贫穷，却也是基层官员家庭，如果不做寿王妃，就没有机会接近李隆基，也就做不了贵妃，她的三个姐姐，更别说封什么虢国夫人、韩国夫人、秦国夫人了。

古代如此，现代更是如此。中国如此，外国也如此。英国王室从戴安娜王妃的两个儿子——威廉王子和哈里王子开始，找的都是平民，但她们进了王室，身份、地位和从前就不可同日而语了。

从另一角度说，美丽的姑娘，就是一种优质稀缺资源，会产生强大的生产力，通过婚姻，会改变她一生的命运。假如——，假如——，唉，随便假如一个，情况可能会乐观许多。

国香，不仅仅是这一个。

# 卷三十二

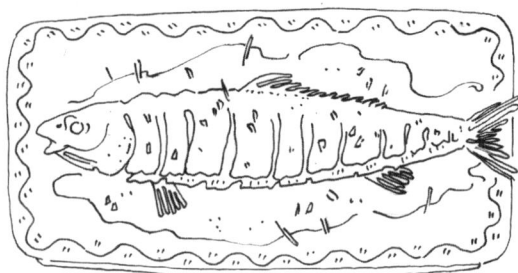

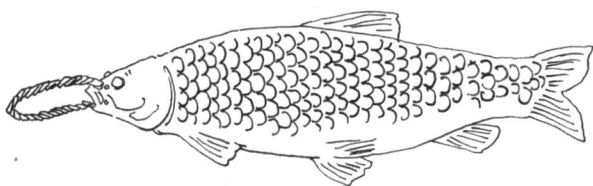

我家有好多大青鱼

# 蜥蜴爬到皇帝身上

宋高宗临径山，在大树底下休息。

赵构回头问僧人：什么样的树可以称王呢？

僧人答：粗壮高大的可以称王。

赵构笑笑道：应该是直者为王！

恰好边上有棵杉树，虽小，但笔直，于是就封了这棵小杉树为树王。

到了径山寺，赵皇帝给龙君烧香，有五色蜥蜴从塑像下跑出来，蜥蜴跳到赵皇帝的左肩，从左肩爬下，又绕到右肩，这样来来回回爬了好几次，赵皇帝盯着蜥蜴看了好久，那蜥蜴也抬头看赵皇帝。张贵妃正站在赵构边上，她也很希望蜥蜴能绕着她爬几下。

此时，僧人看到这个状况，嘴巴里发出嗖嗖的声音，似乎是告诫那蜥蜴：先生，你从皇帝身上下来好了！赵构却乐呵呵：菩萨为什么不去爬张贵妃啊！

那蜥蜴也没听皇帝的话，始终不肯爬到贵妃身上去，直接从皇帝身上跳下，钻到塑像下面去了。

（宋　叶绍翁《四朝闻见录》卷一，《光尧幸径山》）

赵构封树王，充分体现了权力的任性。

一般人都认为树大树粗树寿长者为王，不想赵皇帝来个任性，直也可以为王啊，正直，是最高尚的品格，无论人或者树。而且，作为树木，直了就可以派上用场，歪七斜八的，纵然再粗再壮，也只是花架子，好看而已，派不上什么用场的，我就不喜欢花架子！

那棵笔直的小杉树成了树王，很幸运，是因为它就在赵皇帝的视野里，而无数棵笔直的大小杉树却没有这样的运气。

另外，蜥蜴被当作吉祥的象征，是因为看上去像龙，而皇帝不知道，这里面其实有一种把戏在的，那些僧人，为了盈利，会将蜥蜴抓来，养在罐中，到时有需要，就制造这样的场景，施主一高兴，会大把施舍的。

皇帝来了，自然要有这样的内容，且要做得天衣无缝。

虽是皇帝的一场日常巡游，却透出许多的政治意味。

# 心之精神是谓圣

杨慈湖（杨简）跟随陆象山学哲学，一直没有开大窍。

有一天，他读《孔丛子》，读到"心之精神是谓圣"一句，豁然开朗。从此后，他在和人交往、写作、讲学时，都将这个"心"字牢牢贯串，终于成为一代哲学名师。

（宋　叶绍翁《四朝闻见录》卷一，《心之精神是谓圣》）

心是万事万物之源的精神实体，杨简的学问和人生就是围绕这个展开的。

按照这个命题，我们知道，精神有着无限强大的动力，是做好一切事情的源头，内心清澈而澄明，无欲无求，反而成就了事业。

# 我家有好多大青鱼

高宗的皇后曾经召秦桧的夫人一起吃饭。

名贵的淮青鱼上来了，皇后问秦夫人：这个鱼，你吃过吗？

秦夫人淡淡地答道：我老早就吃过了，而且，我吃的鱼比这个大得多，明天，我就带几条大的来给您。

秦夫人回家，和老公说起这个事情，秦桧一听，骂道：唉，你这贱婆娘，是要坏我大事啊！

第二天，秦桧立即派人买了数十条大草鱼，送进皇宫。

皇后一看，笑了：我就说，哪有这么多的淮青鱼，都是草鱼嘛，是秦夫人弄不清楚，搞错了。

（宋 叶绍翁《四朝闻见录》卷二，《秦夫人淮青鱼》）

一个细节，就可以看出秦桧的权倾朝野。

想想看，大的淮青鱼，都送到秦宰相家里去了，他们是天天吃，小的根本不要。哈哈，皇后还当名贵，宴请宰相夫人，菜一定要上好一点，档次要足够高，这样也算给她面子。给她面子，就是给秦宰相面子。

从细节上还可以看出秦夫人的忘乎所以。他们秦家，那真是呼风唤雨，大小官员提着各色礼物，天天在她家门前候着，忙不过来。优裕的生活过惯了，好东西也吃太多了，明天，随便带十条到皇宫！哈哈，她把皇宫当什么了，难道还不如一个官员之家？

也确实是这样，富有的财主，可以敌国，如沈万三之类；富有的官员，也可以敌国，如和珅之类；财主有财主的生财之道，官员却大多是因为他们手中的权力。

从另一角度观察，皇权高于一切，无论你多富多贵，皇家总是至尊无比，黄色绣龙锦袍，只有皇帝一人可穿，谁大胆穿了，那一定要杀头。同理，皇家的东西，即便是最日常的用品，也都要具备唯一性，否则，就不能体现严和威。

淮青鱼不算什么，真的不算什么，只是秦桧家的一道家常菜而已。

# 国手骗人下假棋

高宗的时候，比较重视各类人才的选拔，但凡有好技术的，都能得到重用。

吴王赵益，有次偶然遇到一个关西的围棋高手，这高手五短身材，棋却十分了得，赵益命令他和一个围棋国手下，一连好几局，国手都被打败。

有一天，赵益陪皇帝下棋，说起这个关西棋客，皇帝一听，很感兴趣：那明天将他唤来吧，让他和国手比试一下。

接到比赛的命令，国手晚上就在家里请关西客吃酒，高度白酒，喝得醉晕晕的时候，国手就叫一个漂亮女子出来：这是我的女儿，我将她嫁给你，我只要求一件事，明天，我俩在皇帝面前下棋时，第一局，你假装输给我，第二局，我输给你，这样，我和你结成永久的翁婿关系，一起陪皇帝下棋。你不相信我的话？如果有假，我怎么会将女儿嫁给你呢？我是真心的。

第二天，比赛时，关西客就假装输了第一局。皇帝一看，一脸的不高兴，立即拂袖离开，和赵益喝酒去了，边走边骂：什么高手，还是不如我大宋朝的国手啊！

性格朴实的关西客，知道被出卖，郁闷不食而死。

那国手也没什么女儿，漂亮姑娘其实是从妓院里临时雇来的。

（宋　叶绍翁《四朝闻见录》卷二，《技术不遇》）

国手技不如人，但又要保住自己的位置，于是想出了歪点子。

这个点子很损人，因为他面对的是诚实的关西客，关西客想，人家连女儿都嫁给我了，让一盘棋又怎么样呢？两全其美的事嘛。

关西客不知道的是，皇帝看棋，只看第一局，胜了也是第一局，败了也是第一局，绝对不看第二局，所以，这第一局至关重要。

关西客死了，他是郁闷而死，但其实是为荣誉而死，一个身经百战的高手，料不想败在一个阴谋诡计上，如果真是实力不济，那也心服口服，关键是落入了圈套啊。

关西客死在要面子上，也是死在贪图小便宜上。对于天上突然掉下来的馅饼，有时候，真是要好好用脑想一想。

# 卷三十三

贡 云

# 孝的罪犯

溧阳甲乙两市民，同日杀人，都被抓起来。初审，认罪，官府准备移交上府审理。

押解过程中，两囚犯自由交谈，押解员也没有防备。晚上住宿时，甲犯对乙犯说：事情弄到现在这个地步，我们两个都要被杀头。我想了下，因为我们是同一天杀的人，事情还有挽回余地。我家有老母亲，贫困不能自理。上面审理我们的时候，你只管喊冤，都推到我头上，我将罪都认下来。我死后，你就可以无罪释放。我只有一个要求，你要为我的母亲养老送终，那我就不会白死。乙当然高兴了，一口答应。

当时，尚书张定叟刚好在那做知府，他以严厉公正著称。

犯人押到，张知府亲自审问。审乙的时候，乙就喊冤：青天大人啊，我不是杀人犯，都是那个甲杀的，我是被冤枉的！知府非常吃惊：怎么回事？你再仔细说说。乙就开始编了：甲杀了某人后，随即逃走，而这户人家并不知道是甲杀的。该人家平日里与我有些过节，于是就到官府告发我，说我杀了人。后来，甲又杀了人，才被抓到。不是我没有喊冤，是因为官场黑暗，官吏们又接受人家的贿赂，所以，我的冤枉没处伸张！

张知府又审问了甲，甲的交代和乙如出一辙。

知府大人审理至此，立即将乙的刑具解开，当场释放。

甲当然被处死。那些审理此案的官员也倒了大霉，撤的撤，判的判，张大人终于将这一案子办成了铁案。

（宋　周密《齐东野语》卷一，《张定叟失出》）

乙绝对是罪犯，但因为甲的孝，还是让乙逃脱了法律的惩罚。

张大人虽然严明，但仍然出了差错。

张大人的差错出在哪里？贵耳贱行。他只重口供，没有现场勘察。而口供往往可以虚假，杀了可以说没杀，没杀也可以说是杀了，严刑逼供下，没几个人能扛得住！甲乙两犯，完全有足够的时间相互串通，将案子说圆。

甲的孝，其实还是表面的，看着感人，其实自私。他没有想过，被他杀害的那个人的老母亲，让谁去奉养呢？

顶包，代替，伪造，一不小心，就会让真正的案犯逃脱。

另外，那些被张大人撤判的官员，也缺少一种官员的基本素质，如果真有铁证在手，岂容乙自辩？证据拿出来就是了。要么，当初，他们审案时，也是稀里糊涂，马马虎虎，自己心里没有底。

司法公正是最基本的一种公平，否则便会黑白颠倒，暗无天日，古往今来都是。

# 冬天晒太阳

冬天晒太阳，是一件很幸福的事。

白乐天有《负日》诗说：杲杲冬日出，照我屋南隅。负暄闭目坐，和气生肌肤。初似饮醇醪，又如蛰者苏。外融百骸畅，中适一念无。旷然忘所在，心与虚空俱。

杜甫也多处写到了冬天晒太阳：

负暄近墙壁——

负暄候樵牧——

负暄嗜飞阁——

袁安卧负暄，将儿子喊来搔背，说：甚快人意！

（宋　周密《齐东野语》卷四，《曝日》）

白居易将晒太阳的感受，细细写来，中心思想便是：冬天的太阳好温暖啊，我很享受，闭目养神，身上慢慢热起来了，更热起来了，那种感觉，好像喝到了芳香的美酒，好像冬眠的动植物遇春醒过来，身体上所有的细胞都变得灵动，晒太阳晒得我忘记了所有的不快和烦恼！

而杜甫呢？因为贫困，将冬天晒太阳当作很奢侈的事。儿女们最起码的生活都不能保障，眼前只是八月，可布衾多年，冰冷似铁，孩子们，赶紧起早晒太阳，否则，床头屋漏无干处，只好吾庐独破受冻了。

蹲在墙壁根，偻着背，两手缩在棉筒里，贪婪地晒着太阳。这就是蜀地老夫杜甫的另一个形象吧。

至于袁安先生，那是令人羡慕的。躺着晒太阳，说明有很好的阳光房，这样就可以很舒服地晒着，晒得暖了，身上的虱子开始蠢蠢欲动，干脆脱了衣裳，捉住一个，又一个，扑哧，咬死你！来，儿子，赶紧来给老爹搔搔痒！微凉的手，不痛不痒地抓着，那感觉，真是，大快人意。再来，再来，手快一些，手重一些！

春天里的某个暖日，宋国的老农穿着麻絮衣服在田间劳动，被太阳晒着，暖和极了，他根本不知道除了麻絮还有丝绵和狐裘，老农感慨地对妻子说：世界上还没有人知道晒太阳这种取暖方法吧，咱们将这个方子献给国君，说不定会得到重奖呢！

# 贡　云

宣和四年（公元一一二二年），北宋皇家大工程——艮岳（万岁山）落成。设计师真是用尽心思。

在两旁的山上，放了很多油绢大袋子，然后，用水将这些袋子打湿。凌晨时分，将这些袋子打开，放到人工的悬崖峭壁上。用不了多久，云就会跑到湿的袋子里去，扎紧袋子，赶紧送往皇宫。这些被收进袋子的云，被称作"贡云"，主要供皇帝欣赏。

每当皇帝驾临万岁山时，马车在林苑尽情奔驰，而人造云则缠绕身后，云气腾涌，青烟弥漫，仿佛行进在千岩万壑间。

（宋　周密《齐东野语》卷七，《赠云贡云》）

新鲜空气，任何时候都显得珍贵。

陶弘景有诗说：山中何所有？岭上多白云。只可自怡悦，不堪持赠君。陶君的想象力显然不够，岭上白云，其实是可以用来拍马屁作贡品的，只是他没有想到，或者技术手段不够而已。

北宋朝就做到了。将云制造出来，并用来作贡品。创意想法的起因，或许是这样的：汴京平地千里，无崇山，更无峻岭，因此就显得不奇特，宋徽宗是个有想法的人，他一定要造一个全世界最优美的皇家园林！林子要大，还要有层次，奇山异水统统给我造出来！

我设想的场景是，当宋徽宗看着闻着那些"贡云"，深深地长吸，犹如吸吮妃子们的乳香，他一定很陶醉。

不想，五年后，金人攻陷汴京。

当然，艮岳毁了，"贡云"也自然无影无踪了。

明人江盈科也记载过一个装云实验（《雪涛小说·庐山云》）：

用一个大一点的净瓶，用手将云雾挽进瓶子，以满为度，然后，用纸及布绢叠封其口。数月后，持以赠人，令其人密糊一室，不通窍罅。将瓶揭去纸绢放之，从瓶中缕缕出如篆烟状，须臾布满一室，食顷方灭。

看来，那虚无缥缈的东西，还真让人着迷呢。

# 一次烟花事故

宋理宗初年，元宵节这天，南宋王朝在清燕殿举行了一次大型的元宵宴会。这样的大会，恭圣太后是一定要请的。

宴会正热闹进行中，各种烟花也开始在院子里燃放了。大家正尽情欣赏，突然，吱吱吱，有一种叫"地老鼠"的烟火，笔直钻到太后的座位下面，太后吓坏了，拂袖而起，盯着皇帝看：你什么意思嘛，想害老娘？宴会也不参加了，随即离席而去。

皇帝也吓得不轻，看见太后不高兴离开，心里很不踏实。连忙将承办此事的陈姓大太监问罪，收进牢房，等候处理！

第二天早晨，皇帝又向恭圣太后请安，说明缘由，自陈管理有问题，细节出纰漏，让太后受惊了。并报告说，对承办的相关官员都进行了处罚。

太后这时笑着对皇帝说：儿子啊，我原谅你了，你也不是有意的，那大太监也不会特地来吓我，应该是工作失误了，他可以赦罪的。

（宋　周密《齐东野语》卷十一，《御宴烟火》）

虽然百密，仍然有疏，本次烟花事故，陈姓大太监绝对没有想到，他每个细节都想到了，也都落到了实处，但还是出现了万一。这个万一，有可能是燃放人的责任，技术还不到位，没有预见性；也有可能是，生产烟火的厂家出了问题，贡品的质量应该都有保证的，检验也是严格的，但也不确保每一支都好的呀！

本次烟花事故，虽然没有酿成大事故，但毕竟是一次事故，因为太后受到了惊吓，这绝不是什么小事，是要杀头的。

幸好，太后还算明白人，她从皇帝的即时处置中得到信息，这基本上不是针对她的恐怖事件，这就是一次小意外。

当然，本次烟花事故可以看到另一个侧面，就是宋朝的民间节日已经非常热闹了，《水浒传》中，那些梁山好汉，在节日里偷偷溜进京城，就是为了体验这种热闹，他们才不怕什么"地老鼠"呢，钻到李逵的裤衩里也不怕！

# 为父母读书

读书人A，准备去考试，他的父亲则给人打工苦苦支撑。

父亲写信鼓励A：儿子啊，你要努力，你成功了，为父我就可以解放了。谁知此儿是个浪荡子，不好好读书，整天游玩，父亲给的那点钱，每月都接不上用。儿子还经常写信要钱，有一封信是这样写的：父亲大人，您想我努力读书，认真考试，那一定要多多给我钱，否则，即便到了考场，我也会不露手段，不给您考好！

读书人B，也在读书，父亲给他每月一千块钱的生活费用。

B认为不够，要求增加。父亲不批准，他认为，这些钱已经足够用了。B就写了一封信给父亲：我没日没夜地在这里读书，并不是为了我一个人，而是为了整个家庭。将来，我考上了，皇上加官晋爵，父母一样可以得到荣华富贵。父亲大人，您如果现在不舍得破费那点小钱，那么带来的恶果将是，父亲您受封，母亲成为贵人，这样的美事，你们想都别想，那是太遥远的事了。

（宋　周密《齐东野语》卷十三，《讥不肖子》）

看来，宋代也有学习目的性十分不明确的读书人。

A、B家的环境，他们自己应该知道，都不是很富裕的家庭，父亲们为了儿子读书，艰难得很。哪想，A、B根本不管这些，一个威胁考试要留一手，一个说不会让父母过上好日子。

A、B要么有毛病，要么实在是不懂事。

从表面来看，不太像有毛病，如果有毛病，父亲一般不会白花钱，自己的儿子自己知道的，孩子智商还是有的，应该可以考得上。

那A、B就是不懂事。不懂事一半要归咎于家庭教育的失败，在孩子的整个成长过程中，父母亲一定有很多环节没有抓牢，以致酿成现状。另一半要归咎于环境。孩子在要求成名成家的环境压力下，从小学会了攀比，学会了奢侈，不体贴，少同情，只想着自己，自私自利。

因此，A、B本身没什么过错。

宋代读书人A、B，就像两面透明度很高的镜子，照出了一千年后现在的各类读书人，当然，还有形形色色的家长。

# 五十八条护花策

我（张镃）喜欢梅花，特地写了五十八条护花策。

花宜称（二十六条）：淡阴。晓日。薄寒。细雨。轻烟。佳月。夕阳。微雪。晚霞。珍禽。孤鹤。清溪。小桥。竹边。松下。明窗。疏篱。苍崖。绿苔。铜瓶。纸帐。林间吹笛。膝上横琴。石枰下棋。扫雪煎茶。美人淡妆簪戴。

花憎嫉（十四条）：狂风。连雨。烈日。苦寒。丑妇。俗子。老鸦。恶诗。谈时事。论差除。花径喝道。对花张绯幙。赏花动鼓板。作诗用调羹驿使事。

花荣宠（凡六条）：主人好事。宾客能诗。列烛夜赏。名笔传神。专作亭馆。花边歌佳词。

花屈辱（凡十二条）：俗徒攀折。主人悭鄙。种富家园内。与粗婢命名。蟠结作屏。赏花命猥妓。庸僧窗下种。酒食店内插瓶。树下有狗屎。枝下晒衣裳。青纸屏粉画。生猥巷秽沟边。

（宋　周密《齐东野语》卷十五，《玉照堂梅品》）

周密写的是张镃南湖园内的玉照堂。张镃也是南宋诗人，富家后代，他的玉照堂是名扬京城的绝佳胜处，时人称道说："一椑径穿花十里，满城无此好风光。"

张镃好兴致，视角也独到。

在梅花林中，什么事可做，什么事不可做，什么物可配，什么物不可搭，统统都做了规定。

梅花应该和晓日、细雨、佳月、微雪、清溪、苍崖、松下等相伴。这边林间吹笛，闲云野鹤，那边扫雪煎茶，闲谈人生，一切都非常协调。

梅花讨厌狂风、烈日、俗人，甚至丑妇，在梅花林中弄个帐篷，独占风景，或者铺下卷毯，浮大白，吆五喝六，这些都是梅花所痛恨的。

在张镃看来，梅是有生命的，是鲜活的，大家都喜欢梅，但不一定懂梅、理解梅。梅花是用来欣赏的，它甚至都讨厌恶诗，讨厌谈论时事，当然，它喜欢宾客能诗，喜欢名笔传神，喜欢花边歌佳词。

对于折花、猥妓、插瓶、拉狗屎、晒衣服等不文明行动，梅花会感到屈辱。

张镃看似细致的护花策，其实是在制定一种文明规则，赏花这样，做其他事也要这样。

梅花只是一个象征。

如果我们站在梅花的角度，物我相融，物我相忘，这个社会就会和谐文明很多。

# 睡眠方子

不管睡眠有没有方子，人们都在孜孜以求。

有诗为证：花竹幽窗午梦长，此中与世暂相忘。华山处士如容见，不觅仙方觅睡方。

《遗教经》有这样的睡眠方子：烦恼毒蛇，睡在汝心。睡蛇既出，乃可安眠。

西山蔡季通有睡诀这样说：睡侧而屈，觉正而伸，早晚以时。先睡心，后睡眼。

《千金方》也有"睡心""睡眼"之语。

（宋　周密《齐东野语》卷十六，《睡》）

睡不好就会彻底崩溃，古今同理。

所以，好的睡方堪比仙方。

失眠就像毒蛇，它在不断噬咬着你的心，翻来覆去，也像沙滩上的鱼。但《遗教经》只是比方，并没有真正的睡方。

现代医学表明，睡不好，既是生理问题，也是心理问题。

所以，蔡季通和千金方的"睡心"，才抓住了问题的本质所在。心宁静了，眼自然就会睡。

要想"睡心"，话题太大太深也太长，但简而言之，如能做到将物看轻，放下，舍得，不做亏心事，基本就成功了。

所以，世上并没有真正的睡眠方子，睡眠方子就在自己的心里。那些药物，那些良言，最多也只是改善而已。

# 拆迁拆出好官运

皇上赐第杨驸马，在清湖，董大太监主管这项工程。

首先要拆迁四周的民房，不然，驸马府面积不够大。董主管发现，离驸马府最近的一幢房子，就是太学生方大猷的。董主管心想，这回，这个太学生肯定要和我们讲条件了，所以，先不告诉他，观察了再作决定。

一天，董大主管带着礼物，拜访了方太学生的家。刚刚坐定，方太学生就说了：今日大主管来我家，是不是因为我家的房子和驸马府靠得太近，你们想拆迁？董大主管愣在那里，哎，我没有说，他怎么知道的呢？

方太学生慢慢地说：你们可能认为，我会和你们讲拆迁条件，所以先来做我的思想工作，其实，我老早想好了，驸马府也是皇家工程，我们老百姓应该配合拆迁的，今天，正好您来了，我就带个头。于是就拿来房契，写好协议交给董主管。

董大主管真是太高兴了，今天的事很顺利啊，方太学生真是体谅朝廷的工作。他马上向皇上做了汇报，皇上也很高兴：这样吧，对于通情达理的方太学生，给他的拆迁费用高一些，就作为嘉奖吧。

方太学生也很会来事，知道皇上这个决定后，马上写了封信表示感谢：普天之下，莫非王土；一毫以上，悉出君恩。

这次拆迁，方太学生给皇帝留下了非常好的印象。

预期的考试来了，方太学生一考就中，录取后随即当官。

（宋　周密《齐东野语》卷十八，《方大猷献屋》）

对方太学生来说，拆迁拆出官运，是他想到的，也是没想到的。

他想到的是，普天之下，都是皇家所有，我们小老百姓只是居住而已；我们的每一点财物，都有赖于皇恩所赐。不要说他们拆迁，他们就是占了你的房子，你能怎么样呢？所以，不如就此带个头，也好让他们高兴。

他没想到的是，现今朝廷还是挺讲规则的，并没有我想的那么坏，他们做事也很文明，不会硬占，还跟你讲条件。这不，这一主动，经济上一点不吃亏，拆迁费远远超出他的预想。更没想到的是，他成了典型，皇上也知道他带头拆迁这件事，还大大表彰。

方太学生后来的运气还证明，在国家利益上（驸马府工程权当国家工程），带头谦让，好处肯定不断。拆迁，就是方太学生当官发财的捷径。

# 替皇上尝药

宋理宗晚年，脚没力气，走不动路。

一天，皇帝正在上经史课。他就将丞相贾似道找来：听说爱卿有长生酒，益寿延年，效果不错，我可以喝点吗？

当然可以了！

贾丞相跑回家，赶紧找出方子，并将药方加以修订完善，药煎好，呈上。

药送上来时，恰好管理太监的李忠辅在边上，他立即对皇帝说：这味药的药性，是凉是燥还不清楚，让我先替皇上尝一尝，然后您再喝也不迟。

嫉妒李的人，就将这件事情告诉了贾丞相，贾深深地怀恨在心，但没有立即发作。

岔开了说。

北关的刘都仓，家富却无子，于是就收了两个养子。刘死后，收养的长子想将后面的养子赶出家门，独占财产，于是就托亲戚找关系，花了好多钱，转弯拐角找到了姓谢的节度使，通过谢，得到一份圣旨，顺利地将另一个养子赶出家门。

上面这件事，过了好多年，不知怎么被贾丞相知道了。贾于是装作主持公道，怂恿刘家那被赶出的养子告状，说是李忠辅伪作圣旨。

状子递送上去后，谢节度使吓得不轻，他又惊又怕，只好找到贾丞相，将事情一五一十都告诉了他。贾笑着对谢说：老谢啊，你不用担心的，你没事。

第二天，李忠辅被降职的命令却下达了。

（宋　周密《齐东野语》卷十八，《长生酒》）

李忠辅心里知道，刘家的事和他一毛钱关系都没有，但就是不明白，为什么突然被降职了呢？

嗨，也许他永远不知道，今天的降职，并不是因为他工作出了差错，而是若干年前，他替皇上尝药尝错了。

报复人，可以在数年后，也可以不动声色。贾丞相报复起来，快意而又决绝，毫不留情。君子报仇，十年不晚！

长官千万得罪不起，否则都不知道是怎么死的。特别是贾似道那样，风头正健的奸臣，一人之下，万人之上，他只允许皇帝抢他的风头，容不得任何人坏了他的好事，不自量力，看我怎么治你！不当面发作，并不表示我不修理你，只是证明我的修养高啊。

那些滥用权力的，如贾似道们，最后的下场却也悲惨，打败仗，被贬官，被下属杀死在厕所里。

# 朗诵高手王沔

有人将诗送给苏东坡，请求指教，还激动地朗诵起来。读完，怯怯地问苏大诗人：我这诗可以打多少分数啊？苏说：十分。作者大喜。苏慢慢地回答：三分诗，七分读。

但事实上，朗读的声音还是很重要的。

端拱初年，王沔做参知政事时，因为他读得动听，每每进士选拔考试的时候，宋太宗多让他朗诵试卷。王很擅长读文章，抑扬顿挫，吐音明畅，无论文章有多长，听的人都不会觉得厌烦。凡是王读过的文章，十有八九会被选上前几名。所以，当时的学子中，有这样一句流行语：如果文章能被王沔朗诵，那真是三生有幸！

（宋　周密《齐东野语》卷二十，《读书声》）

这大约就是声音的魅力。

一方面是王沔朗读得好，声音音质好，同样的原因是，汉语是表意文字，平平仄仄，有的字本身就形声兼备，文字画面感强，朗读只是一种激活。

借喻产品包装概念，良好的朗读，就是一种包装。良好的包装，人见人爱，皇帝当然也会喜欢的。

再延伸一下，翻译也是一种包装。鲜活的文字，同样需要准确而良好的翻译，信达雅，缺一不可。有人说，莫言得诺贝尔文学奖，同样得益于葛浩文的翻译，没有葛译，莫言不可能得奖。

呵呵，中国许多作家，都希望能找到葛浩文那样的翻译。

刘鹗的《老残游记》，这样写白妞的唱腔：

三万五千个毛孔，无一个毛孔不畅快。唱了十数句之后，渐渐地越唱越高，忽然拔了一个尖儿，像一线钢丝抛入天际，不禁暗暗叫绝。哪知他于那极高的地方，尚能回环转折；几啭之后，又高一层，接连有三四叠，节节高起。恍如游傲来峰西南，攀登泰山的景象……以为上与天通；及至翻到傲来峰顶，才见扇子崖更在傲来峰上；及至翻到扇子崖，又见南天门更在扇子崖上：愈翻愈险，愈险愈奇！

声音一转向唱，那就魅力无穷了。

# 一场认父夺产的危机

吴兴有个富翁，姓莫。莫老人老心不老，晚年时，有个婢女居然怀孕了。

莫妻极凶悍，莫老怕怕的。

这事怎么办呢？一方面，自己年纪这么大了，子孙一大群，这孩子要生下来，是孙子还是儿子？另外，妻子也不允许他让这个孩子生下来的。

莫老毕竟是一家之长，他做主，找了个在街上卖汤粉的汉子，速速将婢女嫁了出去。没过多少时间，那婢女生下个男孩。莫老也暗自高兴，不时给点生活费接济。

当地人都知道这件事。

孩子渐渐成长，都会到街上帮他父亲卖汤粉了。

到孩子十岁时，有一天，莫老突然去世了。

莫老一去世，有些人（别有用心的，想从中牟利，这里权且称他们为居心不良者）就跑到婢女家去吊唁。婢女正悲伤。居心不良者就对婢女说：你还悲伤什么呢？发财的机会来了你也不知道。婢女问：发什么财啊？居心不良者对她说：你的儿子，不是莫老生的吗？莫老是什么人啊，我们这里有名的富豪，他的产业，你儿子都有份，为什么不去分财产呢？如果他家不肯，那就打官司！

婢女夫妇说：这个我们知道的，可是，我们家这么穷，打官司哪来的钱呢？

居心不良者说：我们借你钱。他们立即写下协议，打官司需要多少钱，他们借。但是，居心不良者加入了附加条件：我们为你争财产，事情成功后，这个争来的财产要归我们多少多少。

做完这些，居心不良者又教导那孩子：你到父亲灵前，大哭，跪拜，做完这一切，什么也别说，立即回家。

孩子按照吩咐，进入莫家，来到莫老灵堂前，痛哭，跪拜。见此情景，莫家人都惊呆了。这是怎么一回事呢？莫老妇破口大骂，叫了人要打那孩子，并要将他驱赶出去。

此时，莫家长子一把拉住他娘说：万万不可，如果打他赶他，那么，我们家将会遭难而破家。莫长子将那孩子拉住问：你不是花楼桥边卖汤粉家的孩子吗？孩子回答说是的。于是，莫长子将那孩子引到莫妻面前说：我们承认你是我父亲的孩子。这个，是你的母亲，我是你的长兄，你应当拜见。又一个个地将家人指给孩子说：这个是你的长嫂，这个是你二嫂，你也应当拜见。又指着几个孩子说：这个是你的长侄，这个是你的次侄，你应当接受他们的拜见。

孩子将莫家人一一认过，拜过，就想着要离开。莫长子对他说：你是我的弟弟了，应该在这里守灵的，你要到哪里去呢？

莫长子于是吩咐下人，将那孩子送去洗澡，更衣，然后一起休息。休息时，莫长子趁机将那孩子教育了一通：咱爹创下这份家业不容易，现在，他老人家仙逝，我们一定要继承他的遗志，将家业经营好。

话说这一头。

居心不良者一直在茶馆里等待，他们在等那孩子出来，准备去打官司。左等不来，右等不见。后来得到消息说，莫家已经认下这个儿子了。居心不良者听此消息，神情大为沮丧，计划实施不了了。

第二天，居心不良者还是去官府告状了，告那孩子欠他们钱。长官将莫家长子、孩子及老夫人一并找来，一一问询。当然，真相马上大白了。

审理此案的唐太守感叹地说：莫家长子真是高人，他平息了一场认父夺产的危机啊。

当然，那些居心不良者，统统被抓来，按照法律，该怎么处罚就怎么处罚。

（宋　周密《齐东野语》卷二十，《莫氏别室子》）

　　莫老虽然及时将婢女外嫁，然而，还是留下了遗患，这个遗患在居心不良者的培育下，迅速恶变。

　　莫家长子的处理是及时和恰当的，及时认亲，化解危机。

　　假如，按莫老妇的处理，将孩子赶出家门，那么，莫家马上面临着官司，在案堂上，莫家一定不认这个孩子，婢女一定会指认这个孩子，滴血认亲是免不了的，莫老死了，不可以用他儿子们的血吗？太守应该会想到这个办法。

　　那些居心不良者，就如一群嗜血的苍蝇，闻到一点点血味，就会蜂拥而至，那一对卖汤粉的夫妇，本来生活得好好的，也被这样的诱惑打动了。

　　怪他人，也怪自己，贪心总是祸害人。

# 卷三十四

刀为什么会折断

# 刀为什么会折断

剌剌拔都儿，是有名的将领。至元三年，他跑进宫中，杀掉了唐其势大夫，外面都不知道。他的部队，当时都驻扎在京城东门的外面。太师伯颜怕生变，亲自带了三百精兵去抓他。

拔都儿看见大道上灰尘扬起，立即警惕，跑进军帐中，将武器带上，骑上马撤退。道上和伯太师的兵相遇，短兵相接。拔都儿挥着刀，快要接近伯太师马的时候，刀头忽然掉在地上，只有逃跑。没有武器的拔都儿，很难敌过伯太师的兵，被抓回，杀掉。

这是件奇怪的事，拔都儿是名将，刀怎么会临阵折断了呢？原来，半个月前，这把刀曾经掉地上，折断了，家人怕他发怒，又偷偷地装进刀鞘中。

（元　杨瑀《山居新语》）

并不是他不勇敢，并不是他不能战。拔都儿毁于一件偶然事故，也许就是命中注定。

生活中，这样的偶然很多。

一个小区的消防设施，因人为的原因，被损坏，损坏者怕承担责任，管理人员又不知道，火灾恰恰这个时候发生，于是灾难就酿成。医生的手术中，突然需要某种重要器械，但是，前一天，又是人为的原因，被损坏，损坏者又怕承担责任，管理人员又不知道，第二天手术时，那个病人恰恰因这个手术器械的时间耽误，命丧手术台。

其实，偶然也是必然。

假如，拔都儿每天都检查他的兵器，养成了一辈子的好习惯，那么，折断了刀就被会发现，而不会临阵时送命。假如，拔都儿平时为人和善，家人也是遇事都有商量，那么，即便突然折了刀，家人也会告诉他。假如，消防设施和医疗器械的管理，精细于每一个细节，环环相扣，发生事故的概率就会大大下降。

其实，假如只能是假如。

对于拔都儿临阵折刀，只能怪其命中注定了。

# 祝寿事故

后至元四年，伯颜太师做寿，百官都来祝贺。中丞耿焕，年纪大了，被拥挤的人群挤倒在地，踩断好几根肋骨。

（元　杨瑀《山居新语》）

元朝的伯颜太师，人长得帅，说话直爽，做事果断，和历史上那些著名的权相比，好像没有什么污点，因为人家本来就高人一等嘛，拍马的人多也可以理解了。

伯颜本来应该低调些的，可是，他深得皇上的信任（见元代陶宗仪《南村辍耕录》中《权臣擅政》），百官们这么热情，也就哈哈笑纳了。

没有过多的场面描写，百官填拥，肋骨踩断。我们透过这些字面，就能感觉那盛大的祝寿场景。不去不行啊，大家都去了；不送不行啊，大家都送了。

一个官如此，其他官也会如此，每个官都有自己的圈子，只有场面大小而已。

引申到现代，祝寿有多种变体，变得灵活精致小巧实用，再也不会出现这么傻乎乎的挤人场景了。

# 哪有不死人的田地

至元年间，乃颜叛乱，他的余党都被流放到定海县。

延祐初年，倚纳脱脱公做江浙的丞相，乃颜的党人常常上诉，说是水土不服，要求迁居到其他地方。脱脱公告诉他们：你们去给我找一块没有死过人的田和地，我就为你们找新的地方。

（元　杨瑀《山居新语》）

脱脱公的回答，使我想起了一个老母欲随儿子去死的佛教故事。

老母亲唯一的儿子得病死去，母亲将儿子的尸体拉到墓地，本来可以为我养老，现在我还活着做什么？她准备和儿子一起死去。

佛知道这个情况后，带着五百比丘前往老母亲儿子的墓地。

佛对老母亲说：想让你儿子复活吗？

老母大喜：当然想，世尊！

佛说：拿好的香火来，我来念咒，让你儿子复生。佛又叮嘱老母亲：必须用没有死过人的人家的香火。

老母亲便去寻找香火，见人就问：你家前前后后死过人吗？她所得到的回答都是：先辈的祖宗，都已经死去。

老母亲只好回到佛前面诉苦：世尊啊，我遍求香火，就是没有没死过人的人家啊！

佛于是开导老母亲：没有长生不死的人，活着的人力求活下去，也是可喜的，你何必犯糊涂，随子去死呢？

老母亲的心结，终于被解开。

这大概就是佛教中的觉悟。觉醒了，懂得了，也就解开了。

同样，土地有肥瘦不假，但关键在于怎么去管理。乃颜的党人，明显带着抵触的情绪，我们自草原而来，我们为国家而战，我们出生入死，我们要求分得优质土地和丰富的财产！他们自认为是"高等民族"，所以敢向长官提这样那样的条件，要是汉人犯了法，敢吗？

脱脱公这个办法很绝，对于犯了错的人，必须给点颜色看看，即便是自家人。呵呵，也许他早知道这个佛教的故事。

# 秦桧孙女的宠物猫不见了

秦桧的孙女，被封为崇国夫人。她特别喜欢的一只狮猫，有天突然不见了。她给杭州知府下令：限期给我找到。

限期到了，猫还没有找到。整个杭州府上下已经乱作一团，官员急得不行，怕得不行，于是命令，凡是狮猫，全都抓起来，还是没找到。官员们于是贿赂秦家的老仆人，询问猫的形状，并将猫的样子描绘下来，印制成数百张海报，张贴在茶肆酒楼。

海量寻找，狮猫终究还是没找着，杭州知府只好找了与秦家孙女关系极要好的闺密说情，她才不追究。

（元　杨瑀《山居新语》）

南宋的临安城里养猫，估计非常流行。洪迈的《夷坚志》里，就记载了一则用猫骗人的趣事：

某熟肉铺老板，弄了一只猫养着，但装作很神秘的样子，不让人家看见，猫的颜色是很特别的红色。在外人眼里，这猫堪比他的性命。结果越传越神秘，有一太监就上门来买了，因为名贵，花了大价钱，不想，买回不到半月，颜色越来越淡，原来是白猫染的。

官家的事，再小也是大事；百姓的事，再大也是小事。这样的逻辑，也许就是被秦家孙女们如此经常演绎的。

对官家来说，小事也可以考验出你的忠诚，更可以验证出你的管理能力。

如果你把我家的小事（所有的）当作大事，就如你丢掉了一只可爱的猫，那会多么伤心呀，你要有像我一样的爱猫体验，况且狮猫。它是如此之贵，它是如此之乖。你对我家忠诚，就会千方百计、百计千方去寻猫；如果管理到位，官员各司其职，民众夜不闭户，百姓路不拾遗，那我的狮猫一定可以平安回来的。

所以，对秦氏孙女来说，丢失的狮猫就是她家权力的检验器，就是官员人心向背的试金石。

按规律，权势被放大到了极限，离崩溃也就不远了。

# 为什么要"去避来"

元朝的法律，管得实在有点宽，对出行都有这样的明文规定：贱避贵，少避老，轻避重，去避来。

为什么要"去避来"呢？不好理解。我（作者）以为，应该以离开为主，来者却是客，所以要避之。后来，有一宋法司老吏告诉我：人刚刚离开，忽然有人仓忙从后而来，一定是有急事，所以应该避之。

（元 杨瑀《山居新语》）

元朝的法律规定得这么细，这四个避，都涉及礼节。

贱避贵，哪个朝代都这样。官员富豪大车来了，小民老百姓，或者你赶着马车牛车，一定要避让的，皇帝来了，所有的都要避，否则要责罚。

少避老，哪个朝代都应该这样。年轻人嘛，走路灵活，远远看见一个颤巍巍的老人过来，应该避让。路不宽，或者窄木桥上，你不避让，危险系数极高。

轻避重，应该的。轻的灵便，重的笨拙。每个城市里的交警，都会警告那些小车驾驶员，千万不要跟在那大型泥头车、水泥搅拌车后面，你碰不起，更不要让它跟在你的小车后面，它刹不住；高速交警也谆谆教导小车驾驶员，千万不要跟在大货车后面或开在它前面，离它远点。因为，大车的制动性能很差，差了能上路吗？其实不是性能差，是超重，大大的超重，远远的超重，十五吨，装了五十吨，紧急刹车的时候，它总要拖着很长很长的印子才罢休，如果你在它前面，会撞飞你，如果你在它后面，后面的刹不住，你就钻到它"肚子"里去了。

去避来，也应该的。离开总是自主的较多，带着目的走，走得从容些。人家来的嘛，也许有急事，也许路上已经耽搁很久了，你离开的如果正好碰上，还是让让人家吧。一是礼貌，二是安全。

卷三十五

贞妇杀僧记

# 艳妇被拐记

宋朝末年，南京府有一小官员的老婆（我们暂且喊她静姝吧），样子长得极艳丽，也喜欢外出游玩。

有一天，郡守请客，因为是下属的妻子，静姝也收到了请柬。

宴请的时间到了，官府专轿来迎接，静姝欢欣鼓舞地登上了轿子。一上轿，静姝发现有点异常哎，轿子怎么走得这么快，这么急，仆人都追赶不上了。

轿夫说到地方了，静姝下轿一看，原来是家妓院。

这边，静姝家的仆人到了郡守家，一看，咦，主人呢？找不到，急忙向小官员报告了。官员立即向郡守报告，郡守立即派人追查，已经找不到了。

原来，这家妓院的老板，早就打听到了静姝是个美女，又喜欢游玩，于是设计等待时机绑架她。郡守举行宴会，这个机会正好。

妓院老板知道，静姝的男人在官府任职，刻不容缓，他们连夜登船跑往外地。

他们训练静姝唱歌，跳舞，给客人表演，赚很多钱。

这静姝虽然没有卖身，却是郁郁少欢，这样的表情，客人肯定不会满意，于是，妓院老板就教训她，打她。但，老板毕竟还是怕，拐卖妇女，在当时也是重罪呢，一旦发现，不好收拾，于是就将静姝卖给一个大官做小老婆。

两年后，这个大官到杭州做了郡守，巧的是，静姝的丈夫，那个小官员，也升职调到了杭州，做了杭州通判。

一天，郡守在家里请通判吃饭，端上来的菜中，有一道是炖甲鱼，通判一看这道菜，吃了几口，眼泪就下来了。

郡守连忙问原因：仁兄为什么这样啊，有什么心事吗？

通判很伤感：唉，这道菜的味道，很像我老婆做的呢，所以，我吃着吃着就想起来了。

郡守又问：那仁兄夫人现在何处？

通判答道：两年前，因为一场宴会，我夫人在赴宴途中，莫名其妙失踪，至今杳无音信。

郡守一听，急忙跑到厨房问他的小老婆，一问，就是通判的夫人静姝。

郡守对通判抱歉说：您夫人在我这儿，幸亏她还没怀孕，您带回去吧。

通判和静姝相见，两人诉说往事，抱头痛哭。

（元　孔齐《至正直记》卷一，《金厅失妻》）


对于这起艳妇失踪案，孔齐评论道：女人连出家门都要谨慎，何况外出赴宴呢？而且，她还喜欢游玩，本来就不是件好事。另外，这小官员也有责任，他没有管理好他的家庭，所以有失妻之祸；静姝以为自己漂亮，心不安分，所以有失身之辱。世上好色纵游者，都要以这件事为警诫。

孔齐的评论，在当时应该还是比较到位的。撇开所有的局限性，单从哲学角度观察，静姝被拐是外因，但真正的内因是，静姝内心那份时时被外界吸引的躁动。躁动日增，被拐概率越大。

当然，如果宋朝有完善的人口管理制度，严密的案件侦查网络，严厉的拐卖人口打击制度，那么，静姝失踪的外部概率就要小得多。

# 贞妇杀僧记

某官员（我们暂且喊他任正吧），平日里，极度不喜欢那些什么教派，凡是僧人道士之类的，碰到就要辱骂他们。

任正的住所附近，有一座寺庙，寺里的和尚都十分富有。有一和尚（我们叫他滑生吧），非常狡诈。任正和滑生曾经有过冲突，那滑生被任正狠狠地教训过。

有一天，任正有公事外出。

滑生就将自己打扮得很帅的样子，特意到任正家门口溜达。

任正的夫人（我们叫她珍妹吧），正在家门口买菜呢。这珍妹很会持家，那些流动菜贩子生意做到家门口，珍妹常常自己出来买菜。此时，正是雨刚刚下过，滑生就装作一不小心跌倒在地，弄脏了衣服，还笑呵呵地爬起来，珍妹偶尔抬头，见此场景，也对着滑生笑了一下。

滑生连忙走到珍妹面前：姐姐，方才，我不小心滑了一下，您看，弄得这么狼狈，我还要去参加一个活动呢，能不能给我点水，清洗一下污泥？

滑生的要求，合情合理，不能拒绝的：您等等，我这就去给您端一盆水来。

这就算找到理由了。

滑生的泡妞计划于是开始实施。

第二天，滑生买了很多吃的用的东西，上门答谢珍妹。珍妹不肯接受：我们又不认识，我怎么能无缘无故接受您的东西呢，绝对不可以！

滑生强调：我就是为了感谢您昨天的帮助，帮助我清洗了衣服，使我解脱了难堪。他丢下东西就跑了。

任正公干回来，看到还有些东西没有吃完，就问了原因，听珍妹说了事情的前因后果，很不高兴：我们怎么能随便接受人家的东西呢？何况是和尚的东西，我最不要看和尚了！

任正骂归骂，并没有起疑心。

这滑生送出了东西，非常得意，认为自己的计划初步成功。他开始了计划的第二步。

滑生暗地里花钱，让人将他的鞋子，偷偷地放到任正房间边上的侧房里，刚好被任正看见，这一下，珍妹百口难辩，任正认为珍妹与和尚偷情，盛怒之下，将她赶出了家门。

紧接着，任正开始追查滑生，滑生听到消息，卷上所有财物，消失得无影无踪。连寺庙的主要领导，也不知道滑生跑哪里去了。

珍妹回到了母亲家里，和兄长一起居住了一年多，实在受不了一个人的清苦，又再嫁了，珍妹不知道，她嫁的正是滑生。

滑生自跑出寺庙后，利用自己的资金积累，做起了生意，待头发全部长成，一打扮，谁还认得出这曾经是一个和尚呢？但他念念不忘珍妹，费了一番周折，终于娶到了珍妹。

三年过去了，滑生和珍妹生了两个孩子。

一个月明风清的夜晚，夫妇俩在庭院里，月下对酌。几杯下肚后，滑生带着几分酒意问珍妹：夫人，你认得我吗？

珍妹笑笑：我们结婚都三年了，我还会不认得你？你是我的夫君啊！

滑生感叹：我与你今日团圆，生活美满，多么不容易啊，我费了多少心机啊！

珍妹连忙问为什么。

借着酒意，带着自豪，想想孩子都生了两个了，珍妹不可能再有什么变故了，滑生就一五一十全抖落了出来：我就是以前那个衣服弄脏的和尚啊！

珍妹听完，怒从心起，表面却堆出笑容：哎呀，前世的姻缘，天注定，我要和你在一起的。我们还是快活喝酒吧。

滑生一听珍妹的反应，果然很高兴，于是大醉。

珍妹怒从心生，操起利刃，手起刀落，结果了滑生。一不做，二不休，长久积聚的愤懑迅速迁怒，将两个孩子也一并杀死。

做完这一切，第二天，珍妹平静地到官府自首。

这样的事，似乎闻所未闻，审判一时也判不下来，珍妹关在牢里一年多。后来，朝廷专门派官员来审理此案，主审人员被珍妹的贞烈感动，释放了她。

珍妹和任正又见面了。

任正要求复婚，珍妹告诉他：我所以报仇，都是为了证明我的心是纯洁的，真相并不像你想的那样，我还我自己一个清白。现在我已经失去贞节，我们不能同住一个家里了。

珍妹于是另找地方，造了个房子，和任正分开居住，到现在已经有二十多年了。

（元　孔齐《至正直记》卷三，《奸僧见杀》）


对珍妹杀僧这件事，孔齐这样评论：奸邪的人不可以交接，实在不得已，也应该敬而远之。不然，轻则招来诽谤，重则带来很大的祸害。

珍妹被孔齐树为贞妇的典范，然而，她却有些狠心，可怜那两个无辜的孩子。

被贞节观束缚的珍妹，面孔有些狰狞，很有些像千年的僵尸，让人觉得害怕。

# 母乳喂养

凡生孩子，最好母乳喂养，这样母子才会有相亲相爱的感情。

我家里往往有这个担心，今天重提这个问题，希望子女们谨记在心。如果没有乳汁，万不得已，才可请乳母，这样，子弟才不会娇惰，以后要做母亲的女孩子，尤其要注意。

（元　孔齐《至正直记》卷一，《生子自乳》）

看来，元朝就有母乳喂养问题。

孔作家家庭显然比较富裕，孩子从小娇生惯养，长大后，即便自己做了父母，也会有这个问题。母乳喂养也是烦事，自己的生活也会受到束缚，家境好的，索性找一奶妈了事。

从上文看，孔齐站在亲情的角度，好像没有说到健康。其实，从现代医学角度看，母乳喂养最大的好处是，能增强孩子的各项免疫能力，为孩子的一生成长打下良好的健康基础。

元朝有人不选择母乳喂养的，但没有剖宫产，现在有一半以上的年轻妈妈选择剖宫产，据说是，怕疼，怕身材变形，怕以后性生活质量下降。

奢侈或者享受，历来是人的本能，纵然是对自己的孩子。

# 要好看

我爷爷曾经告诫我说：人为了"要好看"三个字，坏了一生。

比如饮食，有鱼了，却说菜太少，还要肉；比如衣服，有破的地方，修修补补还可以穿的，却说不好看，要做新衣裳；比如房屋，应该可以居住的，也足够接待客人，却说不好看，要重新装修。一切的一切，都不是正当消费，只是浪费财物。

我爷爷的一双鞋子，可以穿好多年，随破随补；一件白绸袄，一穿三十年；有鱼吃，不吃肉，有肉吃，不吃鱼，终生不吃更多的东西；居住的几间房，仅够遮蔽风雨，四十多年没有改变，乡里的人都讥笑他，他毫不理会。

我们做子孙的，应当牢记爷爷这些告诫，并作为祖训传递下去。

（元 孔齐《至正直记》卷一，《要好看三字》）

"要好看"，其实就是要面子。

很多中国人向来面子第一，要比别人吃得好，住得好，穿得好。穿着破衣服怎么能上街？房子这么小那是多么的寒碜呀？一切关于人面子的事，都是大事。

要面子还有另一方面，即便自己家再穷，客人上门，总要拿出最好的东西招待，往好了说是客气，往坏了说还是要面子，他给人释放出的信号是，我家日子过得挺好的，我如此高规格招待你就是明证。

要面子，没什么不好，问题是，不顾实际，死要面子，从古到今，饱受诟病的，都是死要面子的事情。孔齐的爷爷，他其实是简单生活，他的生活也不差，只是简单而已，房有千万间，你只能睡一张床，菜有百十道，你也只有一个肚子，很多人都知道这样简单的道理，可是在物质面前，还是抵挡不住诱惑。

其实，节俭并不是没面子，而是珍惜财物、尊重自然的美德体现。

# 静物也长寿

世间静物长寿者居多，拿文房四宝做比方，砚主静，所以能长寿；笔主动，所以短命。

以是观之，人也是这样的啊。

（元　孔齐《至正直记》卷四，《静物致寿》）

这里的长寿和短命，只是相对而言。

静能寿，并不是静的东西使用得少，而是它能保持一种状态。就砚台来说，一是取决于它的材质，这种材质本身就有区别，如端砚和歙砚；二是砚和笔相比，谁更持久？

动短命，是说动消耗得多。动是能量的一种释放，笔用得多，一定会有用秃那一天。

孔齐不知道的是，太阳、地球也是动的，它们却很长寿。

生命在于运动，生命更在于平衡。

# 卷三十六

馄饨方子

# 元代马拉松

贵由赤，蒙古话就是快行的意思。每年举行一次，叫作放跑。跑得最快的，皇上有嘉奖。

活动举行时，数名官员在队伍前头站着，用绳子拉好线，并大声点着人数，人数点毕，拉开绳子，预备，跑！

跑行的路线为，如果是大都北京，则以河西务做起点；如果是上都开平，则以泥河儿为起点。

贵由赤，一共需要六个小时，跑一百八十里。先跑到者，直接跑到皇帝面前，跪着喊万岁谢恩。

皇帝给出的奖赏是，第一名奖银一饼，其余则赏赐数量不等的绸缎。

（元　陶宗仪《南村辍耕录》卷一，《贵由赤》）

这应该是世界上最长的马拉松了。

元代的一里大概只有四百来米，那也不少了，远远超过古希腊的马拉松。

游牧民族搞这样的活动，用意显而易见，既是一种倡导，也是一种娱乐。

倡导什么？咱是马上得天下，拼的是体力和耐力，茫茫草原纵马驰骋，荒荒戈壁任由我行，自小练成的生存能力，不能因为安逸的生活，而废除了良好的传统，况且，咱还管理着这么多的汉人，咱还要战斗，贵由赤，就是让我们不要忘记传统。

娱乐什么？咱是粗犷之人，平时的娱乐活动不多，要么摔摔跤，要么射射箭，总之，都是为了展现咱强壮的一面。贵由赤，一般的人还真跑不了，跑个几里数里还行，这么长距离地跑，这么长时间地跑，除了咱，还有多少人能跑呢？

现代中国各地，各类全程马拉松和半程马拉松经常举行，全民参与，积极性高涨，但跑在前面的几名或十几名，往往都是来自非洲的运动员。有什么办法呢？他们是天生的长跑者。

对跑贵由赤的人来说，奖励是次要的，重要的是精神，一个民族有了精气神，什么事情干不成呢？

# 你的胡须怎么变黑了

中书丞相王天泽，上了年纪，胡子全白。

有天上朝，王的白胡须全部变黑，皇帝见了大吃一惊：哎，王爱卿，你的胡须怎么一下子全变黑了？

王回答：亲爱的皇上，我是用药染的呢。

皇帝不解哎：为什么要染黑呢？

王又躬身回答：我在照镜子的时候，看见满脸的白胡须，暗地里叹气，唉，年纪大了，为皇上您工作的时间不多了，于是就想办法染黑胡须，这样，我报效国家的心还是和原来一样的。

皇帝听了王的回答，非常高兴。

（元　陶宗仪《南村辍耕录》卷二，《染髭》）

这个王天泽，显然是骗鬼。

布衣认为的原因，一般是这样的：头发还没白，而胡须全白，这算什么事呢？妻妾成群，还有那么多的应酬，那么多的美女要对付，还以为我真的老了呢？另外，同事见了也不好，打个小报告，说我老了，干不动了，那不合算。

当然，王的胆子也不小。这样的生活小节，如果没有合理的解释，有时也会有麻烦的。可见，他和皇帝的关系不一般！

将胡须染黑，其实是一种不自信。胡须白就白了，年纪摆在那儿，官员重要的是能力，如果能力强得让皇帝离不了你，他就会千方百计留你，哪管你胡须白还是黑，白了更让人尊敬，而表忠心之类的话，皇帝知道大多数肯定言不由衷。

另一角度观察，这也算恋位。

王登上这个相位，想必努力又努力，花了"九牛十虎"之力，还要几辈子积德，而年纪是不饶人的，胡须白，衰老的开始，一般的理解就是年纪大了，而又有多少人盯着这个岗位啊，一不小心，帽子就没了。白须染黑，青春突然焕发，就可以多干好几年，唉，这年头，多干一天是一天！

王还算光明正大，不像有的干部，偷偷将年纪改小，离谱的要改好多次，年轻个十来岁！

# 二百四十六字官衔

中书右丞相伯颜，权倾一时。

他的名片上署着的官衔，共有二百四十六个字：

元德上辅广忠宣义正节振武佐运功臣、太师、开府仪同三司、秦王、答剌罕、中书右丞相、上柱国、录军国重事、监修国史、兼徽政院侍正、昭功万户府都总使、虎符威武阿速卫亲军都指挥使司达鲁花赤、忠翊侍卫亲军都指挥使、奎章阁大学士、领学士院知经筵事、太史院、宣政院事、也可千户哈必陈千户达鲁花赤、宣忠斡罗思扈卫亲军都指挥使司达鲁花赤、提调回回汉人司天监、群牧监、广惠司、内史府、左都威卫使司事、钦察亲军都指挥使司事、宫相都总管府领太禧宗禋院、兼都典制神御殿事、中政院事、宣镇侍卫亲军都指挥使司达鲁花赤、提调宗人蒙古侍卫亲军都指挥使司事、提调哈剌赤也不干察儿、领隆祥使司事。

（元　陶宗仪《南村辍耕录》卷二，《权臣擅政》）

官名多，说明能干，皇帝一时半会离不开他，越赏越多。官员也离不开他，拍马的人肯定摩肩接踵。

长长的官衔，如果上朝都要报一遍，那么，报名的人也不愧为人才。相声演员学贯口，报菜名啊地理图什么的，可能比这个还要长，但绝对没这个拗口。浙江卫视《中国好声音》主持人华少，能几十秒报广告不停，也算了得，但是，如果伯颜来参加《中国好声音》，不愁死他才怪！

伯颜的官其实不是最多的，三十二项，并没有创造纪录，唐朝的杨国忠就有四十多个头衔呢。

往本质上说，这就是一种花架子。

叠床架屋式的机构，必须有人撑着才行，否则就失去了意义，皇帝心里其实很清楚，人的精力有限，哪有这么多事可以管，不过就是走走形式罢了，一级一级走，认认真真地走，大家都走得像模像样，局外人看来，真是可笑极了。

# 少一个"圣"字还了得

至元年间，徐文献在陕西省做领导。

有一天，下属报来一个材料，材料上误漏了个"圣"字，徐的秘书说，这还了得，建议问罪。

徐没答应。他在材料上写了几行字：我仔细审看了你们送上来的材料，发现第一行脱了第三个字。现在将原材料发下，你们改正好重新报上来。

当时，人们都称赞徐是厚道的官员，不整人。

（元　陶宗仪《南村辍耕录》卷五，《厚德长者》）

笔误经常发生，但付出的代价是不一样的。脱一"圣"字，说小就小，发回重新写一下；说大就不得了，怎么可以少了万岁呢？足可以杀头的。

历朝的文字狱，大多都是鸡蛋里挑骨头，瞎联想，无中生有的居多。

"文革"时期的中国，政治生态严酷，报纸的正面，如果是领袖像，反面都不能有不好文字。

整人者，大多心胸狭窄，用放大镜观察别人，别人身上一个缺点，都会被无限放大，有严重缺德者，恨不能将别人整天踩脚下，永不得翻身才算称了他的心。

其实，宽容别人，就是宽容自己。

设身处地，为他人着想，也算积德之一种。

难得徐文献。

# 儒是五谷

孛术鲁翀子翚公做翰林时，有天，刚给皇帝讲课完毕，皇帝突然问了他一个问题：儒释道三家中，谁最尊贵？

鲁老师回答：佛家好比是黄金，道家好比是白玉，儒家好比是五谷。

皇帝问：依先生的说法，那应该是儒家最贱了？

鲁老师再回答：黄金、白玉，没有它们，我们也能生活得下去，而五谷，对于现实中的人们来说，有哪一天能够离得开呢？

皇帝非常开心：这个比方真好呢，通俗易懂，我一下全理解了！

（元　陶宗仪《南村辍耕录》卷五，《三教》）


释是外来物，道和儒却是中国土特产。

道说"无"，释讲"空"，儒却要"和"，仁义礼智信，顺应自然，和谐相处，都属精神层面，然确有离得开和离不开之分。

五谷是国家的物质支柱，也是精神支柱，五谷能强身健体，五谷能让社会安定，五谷丰登，六畜兴旺。

历朝君主，如果不是出现十分特别的情况，一般都重视五谷杂粮，许多朝代都将它当作治国的根本策略。

修身。齐家。治国。平天下。

哪一样都离不开五谷。

# 头上恐怕有钉呢

这是一个案中案，好像电视剧。

至元二十年，姚忠肃公做辽东按察使。

武平县民刘义，状告嫂嫂与人私通，合伙谋杀他的哥哥刘成。

县令丁钦接到报案，立即赶到现场。仔细勘查，什么也查不出，尸体完好如初，这是怎么死的呢？

丁县令回到家，心事重重，饭也吃不下。

他老婆韩氏关心地问了：怎么回事啊？

丁回答：喏，案子破不出，是这么回事呢！

韩氏听了后，想了想说：你查过死者的头部吗？恐怕头上有钉子，而痕迹被他们涂抹过了。

丁县令很受启发。立即去查验死者的头部，果然！

证据确凿，定案，上报到姚长官那儿。

姚长官将丁县令叫来，仔细询问了案由，丁县令一边讲，一边还夸耀他老婆能干。长官问丁：你老婆是处女吗？丁答：不是的，我是再婚，我老婆的前夫生病死了。

姚长官于是让其他的办案人员介入，将韩氏前夫的棺材打开，一查验，韩前夫的头部也有一钉，前夫就是这样被她钉死的。

姚长官于是将丁妻捉来，一审问，还真是！

丁县令老婆被问罪是一定的，而县令也因为此事，急火攻心，一病不起。

老百姓都夸奖姚长官，真是元朝的包青天啊！

（元　陶宗仪《南村辍耕录》卷五，《勘钉》）

情节一波数折，案中有案。

丁县令的老婆是循例，因为她自己干过这样的事。

现代警察，也会用这种办法来管理社会治安，小偷显然更加知道小偷同伙的办事手段。

韩氏以为嫁了人，又是县令，安全了，大意失荆州，哪里想到还有高人在。即便不是姚长官，她也有可能被发现。

人在做，天在看，此谓天网恢恢。

# 水　畜

陶朱公的《养鱼经》说：治生之法有五，水畜第一。

（元　陶宗仪《南村辍耕录》卷十，《水畜》）

什么是水畜？就是鱼啊！

范蠡是个奇才。他功成名就后，就带着西施游山玩水去了。当然，玩归玩，生意还是要做的。

他随便玩玩，也玩出花样。《养鱼经》，是养生，又是生意经。

畜生都在岸上走，哪见水里有？

是不是，那些鱼，开始不怎么听话，很难养活？是不是，那些鱼，鲜活鲜活的，西施姑娘说，味道美极了，他们一边喝鱼汤，一边笑骂：这畜生，还真好喝！是不是，那些鱼，还有食人鱼，不仅丑，而且凶，就如同那些畜生？

水畜，绝对是新词，这是一个已经有两千多年历史的新词。历史的新词虽是一种记录，但仍然可以读出与自然与生态等有趣的信息。

# 馄饨方子

大明朝吏部郎中乔仲山，非常幽默。

他家的馄饨，做得特别好吃，许多亲朋好友，常常上门蹭吃，人多了，有点受不了。

有天，他想出一个办法。他在每个客人饭桌前，先放一帖，并且告诫大家说：请大家吃完才可展开阅读。

大家吃完馄饨，迫不及待打开帖子，原来是制作馄饨的方法和步骤。

众人哈哈大笑，心满意足而去。

此后，乔家再无骚扰之苦。

（元　陶宗仪《南村辍耕录》卷二十四，《馄饨方》）

吏部郎中，不要说家里有好吃的，即便没好吃的，许多人也都会奔着来跑关系，踏破门槛。

还有，即便东西不好吃，也肯定要说好吃了。

不过，这里，乔公家的馄饨，确实做得好吃，估计有什么传统秘方。

乔公的机智，其实还是一种奉献，好东西不能独藏着，有了方子，你们自己回家照着做就行了！

这种奉献多了，就成了一种文化，一种传统，中国许多的传统美食，就是这么口口相传而来的。

# 卖不出的官帽子

至正乙未春天，中书省大臣向皇帝报告：国家粮库紧张，要想办法创收呢。皇帝一拍脑袋：我们不是有很多的官位吗？就卖掉一些吧，用粮食换官位。

兵部员外郎刘谦，到了江南，专门招募路府州司县的官员，从五品到九品，根据交的粮食多少而定。说实在话，这些官的含金量还是很高的，不比那些管理茶叶啦盐业啦等的官。但结果是，感兴趣的人几乎没有。

这真是怪事！官都没人要！五品呢！

刘长官到了松江地面，知府崔思诚，想做出一些成绩来。于是，他也不管人家愿不愿意，将所属县的一些大户人家抓起来，点出十二个人，要将官卖给他们。这些大户大哭，怎么说都不要官！崔知府很愤怒，严刑拷打，不要不行，将官名填写好后，直接授予。

也有官员抵制这种做法的。平江路达鲁花赤，他不怕刘长官，据理力争，以为不可，自然，他管理的那个地方，一个官也没卖出去。

（元　陶宗仪《南村辍耕录》卷七，《鬻爵》）

饿肚子的时候，官有什么用？一张纸而已，和金子一样，不能吃，不能咬，远不如粮食实用。有粮就不会饿着，要那劳什子的官职干什么呢？

官贬值到什么程度？连五品官，都不稀罕，那一定是什么油水也没有，不仅没油水，说不定还要倒贴，惹麻烦，如果汉人官员富裕，那么，上级，上级的上级听说了，捐助是跑不了的，捐一次问题不大，就怕无穷无尽地捐。那些好位置，差不多都被蒙古官员占着，没什么油水的官位才会拿出来呢。

细翻中国历代社会，像这样不吃香的官，有些少见。一般人要做到品级不低的官，没有数十年的奋斗，根本不可能。

元朝统治后的中国大地，民不聊生，官也不聊生，真有些滑稽！

# 小金钗冤案

西域人木八剌，长得高大威猛。

有一天，他和妻子在吃饭。妻子正举着个小金钗，叉起一小块肉，刚要入口，门外传来客人进门的声音。老木立即起身，出去接待客人，妻子也来不及吃下那小块肉，就放在盘子中，起身泡茶去了。

安顿好客人，重新回到餐桌前。哎，怎么小金钗不见了呢！

夫妻俩吃饭时，边上是有小婢女侍奉着的。当然，她就是第一嫌犯了！

木：这小金钗不会是你拿走了吧！

小婢女：没有，没有，主人，我怎么会拿小金钗呢！

木：还不老实，这家里又没有别人，不是你是谁？

小婢女：主人，真不是我拿的！

嘴硬！

拷问万端，终无认辞！

小婢女竟然被打死。

年底时，木家叫了匠人，来家里修整房顶，整理瓦片。工人们在工作中，忽然有一件金属小东西，掉到了地面的石头上，发出清脆的声音，捡起来一看，哎，这不是以前丢失的小金钗吗？这小金钗上还叉着小骨头呢！

怎么回事呢？

事情不是明摆着嘛，一定是猫来偷肉，连带着小金钗一同叼走。猫的动作神速，小婢女没有看见。

小婢女含冤而死！

（元　陶宗仪《南村辍耕录》卷十一，《金锞刺肉》）

老木这样的人，横行霸道，打死人，官府居然不敢问，以为家事。元人的社会等级观由此可见。

鲁迅的杂感中，列举了元朝定律：打死别人的奴隶，赔一头牛。他引了多桑《蒙国史》元太宗窝阔台的话：成吉思汗法令，杀一回教徒者，罚黄金四十巴里失，而杀一汉人者，其偿价仅与一驴相等。

可怜汉人，性命等于牛马。

这里，猫虽是主犯，但不能怪猫，它是畜生，有机会自然要偷吃。可悲的是，真相竟然要用小婢女的命来大白。

撇开所有，单纯从案件本身看，有些事情，没有确凿证据，真不能凭空想象。你所看到的现象，即便很真实，也只是假象，此果不是此因，因果之间，是假性的互联关系，木八剌的头脑简单了，不过，他根本不想复杂，汉人奴婢的性命太不值钱。

表相与真相，小金钗冤案，值得后人借鉴。

# 上天给的养老钱

聂以道主政治理江右。

有天早上，他辖区某村的某菜农外出卖菜，在路上捡到十五锭钱，高兴坏了，回来告诉母亲：大喜事，捡到大钱了！

母亲一听，非常愤怒：我不相信！这钱是不是偷来骗我的？我们家虽然穷，但从没用过不明不白的钱！如果我们用了这些钱，祸害马上就会来的！你赶紧送去还人家，不要连累我！

母亲再三要儿子去还钱，儿子不听，就是不听！

母亲威胁儿子：你再不听我话，我就将你告到官府！

儿子非常不情愿：捡来的钱，怎么去还人？还给谁呢？

母亲说：你就站在捡到的地方等，一定会有失主前来的。

儿子只好带着钱，到捡钱的地方等失主。

过了没多少时间，果然有人来寻钱。这菜农真是很纯朴，见人寻钱，也不问问他丢了多少钱，就赶紧将捡到的钱交给他。

路人看不下去了。要求丢钱的人拿出一点来奖励菜农。

丢钱的人小气地说：我原来丢了三十锭钱，现在他还我才一半，怎么可以奖他呢！路人多是好事者，见此情景，越发盯住丢钱人，一定要他意思意思。

一群人于是吵吵闹闹，闹到了聂以道的公堂上。

聂是个有经验的官员了，审理这样的案子，需要多方证据。

他先问村民，是怎么一回事？

村民说，是这么一回事！

他又暗里问了菜农的母亲，母亲一五一十，全盘托出！

聂长官又问当事人之一丢钱者：你是丢了三十锭钱吗？

千真万确！大人！

聂长官再问当事人之二捡钱菜农：你是捡了十五锭钱吗？

千真万确！大人！

好的，都写下来！都签上你们的大名！

最后，聂长官对着当事人之一判决：这钱不是你的，是上天赐给贤能母亲的养老钱！你丢的三十锭钱，可以到别的地方去寻找！

十五锭钱，于是交给了菜农母子。

老百姓听说这件事后，都非常开心！

（元　陶宗仪《南村辍耕录》卷十一，《贤母辞拾遗钞》）

聂长官这样的判决，完全是对守法和孝顺的嘉奖。

那个失三十锭钱的人，不知道在哪丢了钱，但一定是在这一条路上丢的，否则，他不会这么大胆冒领，冒领也是犯罪。他的简单推理是，反正有人捡到了钱，且这个捡钱人如此爽快将钱还给他，那么，这钱一定就是他的。又且，钱确实没有明显的标记。

上天不可能赐钱，那十五锭钱也一定是有失主的。这个失主，就如偶尔买了张彩票，根本不指望它中奖，或者，他没等开奖前就将彩票弄丢了，丢了就丢了，反正只有两块钱。没想到，偏偏中了大奖。自然，这个奖只能算弃奖了。

不过，那十五锭钱的失主，假如再寻上门来，听说了这样的故事，也一定会感动。如果他是个不缺钱的主，那么，极有可能按照聂长官的判法，赠给这对母子。

当然，我可以断定，只要有失主上门，菜农母亲一定会将钱还他！

# 卷三十七

苏轼计划用钱

# 顶撞皇帝命令

明武宗驾至淮安。太守薛赟，为了方便扯船，命令将沿河的民房都拆掉，又将老百姓家中的绢帛弄来，作扯船用的纤绳，两淮群众非常不满。

过扬州，湖州人蒋瑶，是扬州太守，独不拆房，他的理由是：沿河并不是圣驾临幸的地方，扯船自然有河岸可行，为什么一定要拆老百姓的房子？如果有罪，我自己去顶。

江彬传旨，要扬州报大户，蒋说：扬州只有四个大户，第一个是两淮盐运使，第二个是扬州府，第三个是扬州钞关主事，第四个是江都县，老百姓都很穷，没有什么大户。

江又传旨：朝廷要选绣女。

蒋答：扬州只有三个绣女。

江问：今在何处？

蒋答：民间并无，知府有亲女三人。朝廷一定要选绣女，可作征用人选。

江彬无话可说。这件事遂不了了之。

后来，武宗驾崩，薛赟被治罪，蒋却不断升官，做到工部尚书。

（明　何良俊《四友斋丛说》卷之六）

皇帝任何事，都是大事。

薛太守，就是这样做大事的。历来行船，都有河岸可以拉纤，但河岸并不宽，拉纤也不方便，有力使不上，如果将沿河的民房拆掉，那就省事多了。薛认为，只要将皇帝的事情办好，哪管百姓的死活。

沿河民房拆掉，是暂时拆掉，还是船过后重新建造？如果重建，谁出钱？不可能是官家出钱，因为，拉纤用的绳，都要到民间去索，官家怎么会管老百姓的房呢？不可能。

那么，简单的问题是，沿河老百姓房拆了，住到哪儿去？这个，薛太守不管的，自行解决！我只要皇帝开心就行！

而蒋太守，却是要考虑这些问题的，房不是一定要拆，是那些拍马屁的人，是那些不顾百姓死活的人，乱作为，胡作为，千百年来，都这样行船，为什么一定要拆房呢？

更机智的还在后面。

对于一个爱民的太守来说，这也完全是十足的理由，扬州百姓太穷了，百姓中没有大户，百姓中也没有绣女。这两个理由，应该都不完全是真相，扬州不可能没有富户，一个地方，穷和富，应该是有比例的，自古如此。扬州民间也不可能没有绣女，刺绣的形成，就是因为有强大的民间基础。但这些理由，又完全是真实的写照，税赋连年加重，百姓没有休养生息的机会，连生计都成了问题，哪里还有什么大户，哪还有什么闲情逸致？

这是一个正直的官员，和腐败的朝廷、腐败拍马的官员，机智地对抗。

当然，朝廷也有明白人，蒋的好结局，就是明证。为百姓着想，百姓永远记着他。

# 狡猾的儿子

杨文贞的儿子，在家乡暴横，乡民甚苦，因为他爹是当朝宰相，都不敢说话。

王抑庵是杨宰相的同乡，与杨关系不错，王于是经常向杨宰相反映他儿子的问题。

后来，杨宰相因为要修墓回老家，他儿子，穿着硬牛皮鞋子、粗布衫，到百里之外迎接老父亲。杨宰相见了儿子，很感动，我儿子就是一个善良淳朴之人嘛，不像老王说的那样，老王不断反映问题，他是妒忌我儿的功名，乱说。

又后来，他儿子坏事连连，乡里百姓告发到朝廷，朝廷将他儿子抓到京城，处以重罪，杨宰相才知道他儿子的一连串丑事。

王抑庵在吏部十余年，终不得提拔，人们都认为是杨宰相的原因，事实也确实如此，因为儿子的事情，杨文贞心里始终有个疙瘩解不开。

（明 何良俊《四友斋丛说》卷之七）

杨广在还没有做上太子以前，也是这般地装。

哥哥杨勇做太子做得好好的，但不如杨广有心计。他一天到晚在装，装生活朴素，因为杨勇会享受生活；装勤奋努力，因为杨勇得过且过；装不近女色，因为杨勇生活不检点。终于，杨坚还是被真相蒙蔽，让杨广做了太子。做了太子后的杨广，有点迫不及待，最终，杨坚也没有办法了。他的江都后宫，常年宫女有四万多人。

从古到今，表里不一，会装的大有人在，甚至有远远超过杨广的。

和杨广比起来，杨宰相的儿子，不算什么，但他也骗过了老爹的眼睛，儿子总是自己的好，他相信自己的儿子。

装是有目的的，目的达成，也就不用装了。

硬牛皮鞋子，在当时都是普通之物，看来，明朝百姓生活条件不错，至少不是人人都穿"解放鞋"。

做了大官，还将儿子放在老家，杨宰相其实还是自律的，明朝对官员家属的管理一定有政策。

有一种装，和上面的不一样，我们应该提倡：

"作之不止，乃成君子"，是一个不太常用的成语，意思是说，一个人，要不断地装，一直装，将装作为自己的行为规范，那么，几十年装下来，也就成了君子。

因为人的本性，是不断需要约束的。

# 性格官员吴献臣

正德初年，吴献臣因为弹劾太监刘瑾，被关在午门前的大牢里一个月。后来，又被贬官。

刘被杀了，吴被起用做了松江的同知。嘉靖初年，做官做到御史，巡抚南直隶。我小时候刚读书时，正好碰到吴公在松江办公，曾经有印象。

这个人身材短小，又黑又瘦，走起路来蹦蹦跳跳，活像一只猴子。他的院子里，常常养着一些小鸡，种着瓜茄。有时正上着班，忽然想起他院子里的小鸡，或者瓜茄要浇水施肥了，就抛下公堂下众人，跑去喂他的小鸡了，一会儿又急急跑来。人们都以为他有点痴呆。但是，他为官清廉，处理事情公正公道，没有人敢冒犯他。而且，他博览群书，到孔庙烧香讲书完毕，他问诸学生"五眼鸡""三脚猫"的故事，没有人能答得上来。

吴献臣做松江同知时，正好刘德滋做太守。

也有好笑的事情。

刘太守升堂完毕，各级官员都散开去，各办各的事，只有吴不离开，侧坐在府堂上。凡是太守有不恰当的，他当即指出批评。他身上多虱，有时与太守喝酒，动不动从身上抓下一只虱子，放到桌子上，用唾沫将虱子一圈围起来，对着太守说：看你走到哪里去！

上面这个情节，是我（作者）的先公，亲眼看到的。

（明　何良俊《四友斋丛说》卷之九）

吴献臣算得上是个性格官员了，因为有很多有悖常理的事情。但从细节，我们还是可以读出其他有趣的信息。

其一，正直。不怕得罪刘瑾。在刘最猖狂时，谁敢得罪他呢？卷十五载：刘掌权时，邵二泉先生与一同官因为公事去见他。邵不知哪一句话得罪了刘，刘大怒，用手将桌子用力一拍，邵不觉蹲地，尿了一身。

其二，认真。他监督刘太守，也是出于正直，上级是不能随便批评的，他敢，只要你不对。另外，他对着虱子指桑骂槐，太有意思了，似乎童言无忌。

其三，率性。上班上得好好的，忽然想起什么事，就要去做。表面是率性，实际上，我们也可以这样理解：做一个廉洁的官员，要从小事做起，自己养鸡，自己种菜，尽量减少对公共财产的占用，这样的行为，不应该倡导吗？

看一个人，不可貌相，这个黑不溜秋的瘦猴，表面猥琐，却博学多知，内心十分光亮而透明。

# 掠剩使

人于禀受之初，财帛金宝皆有分限。

比如，能载万斛的船，只能容纳万斛，多加了数斛，船就沉了。唐人小说中，有"掠剩使"的说法，意思是说，人命中的财物，都有定数，如果你的财物少过其数，则上天会派一使者送来，但也只是将你命中之财物数填满为止，多了就不行。

今天的人们，有散财获福的说法，散财怎么会获福呢？人积财太多，过了他的分限，那么冥冥之中，神就会以各种各样的事耗去你的财，如果财物合适，那么，事情就不会发生。所以，读书人应该明白这个道理，可惜的是，当今士大夫读书万卷，独独不懂这个道理，有的至死也不懂！

（明　何良俊《四友斋丛说》卷之十）

古人这个财富观，虽然偏颇，但不无道理。

只是，人们并不信命，也就是不相信他的财富命限。我为什么只有这么一点点呢？我会挣得更多，更多的钱财，才是我的财富定数，我现在还远远没有达到这个定数呢！至于到底挣多少才够，他自己肯定不知道，他以为，他可以拥有全世界的。

散财获福，有些人懂了，懂的人，是因为他知道财富的拥有，没有尽头，差不多就行了。财散了，心安了，也就没有什么事会发生。

比尔·盖茨，扎克伯格，还有大大小小的慈善家，都明白中国这个古老的散财获福观。

国人穷怕了，穷的时间太长了，各项保障又不健全，不能怪大家的。所以，电视剧《温州一家人》火了，《温州两家人》又火了，有人正在筹划《温州三家人》，温州人不信命，命在自己手中。

也有消极观。

我的命中只有这一点，不必和命争，得过且过，什么斗志啊激情啊，一边去！这样会滋生大批没有精气神的人，时代的车轮，没有人去推。

然而，均衡有度，适度奉献，为他人着想，珍惜资源，不暴殄天物，财富命数论的积极意义，要远大于消极观。

可敬又可怕的"掠剩使"，无处不在！

# 星期十

　　我（作者）观察，唐宋以来，机关公务人员，都有旬休。上班九天，第十天休息，这一天用来洗沐，我们今天说的上浣、中浣、下浣，大概就出于此。第一个第十天休息日，是上浣；第二个第十天的休息日，是中浣；第三个第十天休息日，是下浣。

　　人处于世，谁都想有休闲取乐的时间，难道一做官，就要放弃吃喝郊游吗？所以，洗沐一日，正好可以有私下独处的时间，古代为官的，大多有善政，和这个休息日，是有相当联系的。

　　　　　　　　　　　　（明　何良俊《四友斋丛说》卷十八）


　　公仆，就是民众的仆人，就是为民众排忧解难的。你是公家人，吃的公家饭，就做公家事，不容偷懒。

　　星期一，星期二，星期三，顺口溜说，过了星期三，日子猛一蹿，因为星期四一过，就是星期五。现在一年有一百多天的假。几十年前，我工作时，顺口溜还有一句：过了星期五，还有一上午，星期六，休息半天。那时的假期，是一天半。

　　可古人不行，还有星期七，星期八，星期九，星期十才是星期日。这一天，当然也是用来调整身心的，连续上班，且又是那种死板节奏的，一次上九天班，犹如汽车光跑不加油。当然，上班吊儿郎当撞钟混日子的除外，上班以各种理由泡妞打牌喝酒等的除外。

　　看上级如何关心下级的。

　　同卷中有孝宗皇帝关心下属喝酒的记载。

　　孝宗曾问内侍：今衙门官员，每日凌晨就来早朝，白天又要上班处理各种事情，他们那些朋友同学亲戚，总得需要聚会吧，哪里还有工夫喝酒呢？内侍答：他们常常是夜间下班后喝酒聚会。孝宗再问：各部门的工作人员，都下班了，如果夜间喝酒，骑马醉归，到哪里去弄灯笼呢？他马上下令：今后，各官饮酒回家，道路两旁的酒家，都要备灯笼以便传送，北京、南京，虽然风雪寒凛，半夜也叫得到灯了。

官员也是人，官员喝醉酒，关心一下，让店家备个灯笼，也不是什么大事，关键是，皇帝想到这个问题了。上官如此关心，下官能不卖命工作吗？

因此，善政和公务人员的适当休息，紧密相连，那种将下级官员双休日强行占用的上级官员，理论上是违反人性，行动上是为一己政绩私利。

侵占法定的休息时间，说得再严重点，就是虐政、暴政！

# 士大夫的理想

何次道在瓦官寺，参见礼拜很殷勤。阮思旷对他说：您的志向很大啊，志在整个世界呢。何不解地回答阮：您不拜佛也就算了，为什么如此讽刺我呢？

阮说：我也有理想，我图的是千户郡，我这样去努力，尚且得不到，您是想做佛，这个志向难道不大吗？

确实如此，现今的士大夫，都想将官做到一品两品，积财巨万，然后，去修身养性，长命百岁，希望将世间的福享尽，最后，又想做活佛，永久长生。这样的志向，不是比何次道都还大吗？

然而，世上真有这样的好事吗？还不如裴晋公说的：鸡猪羊蒜，逢着便吃，生老病死，符到便行。

（明　何良俊《四友斋丛说》卷二十二）

如何更有意义地生活和存在，这个话题，无论古今，都有点大。

追求无止境，生命却有限，这就是悖论。

裴晋公的观点，是一种豁达的人生。生活，如鸡，如猪，如羊，碰着东西，不要挑剔，能填饱肚子方是上策，接到死亡的命令，什么东西都不必收拾，直接去报到。因为什么都没有牵挂，所以才来去自由。

人们到底牵挂什么呢？

同卷二十一，引《法藏碎金》如此说："世间俗士，都为名利缠缚，嗜欲缠缚，其身就不得自在，小乘人为空缠缚，法缠缚，其心不得自在。唯大乘人免此二缠缚，谓之解脱，身心俱自在，得出世之乐，名曰涅槃。"

不能怪世间俗士了，连那些佛教徒都一样，他们虽然看透物质，但看不透空，看不透法，内心还是被这些东西缠缚着。

按上面的说法，只有大乘才能让人解脱，我不懂这个，无法进一步解释。但也不无道理，道家说无为而治，无欲则刚，其实他们只是想通过另一种方法来达到目的而已，否则说不通，为什么还要治呢刚呢？

# 子孙不如我，要田干什么

陈元用家，极富裕，他只喜欢收藏书，而不买田地产业。有人问他为什么，他答：有好子孙，不必置庄田，他们一定能凭能力自己购置；如果子孙不学好，即便给了他庄田，他也一定守不住，那买田有什么好处呢？

（明　何良俊《四友斋丛说》卷三十一）

陈元用的这个理论，现代则流行为：子孙不如我，要钱干什么？子孙超越我，要钱干什么？反正不能给子孙，必须让他们自食其力。

富不过三代，也不是凭空说说的，历史上多少曾经的富家，都为此做了很好的注脚，不用细举例。

三代的模式也差不多：一代艰辛，二代守成，三代败家。一代，因为太穷了，穷且益坚，创业养成了他们良好的品格，他们也有希望，就是不希望下一代吃他们同样的苦，人伦之情，上天可鉴。那么，二代呢，自然可以过上好日子，且大多有苦日子打底，所以，虽然是守成，但也能知其不易，试想，如果只是守成，那将会越守越小，在二代手里，蛋糕说不定还会以不同的方式增大些。那么，三代呢？这一代，几乎是在温室里长大的，不经风雨，不见世面，大多坐吃山空，即便二代还健在，不断地监督，也无济于事，因为世移时移，外部情况不一样了，就是说，整个社会的结构都在发生着变化，有时是翻天覆地的大变化。

自然，也有三代，虽在优越的环境中成长，仍不断砥砺，将家业越做越大的，延续数百年，就如那王朝，道理也类似，几代以后，来个中兴，王主是一个方面，辅助的臣子们也是非常之力，也就是说，王朝能延续几百年，并不是一家之力，而是整个社会努力的结果。

财富似水，必须流动，否则就变成死水。

陈元用的财富观，中心就是自食其力，只要不懒不傻，我们都可以凭自己的双手创造属于自己的财富。

# 气量可以学习吗

有人问忠靖公夏原吉：人的气量，是可以通过学习达到的吗？

夏公回答：当然可以。我年轻的时候，碰到事情，也是经常愤怒的。起初，能做到脸上不愤怒，后来逐渐做到从心里不愤怒，最后，内心已经养成习惯，任何事情，从来都不与人计较。

夏公回答完这些体会后，又告诫道：处有事，当如无事；处大事，当如小事。碰到事情，如果自己事先内心恐慌，那么便是心中无主了！

（明　何良俊《四友斋丛说》卷三十一）

气量可以学习，性格也是可以改变的。

比如，有人开出治疗心痛的方子是这样的：独处一室，扫空万缘，静坐月余，心疾如失。

夏公通过自己的实践，告诉我们，修身是一件极其难的事，且又是一个循序渐进的过程。

那种将自己不好的一面临时藏起来的人，只是伪装，随时都可以暴露的。

不与人计较，需要气量。从不与人计较，没有多少人能做到。

夏公的处事方法，也有极强的人生指导意义。碰到事情，不回避，沉静待之。这个社会，不发生事情，那真是一件奇怪的事，如果能做到这一点，那么，即便碰到大事，也能当作小事，因为心中已牢牢筑起抵御的堤坝了。

上面两点的前提为，有责任有担当，唯如此，才会有良好的心态，足够的能力，将各种问题处理妥善。

四十岁，我开始遵行"愤怒时不做决定"的格言，颇为有效。人不是生活在真空中，许多事情，即便你小心地避开它，依然会有事找上你。因为误会，因为妒忌，因为各种各样的原因，你的血性一下子就上来了，这个时候，你如果立刻做出决定，十有八九是冲动的，不完善的，甚至是错误的，事后再做决定，事实检验，绝大部分都相当正确。

# 琵琶老师钟秀之

正阳的钟秀之，是清弹琵琶的高手。

徽州有个查八十，喜欢琵琶，是个标准的文艺青年。他家里条件好，经常在各地走穴拜师。他到正阳，拿着学生的名片拜访钟老师。

钟老师让工作人员转告他：假使一般人来见我，都可以称学生，但我听说查八十以琵琶游学于江湖，他今天来拜见我，如果不以弟子之礼来，我不会出来见他的。查一听，告诉工作人员：我老早就听说钟老师的技艺高超，但没听他弹过，如果他真的很有水平，那我就以弟子之礼见他。

工作人员报告进去，钟老师在照壁后弹了一曲，曲刚弹完，查八十就跪着进礼，称自己为钟老师弟子。

查八十如饥似渴，在钟老师那待了好几个月，学习了老师好多技巧才回家。

我（作者）的朋友王亮卿，也是徽州人，他是个人才，能写诗，他曾告诉我他和查交往的一些事：

王亮卿以前到南京考试，听说查八十在上河，就去拜访，并相约到妓馆喝酒，听他的琵琶。查说：妓馆的琵琶，我一弹，四弦就断了，你要听我的琵琶，必须带我自己的前往。

王亮卿将酒宴设在一个姓杨的妓馆老板家，这家也是世代以琵琶闻名的。酒喝到一半，查八十取来琵琶弹奏，有一妓女为他打节奏，刚奏完一两段，杨家有位眼瞎的妈妈也是琵琶高手，她派人来告诉打节奏的妓女：这官人的琵琶，与寻常人不同，你节奏打得不合拍。弹完半曲，有人扶着妈妈来了，问起查的来历，查说是钟老师的徒弟。巧的是，这位妈妈正是钟老师以前的相好，说完这些，与查相拥而哭，一直流连不肯告别。

（明　何良俊《四友斋丛说》卷三十七）

不长的一段，却写了钟老师的好多故事。

他收学生，一曲就让文艺青年折服。这查八十，也不是一般人，他天资甚高，即便到了老师家门口，他也不肯施以弟子礼。这样的文艺青年，只是没有合适的机会，一有天时地利，他就会脱颖而出，查八十的基础极好，远非那些扯着个破嗓子，模仿一首歌就出名的歌手可比。

查八十和朋友在妓馆喝酒弹琵琶，这个场景，和白乐天的《琵琶行》情节很相似。这个相似，是指琵琶手的技艺而言的。

那妈妈的出场，犹如送行的人们，转轴拨弦三两声，未成曲调先有情，是需要添酒回灯重开宴的。查八十说妓馆的琵琶不好用，也犹如琵琶女的四弦一声如裂帛，动作节奏感强劲。虽然没有写查八十大珠小珠落玉盘，但我们感受到了他高超的技艺。

果然，这杨家是个琵琶世家，妈妈就是钟老师的学生，当然也是相好了。这种事情，在古代，平常得很，不要大惊小怪。

# 苏轼计划用钱

苏轼说，刚刚被贬黄州，薪俸就断了，吃的都供应不上，但家中人口不少，私下里就很担忧，只有节俭再节俭了。自己规定，每天用的钱不能超一百五十文。

每月初，取四千五百钱，分为三十包，挂在屋梁上。每天早上用画叉挑下一包，就将画叉藏好。没用完的钱，用另外的大竹筒装好，用来接待客人。

（明　何良俊《四友斋丛说》卷三十四）

苏轼因"乌台诗案"被贬黄州。

这五年，有点难熬。

这封给秦太虚的信，写得有点凄凉。弟弟女儿去世，老奶妈去世，家中一堂兄去世，自己身体又有病，年纪也大了，一被贬，什么都不如意。

但毕竟是心胸豁达的诗人，他看得开，他刚刚写完这个节俭计划，就说了些开心的事：

我住处的对岸就是武昌，山水美妙。有位老家在蜀地的王生住在城里，我过江后常因为风涛阻隔，王生就为我杀鸡煮饭，一连几天都不厌烦。又有一位潘生，在樊口开酒店，可以划船直接到他店旁，虽是乡村土酒，也是味醇汁酽。

这些事都难不倒他。

通过自己的劳动，他将东坡的生地变成了熟地，虽然皮肤黑了，身体瘦了，但意志更加得到了磨炼，东坡那块地还成就了永远的"东坡居士"。

在黄州，除了《念奴娇·赤壁怀古》《赤壁赋》等名作，自然，我们也忘不了他的《猪头颂》："净洗铛，少著水，柴头罨烟焰不起。

待他自熟莫催他，火候足时他自美。黄州好猪肉，价贱如泥土。贵者不肯吃，贫者不解煮，早晨起来打两碗，饱得自家君莫管。"

不会计划永远受穷，人生也需要计划，否则便没有伟大的文学家了。

其实，苏轼和范仲淹比，境遇好了不少。

范仲淹年轻时读书，生活拮据，每天晚上用糙米煮一盆稀饭，第二天早上，将冻后凝结的粥，划成四块，早上吃两块，晚上吃两块。没有菜，就弄一些腌菜下饭，不，下粥。这样划块吃粥的日子，持续了整整三年。

范仲淹曾经在《齑赋》中这样描写当时的艰苦日子：陶家瓮内，腌成碧绿青黄；措大口中，嚼出宫商角徵。

咬得菜根，则百事可为，果然，范仲淹成了一代栋梁。

# 廉如白袍

山云出镇广西。广西总帅府有一叫郑牢的老差役，性情直爽，并且敢言。

有一天，山云问郑牢：世人都说，武将不怕贪，况且广西这个地方一向崇尚物质，我是不是也可以弄点啊？

郑牢回答：您刚刚到这里任职，就如一件新的干净的白袍子，假如玷污了它，就像白袍上点了墨，终生洗涤不掉的。

山云又问郑牢：人家都说，这里的乡风是，人家送东西给你，如果你不接受，他们就会怀疑并且记恨你，那怎么办呢？

郑牢又答：做官的贪财，朝廷有重法处理，你难道不怕朝廷而怕送东西给你的人吗？

山云对郑牢的回答很满意，笑着一一接纳。

山云在广西做官数十年，始终记着一个廉字而不逾越。

（明　何良俊《四友斋丛说》卷三十八）

不能不说郑牢的见识。

作为一个老差役，也算见多识广，他的两个回答，无懈可击。

作为白袍子，谁都想保持它的洁白。

这里，当然是比喻。现代洗涤法，被污的白袍子，仍然可以洗白，且不留任何痕迹，但人生不是这样，人生履历上如果有污点，不可能擦掉，社会和人们的容忍，那是另一回事。

南宋作家洪迈，在他的《容斋随笔》中说：十岁的时候，他们避乱江南，有次经过浙江衢州到老家饶州去，在白沙渡口，岸边小酒店里，破败墙壁上，一首《油污衣》深深烙在了洪迈幼小的心灵上："一点清油污白衣，斑斑驳驳使人疑。纵饶洗遍千江水，争似当初不污时。"

白衣服一定要保持它的洁白，如果不小心被油污染了，那么，纵使你洗掉了一千条江中的水，和当初没有被污的时候也完全两样了。

白袍、白衣，都怕墨沾。

至于山云的第二个问题，恰恰是古今很多犯事官员的借口，不收难为情，不收得罪人，不收真是不够朋友。

不怕国法怕民俗，这些所谓的民俗，其实，有很多都是迫不得已呢！

郑牢的回答一语破俗，令人警醒。

# 监狱中的阅读

杨文定在狱中十余年，家人供食，经常断粮。还因为，上命不可测，说不定哪天死刑命令下达，他每天都与死亡相邻。

但是，他仍然精神振作，读书不停止。

同监狱犯人劝他：你都已经这样了，随时都可能死掉，读书还有什么用呢？

杨文定回答：朝闻道，夕死可矣。

就这样，五经诸子，他通读了好几遍。

后来被释放，晚年拜阁老，朝廷每有大事，文件都出自他手，这不能不说是监狱中积下的功劳。

（明　何良俊《四友斋丛说》卷三十八）

朝闻道，夕死可矣。

这是一种学习的态度，有了这样的态度，不管什么时候，不管多大年纪，只要有时间，都要学习，直至生命的终结。

著名语言学家周有光，一百一十一岁时说，他的一半著作，都是退休以后写的。他的口头禅是：我是被上帝遗忘的人。

著名作家杨绛过了百岁，仍然阅读，仍然写作。

著名作家马识途，一〇四岁了，前不久还在北京办了个人书法展，一百五十幅作品中，许多都是百岁以后所书，但他自己说，他的大部分时间，还是在写小说和研究古文字。

二十世纪五六十年代，因反右、"文革"而被关进监狱的大批知识分子，只要有合适的机会，只要能找得到书，都在阅读。对他们来说，阅读，是唯一能抚慰心灵的精神行动。

作家张贤亮，农场劳改二十二年，曾一遍遍读《资本论》，他说，那是影响他一生的书。张贤亮去世后，西部影视城建有他的文学馆，九月下旬的一个午后，我独自在张贤亮文学馆细观许久，他的那些文学作品，甚至这座影视城，无不是他思考和阅读的结果。

沈从文，从文学转向服饰等古典器物的研究，虽和政治有关，但也是大量阅读的结果。

阅读可以让人延长生命。

生命不息，阅读不止。

# 卷三十八

生前追悼会

# 心躁害死人

刘时卿，曾经在桐城做官，写有《新知录》二十四卷。上下古今，臧否人物，都有依据。我这里转记他的"躁心"，很有意思。

二人同船，到同一个目的地。一人性急，白天晚上，都在掐时间，算路程，船稍微堵一下，或者有什么事情耽搁一下，他就急得不行，破口大骂，骂天骂地骂船，为此，他外形枯槁，面容憔悴。一人性缓，随便船怎么开，开到哪里，为什么停下来，怎么停下来，统统不管，吃得香，睡得着，脸色一天比一天好看，活得很滋润。最后，两人同时到达目的地。

（明　顾起元《客座赘语》卷三，《新知录》）

性缓者是我们学习的榜样，道理很简单，有些事情，急也白急，不如耐心，正确对待，好处多多。

重点说性急者。

现在的各类驾校的教练，就是典型。新学员基本都是在骂声中成长的，两个小时，被骂数十次，还振振有词：学车，就要经得住教练的骂。也有教练不骂的，一般是领导、亲朋好友。

如此性急者，虽然生活中大有其人，但布衣宁愿把他看作一个比方，涉及做事、为人。欲速则不达，性急，往往坏事。船停下来总有原因，而不问皂白怨天尤人，结果只能是害了自己。

害自己是小事，要是做其他事，做领导者，那么，害的结果绝不会如此。

现代社会还有另一种性急，就是官员的任期。三年也好，五年也罢，都是有时间的，这个时间并不会太长，要出政绩怎么办呢？于是，各类大大小小的官员做下了各类大大小小的性急之事。你说要一张蓝图画到底，他说，我怎么等得起，那蓝图是你画的，我必须有自己的政绩。

显然，大家都在吃热豆腐，大家也都干得很累。

没办法，官员们都在一条船上呢。不，又不在同一条船上！

# 治牙病就像管理军队

　　我（作者）以前牙齿经常要痛，有人就教我，常刷牙，常叩齿。理由是：目病宜静，齿病宜动。

　　后来，我读《志林》，看到张文潜这样说：眼睛有病，当静养，牙齿有病，常劳作。又看到黄庭坚这样形容：治眼睛，就好像管理老百姓，治牙齿，就好像管理军队；治眼睛，就好比曹参治理齐国，治牙齿，就好比商鞅治理秦国。

　　　　　　　　（明　顾起元《客座赘语》卷三，《目静齿动》）


　　眼有病，主要是看得多了，看得累了，累了困了，那就要闭目，闭目才能养神，安安静静，这是最好的休息。

　　现在的年轻人，近视率极高，其中一个重要原因就是手机害的。白天看，晚上看；睡觉看，起床看；上班看，下班看；走路看，骑车看，甚至开车也看。眼睛坏了，这还算好的，还有更严重的：走着走着，掉沟里去了——这算幸运的，掉池塘里就淹死了，夜晚，只有监控发现；车开着开着，撞护栏了，驾车者当场死亡，或者，副驾驶座的人当场死亡，或者，全车的人都被撞死。

　　牙有病，排除清洁原因，主要是缺少运动。吃东西是一种运动，但人的大部分时间是不吃东西的，因此，要常叩齿。即便吃东西也不应该狼吞虎咽，有位百岁老人这样介绍他的长寿经验：每饭只吃七口，每口要咀嚼几十遍。口吃要少，齿动要多。

　　前两年，我跑了好几次医院，就是看我自以为还坚固的牙。一次是啃羊骨，啃着啃着，前门牙小半颗像被刀劈了一块；一次是咬坚果断了半颗。到现在，我的牙都不敢碰坚硬的果子。

　　老百姓是眼，他们不喜欢折腾，安居才能乐业；军队是牙，如果不训练，那只能烂了腐了，最后不战而溃。

　　我爷爷八十多岁时，轻松咬得各类坚果，很羡慕。

# 沈约的坏良心

沈约家，藏书很多，有十二万卷。但是，他的良心有点坏，他如果听到别人有善良行为，就好比万箭钻心那么痛苦。

（明　顾起元《客座赘语》卷五，《前记异闻》）

布衣看到这里，大吃一惊。顾作家为什么如此抹黑勤奋博学的沈约？

其实，第一个抹黑沈约的是唐朝的李冗，他在《独异志》卷中就这样记载，只是标明了沈的年代：梁。顾作家是全盘照抄。

同是明朝的谢肇淛，在他的《文海披沙》里，也将沈约的不好全盘照抄了一回。

看来，抄笔记是古代文人的传统。

官方没有这样的记载啊，李冗得出这样的结论，实在有些让人莫名其妙。从情理上说，读书多不等于人品好，也有人妒得很厉害的——卫夫人看到王羲之的笔法，哭得很伤心：这小子一定会盖过我啊。可这毕竟还是文绉绉的表达，是妒才的表现，而沈约却是对整个善行的抗拒，见不得别人好，见不得别人好也就算了，还万箭穿心般地痛苦。

除非沈约生活和为官的宋、齐、梁是没有善行的时代，否则沈约注定要累死，不可能活到七十三岁的。

我在金华，去八咏楼，他的八首诗堪称绝唱，我心只有对他诗歌才气的羡慕。

我去德清，在沈约的故乡，听到的都是他立志、苦读的故事。

所以，布衣有大大的疑问，只是现在还没有读到更多的史料或权威的记载。

存疑至此。

# 哭出来的刺史

南北朝，宋孝武帝，他去祭扫殷贵妃的墓，此妃是他最爱。他对随行的秦郡太守刘德愿说：你，如果在贵妃墓前，哭得像死去亲人一样悲伤，哭得让我满意，我一定重重地赏你！

刘德愿立即痛哭起来，捶胸跺脚，涕泪交加，有点"牵衣顿足拦道哭，哭声直上干云霄"的效果，样子夸张，比死了亲爹娘还悲痛。孝武帝很高兴：你还真是哭得有感情，我说话算话，你去豫州做刺史吧。

（明　顾起元《客座赘语》卷五，《前记异闻》）

荒唐皇帝当然会做出荒唐事。官位随便，只要我高兴，随便就可以给。即便不是荒唐皇帝，他也照样可以封阿狗阿猫，甚至连一棵树、一块石头都可以给官位的。

对刘德愿来说，这是一件很合算的事。

痛哭一下，有什么？不会失掉什么，反而会得到更多，对身体也大有好处呀。皇帝不知道他，近段时间，他很郁闷呢，这太守做好多年了，一直得不到升迁，更可气的是，他一直被那坏上官压着，不快活。对他这样善于拍马屁的人来说，痛哭一下，一点也不难，为皇帝的爱人而痛哭，传出去也不丢面子呀，而且，皇帝还亲口承诺，亲口允诺，何乐而不为？

哭坟升官，看着好笑，其实也不荒唐。

自古至今，刘德愿式的人物是一抓一大把。

观察一下那些升官者的途径，也颇为有趣，有因功绩的，有人提携的，有祖荫传承的，自然也有因为马屁的，而马屁的表现形式却是各式各样，那些贪官的情妇，也有当官的，就是因为陪睡陪的。

一个很简单的逻辑是，谁手里有官帽的批发权，谁就有让需要官帽的人随心所欲，不情愿会变得很情愿，被动躲避会变得主动迎怀，权力是最好的催情剂。

# 黄绒钥匙绳

南都册库，位于后湖中间。每月十六号，户科给事中，户部主事，都要过湖去联合查勘。库门的钥匙，则由一监生到内守备太监那里去拿。库门开后，钥匙随即缴还。这把专用钥匙，用一根旧黄色绒线系牢，相传是高皇后亲自制作的。

有一次，取钥匙的监生，因为家里有事，顺便将钥匙带回了家。他老婆看见这么一把钥匙，系绳又旧又难看，就换了一根新的漂亮的绳。等到去缴还时，管理太监吃了一惊，害怕得不得了，连忙问情况，弄清事情原因后，急忙找到旧黄绒绳系上。幸好，这件事情上面没有追究。

（明　顾起元《客座赘语》卷五，《册库锁匙》）

皇室的库房管理应该是比较严格的。也就是说，要想进南都册库，必须过数道关口：两个官员同时进，一个监生专门拿钥匙，钥匙则又掌握在另外一个太监手里。这相当于有一个比较完善的太监管委会，他们分别都有自己的责任，彼此关联，互相监督。

当然，数道关口之外，还有着上面的领导，领导的领导，相信他们也会关注此事的，因为这也是他们管理的职责所在。

从另一个角度看，钥匙就是一种规矩和制度。

规矩一旦制定，就要很好地执行，这样才是好的规矩。外部世界变化虽然日新月异，但规矩不见得就要随时更换，否则就没有"萧规曹随"一说，宰相曹参执行老政策，不见得没有面子，没有水平，因为人家萧何的规章制度就是合理嘛。

黄绒绳，则是这种制度坚守下去的象征。管钥匙的太监，为什么看见换了新的漂亮绳索会大吃一惊？因为在他脑子里，任何东西都不能改变，改变意味着失职。

有时候，制度还是老一点旧一点的好，虽然难看，但管用。

# 好面子丢性命

　　金陵的张允怀，经常在苏杭一带写生画梅花。他喜欢摆阔气，每次出行都弄得排场很大的样子，一应装备器具俱全。

　　有个晚上，他泛长江而下，月明风静时，他将小船停在金山寺的水边，还摆出许多金银器饮酒。景色醉人，张画家酒也吃得挺多，一边喝着酒，一边还吹洞箫自娱自乐。终于，有盗贼发现了他，远远望见，闪着金光的各色器具，在月光下别样醒目。夜深人静时，盗贼悄悄摸上船，杀了沉睡中的张画家，夺器而去。盗贼仔细一看，那些闪着光的器具，只是铜器上面涂了金银而已。

　　（明　顾起元《客座赘语》卷六，《好夸之戒》）

　　职业画家张允怀，有这样的习气，应该有他个人的预期：

　　好歹是艺术圈中人，自认为画得也不错，画得不错，就要有市场啊，人家愿意出更多的银子，才是对自己江湖地位的认可。

　　那么，平时就要不断地包装自己，不能太寒酸，自有小舟，不过是一般的行驶工具而已，但是，小舟里也可拿出高档货啊。月光下，朦胧中，闪着金光的器具，和着呜咽的洞箫，不引来鬼才怪。

　　很多官员，书法绘画的底子不错，但是，经不起有需求人的吹拉弹唱，自己也认为是功大纯青，于是，书协、美协邀，主席、副主席，那是拼了各种关系也要争着上的，有了金字招牌，平方尺就可以变成金块了！

　　有了金字招牌，不是什么坏事，只是那些刁钻之徒，往往狡黠，上套子，套圈子，许多官员为此被圈紧脖项，越箍越紧，最后送掉性命。

　　一百多年前，美国人明恩溥写有一本关于中国人性格的书，他在书中列出中国人的二十七种主要性格，首要一条就是好面子。

　　好面子没有什么不好，死要面子则会害死人。

# 生前追悼会

史痴翁，经常办生前追悼会。他往往会夹杂在自己的送葬队伍中，步行出南门，一时传为奇事。

万历年中，齐府一宗人，也仿史痴翁的做法，办了一回生前追悼会。他的规模很大，共治丧七天，亲朋好友，一一通知到，于是宾客盈门。他要求妻妾、婢女大声痛哭，悲痛欲绝的赏钱，哭不出效果则要鞭打。他一边打一边骂：我健在，你们都不哭，我死后，你们不一定有多高兴呢！到正式出殡那天，各项仪式十分隆重，他自己则坐着轿子，在随行的队伍后面看热闹。

（明　顾起元《客座赘语》卷七，《生殡》）

有生必有死，比如草木一生。生和死，其实一回事，只是人们都把死当作离去，而没有像庄子理解的那样，死也是另一种往生。

史痴翁，其实并不痴，他看透了人世间的一切，他举办生前追悼会，而且是经常举办，这就为枯燥的生活增添了乐趣，他是在娱乐社会。他的用意也很明显，生是短暂的，死却是长久的，虽然大多数人都忌讳谈论死、看到死，但死就是一种客观存在，正确认识了死，也就正确认识了生。

那齐府表兄弟办的生前追悼会，形式虽然一样，但目的和史痴翁还是有很大的区别，那其实就是一种贪婪。他担心死后被人们冷落，把他忘记，于是对告别仪式上亲人们的痛苦表情要求就极为苛刻。

如果将生前追悼会看成一种节日形式，那么就会衍生出许多有趣的事情。

有人想收回份子钱，却又找不到更好的办法，那就给猪崽办个满月酒，反正我礼送出这么多，总要找个理由收回的。都是穷惹下的。

我死后，哪管它洪水滔天。路易十五的狂言，也不是一点道理没有，至少，他不知道后人怎么给他开追悼会。

# 藏书的灾难

以前有人曾说，藏书有八种灾难：一遇水，二失火，三鼠噬，四蠹蛀，五没有良好的收藏地方，六在书上乱涂乱画，七遭庸人胡乱改动，八被不肖之孙卖掉。

周吉甫说：我们乡里那谢家小儿，很喜欢听书被撕裂的声音，他奶妈就每天抱他到书房，撕书玩，这应该是藏书的第九种灾难了。

其实，我认为藏书的灾难，远不止这些。

我们乡里，有分书不计部数，兄弟以为不均，每遇大部头的书，兄弟平分，各得数册。这样将一本书拆散，书还怎么阅读？有人藏书不用书箱和书柜，将书散乱地放在米桶中，或者人为地践踏，这不是糟蹋吗？还有人将书当作枕头睡觉，有人将书撕开糊墙，有人将书盖在酱醋油的坛子上，有人将书剪下来做鞋样，对于前面的灾难来说，这些也是不尊重书。

还有，大量的藏书堆积在那里，没有被人阅读；收藏了书而不知道怎样去保护管理它；吝惜秘本而不肯流传；新出版的书里有差错而不校对。所有的这些，都是书的灾难。

（明　顾起元《客座赘语》卷八，《藏书》）

士大夫和老百姓对书的态度是不一样的。将书当枕头、糊墙、盖坛子、做鞋样，基本上是老百姓干的，在顾作家眼里，这些行为统统不齿，都是对书的不尊重。而老百姓不这么认为，书不就是纸吗？纸难道不可以糊墙做鞋样？书不就是纸的集合体吗？硬的集合体当然可以做枕头盖坛子了，和石头木头并没有什么两样。

实际上，虽然现代科技日益进步，那些书的灾难仍然会以各种方式体现，图书馆里的几千万册藏书，并没有多少人阅读。

从另一角度看，现代有很多书并不值得人们尊重，它记载历史，也可以捏造历史。至于那些垃圾书，更是害人。

即便电子时代来临，那些电子书也会有各种灾难的，只是灾难的形式不一样。

另外，布衣认为，秦始皇焚书坑儒，以及以后的各类皇帝，禁书焚书，这些都有其深深的政治目的，这也应该是书的大灾难。

# 耳环也不能要

李公重，正德辛未年间进士，在江西做监察副史。他做官十分清廉，离任时，发誓不带一点东西回家。他夫人有耳环一副，为任期中购置，李知道后，将他夫人耳环取来，丢到水里。

李回家一年后，偶见仆人卧室内，有一张红色的油床，他立即问情况，仆人回答说，这是公家的东西，李大怒，立即命令仆人，将床运回原地方。

李的家，是真正的家徒四壁。

（明　顾起元《客座赘语》卷八，《耳环投水》）

历朝历代的清官很多，这个李公重也是一个，只是他不出名而已。

为官清廉，是为官的基本要求，基本素质，所以，这没有什么好稀奇的。只是，贪官多了，或者虽不贪但也不是什么好官，将李公重放到这样的参照系里观察，那就显得难能可贵了。耳环虽是任中所置，但不见得是公款啊，难道是别人所送？这里都没有交代清楚。一张仆人睡的旧床，应该值不了什么钱，他却较真了。

一个监察副史，家徒四壁，并不倒霉，这样的官员多了，百姓的日子就好过了。话说回来，无论哪朝哪代，官员的薪酬，基本衣食总可以保障的。

同时也要向李公重的夫人致敬！

# 卷三十九

皇帝的屁股

# 九九谚

夏至后的九九谚这样说：

一九二九，扇子不离手；

三九二十七，冰水甜如蜜；

四九三十六，汗出如洗浴；

五九四十五，头戴秋叶舞；

六九五十四，乘凉入佛寺；

七九六十三，床头寻被单；

八九七十二，思量盖夹被；

九九八十一，阶前鸣促织。

冬至后的九九谚这样说：

一九二九，相逢不出手；

三九二十七，篱头吹觱栗；

四九三十六，夜眠如露宿；

五九四十五，太阳开门户；

六九五十四，贫儿争意气；

七九六十三，布衲担头担；

八九七十二，猫犬寻阴地；

九九八十一，犁耙一齐出。

（明　谢肇淛《五杂组》卷之二，天部二）

两个最有特色的季节，气温一高一低，古代中国，有"夏九九"和"冬九九"之称。"夏九九"，夏至后的八十一天，分为九段，每段九天。顺理，"冬九九"，冬至后的八十一天，也分为九段，每段九天。看谚语，二至四九，最热和最冷。"汗出如洗浴"，"夜眠如露宿"，动一动就大汗淋漓，睡在被窝里如同野外，呵呵，热和冷，都是没有空调的缘故啊！

谏语还有深深的时代印记。

"头戴秋叶舞"，"乘凉入佛寺"。大街小巷，山川田野，行人头上箍着草圈，随便什么草，随便什么叶，只要能遮阳。自然，能钻进佛寺最好，古木参天，幽深透凉，没甚乱哄哄的香火，只有僧人在静静地打坐。

"布衲担头担"，"犁耙一齐出"，过完了年，过完了节，做生意的该出门了，田地也要打理了，万物醒，大地春，背着犁，赶着牛，农人们都向希望的田野出发。

节气时令，时令节气。节气是时间的代名词，中国民间，用最简单的九九乘法口诀，将时令精确描绘，从工作到生活，从田野到居室，简括押韵，朗朗上口，代代相传。

大自然的奇妙，就在简洁的数字中，一，二，三，三生万，道也在其中了。

# 交换骗术

金陵有个卖药人，他卖药的方法和别人不一样。

他有一辆车，车上载个大力士的像。凡有人要买药，他都将药从大力士的手中过一下，如果药留在大力士手中不掉下来，就说这药适合患者。许多患者不知怎么回事，一张画像中的手怎么会接住药呢？以为上天安排。卖药人每天生意很好，一天可以赚上千钱。

有个年轻人，很有心计，他在一旁观察很久了，一心想办法，要将这种技术学到手。

等到人散去，年轻人邀卖药人，去酒家喝酒。两人聊，极愉快。酒喝好，年轻人也不付酒钱，直接出门，酒店老板，好像没看见他一样。

一连好几天，都这样吃喝，卖药人非常奇怪。

他忍不住了：兄弟，你这是什么技巧啊，隐身术吗？能否教教我呢？年轻人笑了：这是小方法啊，你将卖药的方法告诉我，我就将喝酒的技巧告诉你。

卖药人笑笑：我的方法，其实也没什么特别，那个大力士的手，是用磁石做的，而药里有铁屑，一下就粘牢了。

年轻人听后更笑了：我的方法，更没有什么特别，不过是先付钱给酒家，客人到了只管吃，出门绝对不要问。

两人相视，大笑而去。

（明　谢肇淛《五杂组》卷之六，人部二）

骗术揭穿了，众人都会恍然大悟，原来如此。

唐代作家张鷟的笔记《朝野金载》里，有一个刘龙子，也是这般骗人。

事情发生在唐高宗时代。刘龙子做了个金龙头，藏在衣服袖子里，龙头后面，套上一段装入蜂蜜水的羊肠子。每到人多的地方，刘就从袖口里露出龙头，对人们吹牛：他这只龙头能吐水，喝了后治百病。说完，他转动羊肠，蜂蜜水就从金龙的嘴里流出，喝了蜂蜜水的人，都谎说自己身上的病好了。白让人喝了很多后，刘就起了坑骗的坏心，用这种方法，赚了不少钱。事情败露，逃跑被捉，拉到街市口斩首，连同他的同党，一共斩首了十多人。

看来，刘龙子骗人，不是单独行动，是集体行为，需要各色人等配合，否则极易识破。

仍然有不少如卖药人的骗术代代相传，骗人甚至骗出人命。

现实中，有很多骗术，经过包装，摇身变为所谓的魔术，一下子还真让人认不清，仍然在那里招摇，甚至害人呢。

# 捉中指

后汉的将领们，在宴会的时候，会玩一种手势的游戏。

游戏的基本规则是：手掌当作虎胸，指节当作松根，大指为蹲着的鸥鸟，食指为战斗用的钩戟，中指为玉柱，无名指为潜龙，小指当作奇兵，腕就是三洛，五指则为奇峰。

怎么玩法呢？谢作家说，他也不知道，反正没有详细的记载。

不过，他说了，现在街头里巷中，有小孩子们在玩一种捉中指的游戏，不知是不是上面这种游戏遗传下来的。

（明　谢肇淛《五杂组》卷之六，人部二）

我们小时候也玩过捉中指的游戏，将五指捏成拳形，并且全都伪装成一个模样，中指藏在其中，让小伙伴们将隐藏得很深的中指给捉出来。过程往往充满欢乐。

游戏中，老手和新手，一看就知道。老手往往将中指混包装成其他指，让新手误会，且包装手法绝不使用第二次，因为新手也会慢慢吃一堑长一智的，而老手正是抓住新手的心理，一个回合一个回合地赢，最终完胜，很少失蹄。新手大多只关注表面，而不去分析内中的千变万化。老手和新手的比较，其实就是高手和一般的比较。

手指什么的，只是符号之一种，可以任意借代，心情好了，什么都可以玩的，可以玩得喷饭捧腹，也可以玩得气壮山河，远没有现在的游戏那么复杂，要过数十关上百关甚至上千关，玩着玩着，有些一不小心还玩掉了性命。

# 两瞌睡虫

嗜睡的人，哪个朝代都有。举些名人的例子吧：边孝先，杜牧，韩昌黎，夏侯隐，陈抟，王荆公等，都有这样的毛病。

张东海《睡丞记》一文，里面有两个瞌睡虫，让人笑坏肚皮。主要细节是这样的：

有一华亭丞，去拜见某乡绅，见他没出来，就在座位上等，一会儿就酣睡了。过了些时间，主人来了，见客人在睡，不忍心惊动他，就在客人对座的位置上坐着等，一会儿也睡过去了。

过了不知多少时间，华亭丞醒了，看见主人在熟睡，心想，这时惊动主人，是不礼貌的，于是接着睡。又过了不知多少时间，主人醒了，见客人还在睡，心想，此时去惊动客人，也是不礼貌的，于是再接着睡。

等到华亭丞再醒来，已经是傍晚了，他一看，主人还在熟睡，他想想，还是算了吧，改日再来拜访，于是悄悄离开。等天完全黑下来，主人才醒来，不见了客人，也不问什么原因，就回到屋里去了。

（明　谢肇淛《五杂组》卷七，人部三）

陆游有诗说：相对蒲团睡味长，主人与客两相忘。须臾客去主人觉，一半西窗无夕阳。

上面两瞌睡虫，坐的虽然不是蒲团，场景却相像，喜剧感极强。

瞌睡场景，还让人联想很多。

多礼节。等候的情节，客人和主人，都有非常高的修养，都不忍心打搅对方的好梦。正常的情节是，客人可以睡着等，主人来了，喊醒，作个揖抱歉下就行了。或者，再退一步，主人睡着等，客人醒来，喊醒主人，作个揖抱歉下也行了。但他们偏偏不，一直你等我等，似乎在等梦里相见。

慢生活。浮躁的时代，一定不会有这样温馨的场面。慢腾腾，静悄悄，时间似乎都停止了，客人可能有急事，但他内心不急，主人也有很多事要处理，但他内心同样不急，今天的事今天一定要办好吗？明天照样可以办，也许，明天办要比今天办得更好。

当然，坐下来就能睡觉，取决于客人和主人的身体机能，他们的睡眠功都特别好，挨着枕头就睡着，不，没枕头也睡得着。

就现代人来说，能这样肆无忌惮地睡觉，实在是件无比幸福的事。

# 男扮女装害人记

明朝成化年间，太原府石州，有个名叫桑翀的人，男扮女，害了不少人。

该桑，很有心计，从小就缠足，还练习女红，穿着打扮，妆成寡妇的样子。平阳、真定、顺德、济南等四十五州县，他都游荡，目标只有一个，泡女人。

该桑，但凡见人家有好看的姑娘媳妇，就千方百计接近。以教女红为名，教着教着，就引诱，再挑逗，哪个少女不怀春？所以，他频频得手。如果有不从的，他就用迷药喷，还念咒语，所以，几乎很少失手。

该桑，极其狡猾，在一个地方并不久待，得手后，随即拍拍屁股闪身，所以，十几年下来，虽有百来个少女被奸，相关部门并没有接到受害人的报案。女孩子的名声，比命都重要，有谁会自曝其丑呢？

夜路走长了，一定会碰到鬼。

该桑，一路行，到晋州，这回，碰到了克星。晋州人赵文举，酷好寡妇，听说有这样一个"桑寡妇"，风情万种，自然要百方千计弄到手。桑是什么人啊，那么容易被骗进？这么多年来，凡听到看到男人，他都小心躲开。但这回，上当了。赵骗他说：我老婆想认你作姐姐呢！姐妹嘛，你们可以睡一张床的。到了夜晚，赵摸进桑的房间，要调戏他，桑哪里肯从。但赵的力气很大，他将桑摁在床上，并扯掉了他的衣服，真相露了出来。这不是扯淡吗？敢骗老子！毫不犹豫，赵将桑扭送到官府。

官员一审问，该桑，一五一十全招了。他还有师父，不过，师父已经死了；他还有同党，同党有张三、李四、王五。好的，一锅端，统统抓起来。

"桑寡妇"，腰斩于市。

（明　谢肇淛《五杂组》卷之八，人部四）

如此费尽心机猎色，也算罪有应得了。

大千世界，各色人等，什么样的都有。此桑是存心作案，他处心积虑，居然从缠小脚开始，所有的准备，都是为了泡妞。

他的表相就是扮寡妇，他认定的逻辑是女人看重贞节。

寡妇的身份，让他长驱直入，就如现在有人扮高富帅，俘虏一个，撂倒一个，俘虏一个，撂倒一个，百发百中，而真正的高富帅，却没有那么顺利，因为他可能不会那么细心地关心姑娘，更不会厚颜无耻地拍马屁，他只是一个真实的高富帅而已。

女人看重贞节，这是他屡屡成功的重要前提。上当了，吃亏了，苦只能往肚子里咽，终究还是要嫁人的呀，终究还是要生活下去的呀，名节没有了，不要说嫁出去，就连活下去都很困难。

如此说来，少女姑娘们也是有责任的，谁让你们图长相慕钱财嘛，谁让你们见识少嘛，嗯，不能说一点责任没有。

此桑最后还是栽在男人身上，一个和他有同样嗜好的男人。因为贪不厌，因为凭经验。

这个案子应该极著名，明史里也记载着。清代袁枚的《子不语》卷二十三有《假女》，也写了一个类似的案子，贵阳县美男子洪某，乔装打扮成做针线活的女人，以教女子学刺绣为名，行骗于湖南、贵州，进行奸宿，结果也被杀了头。不过，袁作家在结尾时，有意改了，洪某认为自己罪不该死（他拒不交代被他奸宿过的女子的姓名，意在保全她们的名声，但主审官用酷刑逼他招供，并将那些女子姓名大白天下），临刑前曾大胆预言判决他的贵州按察使：三年后，那个判我死刑的人，也要在这里人头落地！是不是可以这样理解，在退隐官场的袁大作家眼里，真的是没几个清廉之官，一不小心就落入人们的预言中！

# 沈括怕老婆

怕老婆，例太多，科学家沈括怕老婆，却特别让人同情。

谢作家这样描写：沈存中，常被夏楚，血肉狼藉，威福倒置，于是极矣。

看看字面，经常被"夏楚"。夏楚是一种借代，荆条之类的东西吧，抽下去，条条见肉，厉害得很，血肉狼藉，科学家是毫无招架之力啊。

沈的妻子张氏，第二任，年轻，是沈恩师的女儿。

沈科学家最让人同情的，是这样一次事件：有天，沈正写作中，不知怎么就得罪了张氏，张一把揪住沈的大把白胡子，沈退避躲让，拉扯中，沈的大把白胡子，生生被连根拔下，沈满嘴带血，惨不忍睹。沈的儿女们见状，相互抱头痛哭。

这次事件，带来的直接后果是，沈科学家只要听到张的声音，忍不住就会发抖打战。

让人迷惑的是，张氏后来早死，沈却如丧考妣：没有了老婆张，让我沈老汉怎么活下去啊！他屡屡觉得活着没意思，竟然还去跳了一回江。

（明 谢肇淛《五杂组》卷之八，人部四）

悍妻的基本前提是：相当有自信，相貌自信，生儿育女自信，总之，她可以控制一切；极强的格斗力，体力充沛，精神抖擞，骂你，不服，三拳两脚，服服帖帖。

男权社会，一纸休书？没用。如果你是官员，哪怕高级官员，悍妻在皇上面前照样揍你，皇帝赐毒酒也不怕（如房玄龄夫人），皇帝不仅同情她，还要嘉奖她，你想讨小老婆，没门；如果你是知识分子，哪怕高级知识分子，悍妻拿着菜刀威吓：我先砍死儿子，再死给你看（如胡适之妻江冬秀），看你还敢不敢离婚。

沈大科学家怕老婆，也是百思不得其解。

其实，在沈科学家心里，一定是有解的。老夫少妻，宠爱忍让？张氏抑或是《梦溪笔谈》写作真正的动力？巨大的动力？没有了张氏，他的巨著就不可能完成？假如是这样，那么，这样的悍妻终究还会让沈科学家留恋挂怀。

存中，这一段特殊的感情，就存在心中吧。

# 彩局定侍寝

美女太多，皇帝应付不过来，到哪一房睡觉，成了难题。不过，这毕竟不是哥德巴赫猜想，太监们自有办法。

唐明皇时，长安大内、大明、兴庆三宫，东都大内、上阳两宫，宫女达四万。侍寝者，难取舍，不知谁想出的办法是，以彩局定胜负。

对这种现象，谢作家评论说：古今掖庭之盛，未有过此者也。

（明　谢肇淛《五杂组》卷之八，人部四）

汉朝皇帝，坐着羊车，任羊随意走，走到哪房宿哪房，这已经相当落后了，并无悬念，最多，宫女们耍点心计，在她院子门口的青草上，洒上点盐水，以使羊更爱吃而停留，技术含量不高。

唐明皇，以彩局定侍寝，这个就热闹了。

博彩规则，胜者侍寝。可是，四万宫女，怎么博是个大问题，如果随意掷骰子，那刺激不大。一个好办法是，层层海选，一轮又一轮，初赛、分赛、决赛、总决赛，博彩侍寝，会成为一个很好的朝阳产业，既拉动皇宫内部的经济，又使皇宫夜夜歌舞升平。最重要的是，通过这样高难度的选拔，优秀人才脱颖而出，那胜出的，皇帝一定喜欢，不仅貌美（其实貌美是基本前提），而且聪明有才！

李太白有诗云：三万六千日，夜夜当秉烛。他说的是读书，人即便有幸活到一百岁，那也要日日读书的。

难怪，元稹要感叹：白头宫女在，闲坐说玄宗。等皇帝来睡觉，等到头发都白了，还不见皇帝的影子，侍寝一下就这么难吗？嗯，还真是难！

唐明皇，彩局定侍寝，不仅空前，也是绝后。

# 皇帝的屁股

谢作家采访到皇宫里一则新闻，关于贡品的。

这种贡品，很不一般，它是皇帝的手纸。

皇帝如厕，所用的手纸是一种丝绸。它是四川中部选送的，由野蚕所吐丝结成茧，再织成帛，大小正好像纸一样，皇帝用着方便，用完就丢掉，一次性的。

有一个时期，皇帝住孝庙，有一宫人，将皇帝揩完屁股的丝绸，漂洗干净，并将它缝纫起来，做窗帘门帘用。一天，皇帝见到了别致的装饰，就问了情况，宫人如实以对。皇帝说：哎呀，这太可惜了，那我以后揩屁股还是用纸吧，叫他们不要进贡了。

过了一年，四川有书奏来，说那里的野蚕不再结茧了，那些依靠养蚕生活的老百姓，衣着无靠，流离失所。皇帝一听，既然情况这样，那还是照常进贡吧。

奇怪的是，第二年，那里的野蚕又吐丝了。

（明　谢肇淛《五杂组》卷之九，物部一）

这简直就是一个悖论。皇帝用丝绸揩屁股，当然是奢侈，可是，不用丝绸，茧农又没有饭吃。

其实，这完全是表面现象。

皇帝用丝绸揩屁股肯定是奢侈，他不仅可用丝绸揩，还可以用一切他认为可以揩的东西揩，天下都是他的，还在乎丝绸当手纸？他这是在消费。但是，靠皇帝一人揩屁股，数量极其有限，一个屁股，一天拉一次，三百六十五块小丝绸，能解决什么大问题？显然不行，肯定还有和皇帝一样用丝绸揩屁股的人，那些身边人，各级官员。皇帝用丝绸揩屁股，那是一种身份的象征，那是一种时髦，上行下效，这样才会拉动一个地方的经济，带动一个地方的产业。

唐代作家张𬸦，他的笔记《朝野佥载》中，讲到了安乐公主的奢侈。

安乐公主，用百鸟毛编织成了一条裙子，后来，百官百姓家都纷纷效仿，于是，人们搜寻山林，扫荡山谷，到处设下罗网，见到奇禽异兽就抓，几乎都捕光杀尽。一直到开元年间，皇帝下令在皇宫大殿前，将这些百鸟毛裙和被子，全部焚毁，禁止人们再穿这样的衣服，再盖这样的被子，这才制止了杀戮禽鸟的风气。

当然，奢侈，以皇帝屁股的名义，自然是最恰当不过的了。

# 腐败的花朵

两件赏花悦目事，却足见奢侈过分。

其一，北宋欧阳修，做滁州太守时，命令下属种花，他要求："我欲四时携酒去，莫教一日不花开。"我没有别的爱好，我只喜欢喝点小酒，且是那种百花盛开的时候最好，我随时要看花的，你们要尽最大的努力，将花种得好好的，各种品种都要有，四季都有，每日都开。

其二，后蜀孟昶，非常会享乐。他宠爱的花蕊夫人，很喜欢牡丹花，于是，他让人，在成都的道路两旁，都种上牡丹花，绵延四十里。每到秋天花盛开时，四十里大道上，还要铺上锦绣，花朵和地毯两相辉映，他洋洋得意地对左右说：看我朝，多么欣欣向荣，真是锦绣之城啊！

（明　谢肇淛《五杂组》卷之十，物部二）

滁州在江北，不像南方，要做到天天都有花，又是在那个种花技术显然不够发达的宋代，还是有一定难度的。

尽管我们可以将欧阳修的要求看作是诗，是一种爱花的诗意表达，是一种表达的夸张，但是，一州的父母官，既然有这个爱好，下属一定会想方设法去满足。而要四时有花，一定会碰到天时等季节的困难，有困难就会扰民，就会增加国家财政支出。

孟昶更加过分。

房前屋后，空地空场，种点花，美化生活，没什么不好。但，四十里都种上，且铺上锦绣，张灯结彩，这是建设的必需？这是国家实力的象征？这是要搞什么国际交流大会？什么都不是，他只是在讨好一个女人，他只是在显示会享受生活。

花开有盛况，花衰呢？残花败叶，满地狼藉，又要花不少力气去清理。

花朵总归要腐败的，那是自然规律，虽然借了诗歌的名义，借了锦绣城的名义，总归还是让人大跌眼镜。

# 吴山寺毒菰

谢作家引用了一则《西湖志》上的材料，虽是社会新闻，却可品出许多味道。

南宋的吴山寺，突地生长了一种菰，脸盆那么大，五彩绚烂，光洁润滑。寺里的和尚见了都连连称奇，认为是宝贝。他们不敢私藏，将"宝物"献给了张循王。

张循王见如此宝贝，也不敢私享，连忙将它献给宋高宗。

宋高宗也有点意思，他想，老百姓都这么想着我，我也不能独享啊，还是让那些和尚享受吧。于是，下诏，将"宝物"还给寺里。

一献，又一献，又发还，料想他们也没有及时处理，这"宝物"在旅行途中，有汁流出，刚好边上有一条狗，这狗就舔了大菰流出来的汁，立即毙命！

众人都吓坏了，吓得不轻。这"宝物"的命运，当然是，摧毁，埋掉。

（明　谢肇淛《五杂组》卷之十，物部二）

我觉得有意思的地方，并不是毒菰，而是人们得到宝物的心理。

群众的思想觉悟，真是训练有素，教导有方，连寺僧也如此，他们有好东西，首先想到的是领导，上一级，或者上上级，总之，是当权者，他们不敢独享。在他们的脑子里，自己不能独自享受这样的好东西，命中的福分不够，不能承受。

至于张循王，他献给皇帝，也很正常，他虽不是群众，但心理基础是一样的，当然，他们心里清楚得很，将宝物或者祥瑞献给皇上，那是会得到嘉奖的，皇帝一高兴，奖什么都有可能，最主要的是，能哄皇帝开心，那是件多么开心的事啊！

幸亏宋高宗还算明白，也算他的运气好，否则，一朵吴山寺的毒菰，不知要让多少人的人头落地。

感谢那只贪吃的无名狗。

# 明朝的环保问题

闽人煮茶，苦于山泉难得，多用雨水。雨水虽品质还可以，但甜味和清冽度都不及山泉。

福建人还是幸福的。要是从淮河向北去，那里的雨水用来煮茶，则会变得苦和黑，根本不能喝。只有将冬天的雪水收藏好，到了夏天，用来煮茶，味道还勉强。那雪不是雨凝结起来的吗？为什么雪水好而雨水脏呢？有人给出了答案：北方民居，屋顶上的瓦片不干净，有很多脏兮兮的淤泥堵塞。

（明　谢肇淛《五杂组》卷之十一，物部三）

一个细节，北方雨水不能煮茶。

北方风沙大，房顶上一定会有许多脏东西堆积。风沙来自哪里？它们神出鬼没，往往似集团军如山压来，漫天遍野都会有，它们从地底下钻出，借风力在天空肆意而为。当然它们最终取决于森林植被等，如来佛压得住孙猴子，它就不会撒野。

环境治理的观念，许多人现在都比较淡薄，更不要说明朝，都认为与己干系不大，其实已经危害到每一个人了。

现在还找得到甘冽异常的山泉吗？

陆羽认为，泡茶：山泉为上，江水为中，井水为下。这是说要喝活水，要喝漫流于石上的乳泉。

要喝上一杯上好的茶，确实不易。

可能有这样的情形：有些中小城市，常见一些人（退休的老年人是主力军）骑着电瓶车自行车，驮着大桶小桶，到处找甘泉，队伍排得老长，因为那泉水流量实在太小，滴滴滴，滴满一桶，费时不少，但老人们不缺时间，他们缺干净的水。也不知道健康不健康，反正，他们都叫它山泉。

从喝茶的用水入手解析，明朝的环保，已露问题端倪，但那时终究人少，没有大工业生产，人们生活也简单，仅就喝水而言，大部分地方，往地下挖挖，依然会有洁净的泉水。

# 反季节栽培

北京城里，即便隆冬之季，也有黄芽菜、韭菜，这些都是富贵人家，用地窖中的火坑栽培出来的。一般的穷人家里，根本不可能吃到这些。

现今皇宫里，也不时有和季节不相同的物品进贡。元旦，就有牡丹花等各类花卉，还有新栽的各类瓜果，这些都是温室栽培的产品。等到来年，这些花果树，全枯死了，都是火烤造成的。

（明　谢肇淛《五杂组》卷之十一，物部三）

夏天可以吃冰，寒冬可以吃鲜果，古人也一直在想办法。武则天要牡丹花在寒冬一夜之间盛开，那也只是故事神话而已，要真正做到，还是有一定难度的。李隆基要让心爱的人吃上新鲜的荔枝，也只能是快马加鞭，跑死马，累死驿站小吏，但仍然不能保证荔枝的新鲜度。

所以，这个反季节栽培，要有足够的人力物力和财力才能达到，但代价不小，也只能是小批量生产，弄个盆栽罐栽什么的，尝尝鲜而已，即便如此，也依然有点暴珍天物的样子。

时令，就是时间的命令，惊蛰一到，雷声惊醒了虫豸，它们睡了一个冬天，新的生活重新开始。时间，让你夏天吃夏天的东西，冬天吃冬天的东西，这是顺应大自然，按自然规律行事。反季节，就是将时令搞乱搞反，不知今夕是何年。宽阔的大棚里，几千几万羽小鸡，在炽热的日光灯下，不停地吃，不停地拉，睡了吃，吃了睡，四十五天就成功毕业，奔赴各地，去人们的餐桌上做各种各样的鸡了。

对人类这种反季节行为，一开始还有人沾沾自喜，人定胜天，现在，似乎慢慢觉醒，会遭自然的报应吗？一直担心着！

几百年前，违反时令还是新鲜事，几百年后，不违反时令成了新鲜事。其实，我们只想让万物和我们一同生长而已。

# 王安石写《字说》

宋朝宰相王安石，水平高高，工作之余，写了本《字说》，一时风靡全国，那些拍马屁的学者，争着注解，好像注六经一样，盛况空前。

（明　谢肇淛《五杂组》卷之十三，事部一）

王宰相自然功力深厚，但是，他书中的毛病一定不少。东汉许慎的《说文解字》，已经是字研究的里程碑，所以，王超许的可能性几乎没有。就是有见解，也只是在前人研究的基础上附会而成，实在没必要如此大张旗鼓地宣传。

历史也已经充分证明，王宰相的《字说》，几乎没有影响，已被大浪淘尽。

宰相是高官。王安石只是高官的一个符号。

高官出书，包括皇帝出书，没几个像李世民那样明白的，李世民就对要出他文集的请求加以严拒。

拍马者，永远不停地，在找那些被拍的马，马其实也是知道的，但实在挡不住舒服感的诱惑。

# 明朝八禁

大明朝现在通行的做法，上级官员到一个地方任职，一定会下达一些禁止规定，清明廉政，以便树立权威。

这些规定主要是：

参谒有禁，馈送有禁，关节有禁，私讦有禁，常例有禁，迎送有禁，华靡有禁，左右人役有禁。

（明　谢肇淛《五杂组》卷之十四，事部二）

八禁，字面上不难理解，古今官场的病状，差不多是一样的。

参谒有禁。一个新官员到任，你能禁止人家来？基本不可能，各路人马都有想达到的目的，不来拜访怎么行呢？招呼到了，长官就有数了，该怎样就怎样。

关节有禁。一个新官员到任，你也不能禁止他去搞关系，上下级，老领导，地方势力，哪一样没弄妥帖，以后的工作就会困难重重。

私讦有禁。不准到处告状，明着可以吓人，但是，暗地里，即便是新任官员，他也需要各式各样的情报和信息，他要了解哪些人反对他，哪些人拥护他，哪些人骑墙，更要阻止各级人员越级上访，上访弄不好会让他丢掉乌纱帽的。

常例有禁。这个可以很好地执行，该怎么样就怎么样。

迎送有禁。一个新官员到任，一定会在他的辖区短期内完成调研考察，外地官员到任，也一定会有各式各样的朋友来看望，迎来送往，那是免不了的，明的不行，暗的总可以，大家睁一眼闭一眼。

华靡有禁。这个自然会执行好，这是官员自身要求，官家给的俸禄本来就不多，怎么可能奢侈呢。

左右人役有禁。这个一点问题也没有，对待身边的工作人员，一定会像春天般温暖，否则，他们怎么会为你卖命？

但是，现状往往是这样的，自己早上下的规定，自己晚上就会去违犯。

不能以朝令夕改评价那些颁布规定的各级官员，因为，他们生活和工作的环境，有着八禁蓬勃生长的土壤，要想八禁，几无可能。

所以，谢作家的评论是这样的：

这些规定，都是官员们因袭旧套，欺骗上级官员的，而上级官员未必不知道，他们认为，这样重申规定也好，至少可以欺骗一下老百姓。

# 普天之下皆是我的秀才

历朝取士，从郡县到乡试，都有禁止冒充户籍的规定，这条规定，我看实在不合理。

当今一统天下，有分土而没有分民众，怎么会有冒籍？即便不是我朝境内的少数民族，也应该让他们考试，何况相邻的州县？一般情况是，在州县，真正的本地人还是很少，有很多是迁移客居的，一概禁止，整个国家都要空了。

再举个例子，山东临清，有十分之九是徽商，徽商也是临清人啊，如果考试不让他们参加，让他们跑到安徽去考试，那不是太不方便了吗？

这件事终于闹大，一直闹到皇帝那儿。皇帝问：什么是冒籍？底下的人说了，甲地的人，跑到乙地去报名考试，这就是冒籍。皇帝说：普天下都是我的秀才，怎么能说是冒呢？

（明　谢肇淛《五杂组》卷之十四，事部二）

道理确实简单，你是分土而没有分民，怎么不可以在居住地考试呢？

世移时移，现今的考试反而越加艰难。富裕的地方，教育资源强势而优质，想来的人自然就多，这就形成了矛盾，而且是一下子比较难解决的矛盾。

中国目前想达到教育均衡，远比明朝皇帝想的复杂。

京沪，人口已远远膨胀，早就过了承受的临界点，而人们仍然络绎不绝乐此不疲地奔往，大城市，机会多，但是孩子去哪里读书？去哪里考试？公平和资源，多道难题正在考验着各级政府。

不过，普天之下的大局观，还是非常先进的。

# 草鞋大王

　　谢肇淛引用刘昌诗的《芦浦笔记》，一只被神化了的"草鞋大王"，极具讽刺意味。

　　有天，某人忽发大兴，在路边的树枝上，挂了一只草鞋。后来经过的人，感觉好玩，索性又挂上一只。好玩，又一只。又一只。又一只。后来的人不明什么原因，见这么多的草鞋挂在树枝上，认为一定是有原因的，就越挂越多，时日长久，成千上万了。

　　某天，有富人经过，看到这么多草鞋，认为这是一个灵异的地方，就出资，并发动当地群众，建了一个草鞋祠。随后，大家就对那草鞋烧香膜拜了。

　　又一天，某人又经过这里，感觉很奇怪，怎么有个草鞋祠呢？他也只是奇怪，并没有多问，还进去虔诚叩拜了。

　　　　　　　　　　　（明　谢肇淛《五杂组》卷之十五，事部三）

　　三人成虎，妖由人兴。

　　许多各式各样的所谓神灵，其实都经不起推敲，稍微一考证，就会露出马脚。草鞋大王，不问缘由的从众心理，实在有些怪异。

　　我读瑞典人斯文·赫定的探险笔记，他也随记了一则在喀什途中听到的圣徒墓的故事，很多人都在朝拜，神情圣洁，但不知道墓里埋的是哪一位圣徒，通过种种方式，他得知，原来，墓里埋的是一头驴子，一头被神化的驴子，但所有知道的人都不说破。

　　这还只是无聊的。

　　人们所拜的庙神，大部分其实是由人变成的，某官生前做了好事，当地人民敬仰，自发建祠纪念，其间，偶合了不少朝拜者的愿望，于是越传越神，若干年后，就真成了神。

　　需要警惕的是，为什么会出现这样的现象？民众觉悟？内心信仰？都有，更有推波助澜者，如富人，如果他不出资，不建庙，谬种流传的可能性就会小一些。

　　世上本无事，庸人自扰之。

　　现如今，类似草鞋大王的荒唐事，仍常常以不同的面目不断出现。

# 皇家工程

皇家营建工程，费用常常是民间的数百上千倍，但它的坚固性及适用程度，反而不及民间。为什么？除去各项贪污冒用以外，真正用到工程上的，实际上不到千分之一。

看看这些工程是怎么建造的。

凡要建一个工程，一般是营建主要负责人和各部门，对该项工程进行估价，如果价值估低了，负责人一般是不会批准的。具体到工程的细节上，一件东西的采购，自外到内，处处索要加码，如果一个环节没有加码，那么，这项采购就不会顺利。

能拿到皇家工程的，一般都是京城里关系极硬的，他们对内和官家勾结，对外和各个包工头串通，往往将预支款先拿到，置田买地，娶妻纳妾，鲜衣怒马，等工程时间紧了，则拿出工程款的十分之三交给包工头，再拿出十分之一，交给材料供应商，草草应付了事。

负责建筑和采购的，拿到工程款后，他们贪污的办法也和总管一样，所以，有多少钱用在工程上，真是天晓得。

（明　谢肇淛《五杂组》卷之十五，事部三）

想当初，朱元璋真是费尽心机，总是怕人家贪污了他的钱，连做件军衣的边角料都要细查。

家大业大，他的子孙，管理也实在是有问题。

从历史看，明朝往前推，也差不多是这样；明朝往后看，更差不多是这样。

皇帝不会想到，他的天字号工程，在一个制度不健全、一个人说了算的帝国里，要想都管好，简直是天方夜谭。

天下攘攘，皆为利往。胆大的，才不管你是不是皇家工程呢，捉住了，晦气，没捉住，运气。管他剥皮不剥皮，运气不去碰，怎么会有呢？

皇家工程，大家都想碰。

我住在运河边，运河边的路灯，路两边的花草，景区的花坛，都会经常变，变材料，变造型，变花的品种。为什么经常变？因为承担各项工作的包工队变了。钱呢？这个不愁，每年都有足够的预算，公共事业嘛，民生工程，必需的。

# 公仆深夜操民心

有一个官员尉（我们称他为操劳哥吧），半夜三更，敲响了上司的门，要求紧急见面。

上司问：半夜里有什么大事吗？请等到天亮吧。

操劳哥回答：不可以啊，领导！

上司一定以为有什么大事急事，急忙披衣起床，点灯，迎客。

刚刚坐下来，上司颇有些急不可耐：有什么急事吗？是不是发现小偷，你想要带人去抓捕？

操劳哥回答：不是呢。

上司又问：是你家里有人生急病需要帮助？

操劳哥回答：也不是呢。

上司有点不高兴了：又没什么急事，为什么不可以等到天亮？

见上司不高兴，操劳哥才羞羞答答说来由：我也是为了工作呢。我发现我们工作中有一个问题，春夏之交，农事正忙，老百姓都在田里忙碌，而这个时候，恰恰又是养蚕的关键时期，我怕老百姓忙不过来！

上司：这个季节，百姓是比较忙，最好能集中精力，你有什么好办法解决这个问题吗？

操劳哥：领导啊，老百姓冬天不是没什么事吗？不如让百姓冬天再养蚕，这样，春夏冬都有得忙，而秋天可以收获。

上司笑了：你这个点子非常好啊，古人都不及你！但请问：冬天，你到哪里去搞到让蚕吃的桑叶呢！

操劳哥直瞪两眼，很长时间回答不上来，两手一拱，作叩头状：实在不好意思，我这个主意看来不可行，半夜打搅领导了，您继续休息吧。

（明 谢肇淛《五杂组》卷之十六，事部四）

此官员尉真是操心，老百姓忙碌，他是实实在在看在眼里的，一心想为民解忧，日夜操心，于是想出了一个"妙计"。

　　他也不顾领导的休息时间，半夜上门汇报工作。

　　干部光有德还不行，还得有才。

　　这个地方，一定是北方，或者一般的南方，如果福建广东，很多地方，冬天确实可以有桑叶。

　　操心哥的点子显然是馊主意，是干部做事不切实际的代表。

　　拿操心哥这面镜子一照，现在有些看起来很切实际的事，最后的结果却也是不切实际，且这种不切实际是花了大代价的，有些甚至是血的代价。

　　一个县，县城只几万人口，有宏伟的中心广场，有上规模的体育中心，有庞大的图书馆，还有歌剧院，为了群众嘛，可是，没几年，就运行不下去了。

　　这样不切实际的事，随手可举一箩筐。

# 东坡讲"鬼穷"

　　苏辙在政府工作，有老朋友求他办事，没有成功，就来找哥哥苏轼。这个时候，苏轼在翰林工作，没什么实权，也办不了什么大事。

　　苏轼就给老朋友讲了个挖坟的故事：

　　我听说，有个人，很穷困，他就以挖坟为生。

　　一天，他挖开一座坟，见一人，光着身子坐在那儿，对他说：我是杨王孙，是裸葬的，哪还有什么东西接济你呢？

　　一天，他又去挖开一座坟，还是个皇帝坟，一人坐在那儿对他说：我是汉文帝，我曾下命令薄葬，我也没有东西可以接济你哎！

　　挖坟人不甘心，于是跑到首阳山。看到两座相连的坟，他就将左边的坟挖开了，见一人骨瘦如柴，对他抱怨：我是伯夷，我是饿死在首阳山中的，哪还有什么东西啊！挖坟人只好自叹倒霉：我挖了这么久的坟，都没有挖到东西，索性挖开右边这个坟再看看，伯夷赶紧对他拱手：我劝你还是到别处去挖吧，你看看我的嘴脸就知道了，那边葬的是我弟弟叔齐，也是饿死的。

　　挖坟故事，生动有趣，老朋友听完，大笑一番，然后知趣地走了。

　　　　　　　　　（明　谢肇淛《五杂组》卷之十六，事部四）

　　太多正直的人，都很贫穷。君子固穷。

　　苏轼的挖坟故事，深刻而味长。这其实是一部很好的小说，给人以无限的想象空间，每一座坟里的每一个死人，都是一个活生生的好教材。特别是伯夷和叔齐，他们的气节正是人们要学习的。

　　没什么大事，最好别求人，千万别求人，不要以为当官的朋友就一定会给你办什么好事，这规则，那规定，这理由，那理由，还是自己努力吧。

　　那些坟里的穷鬼，真是可爱之极。

　　苏轼也可爱，没钱，有的是趣味和文化，那就将文化借给你吧。

# 卷四十

高明的裁缝

# 官员聚餐

明太祖时，百官上朝完毕，大家都要在朝堂上吃早饭。这个传统一直坚持，从没有中断过。

后来，改成每月十五、三十两次。每逢这两天，大小官员都要聚餐。这样的做法一直坚持了三朝。

到了正统七年，有官员提出，这种吃饭形式还要进一步改革，只逢重大节日才举行官员聚会。这些重大节日是，元旦、冬至，这两个节日由朝廷牵头举办。另外，元宵吃圆子，立春吃春饼，四月初八吃不落荚，五月端午吃粽子，九月重阳吃糕，腊八吃腊面，这些活动都由朝廷统一操办。

（明　沈德符《万历野获编》卷一，《赐百官食》）

朱元璋赐百官食，个中主要原因：一是新朝初建，事务繁忙，每天早朝都有研究不完的事情，省得跑回去吃早饭；二是比较好管理，大家一起议事，一起吃饭，可以交流。当然，最主要的还是体现皇上对下属的关心。

后来为什么渐渐少了？嗨，人不是铁打的，官员也要有自己的自由，减少绝不是钱的问题，而是人性化的体现。

这个聚餐，有点类似于我们现在的吃食堂饭。根据人数，统一采购，请几个好一点的师傅做饭做菜，一定吃得比外面健康，关键是节省时间，吃好就可以继续工作。古代的好皇帝，差不多都是白加黑、五加二的工作狂，他容不得下属的拖拖拉拉。

而那种大吃大摆的各类宴席，则不在此例。吃了人家的嘴软，许多吃都是有目的的，朱皇帝自然也反对这样的聚餐，这不是聚餐，这就是结党啊，要严惩的！

朱皇帝一定认为，选择重点时节官员聚会，只要账目透明，花不了多少钱。

管理有的时候也简单，一顿饭，就能事半功倍。

# 解散乐团

宣德十年，明英宗继位后，有一道命令下给礼部：各个机构中的乐工人数众多，选择少数能力强的留下，其余都解散回家。

经过清理，一共遣散了三千八百多人。这些乐团成员中，还有少数外国妇女。有朝鲜国金黑等五十三位妇女，也一并送回。英宗在给朝鲜国王的命令中，还特别交代，要妥善安置好这些音乐人士，让她们饱暖有食，安居有所。

（明　沈德符《万历野获编》卷一，《释乐工夷妇》）

从历史看，朝廷音乐机构的大小，对音乐人才的重视程度，都与高层的喜好有直接的关系。李隆基就是一个典型的例子。他有极高的音乐造诣，对音乐极度痴迷，练习打鼓，鼓杖打坏四柜子之多，连马都训练成跳舞的高手。他设立了庞大的梨园队伍，其中还有数十人的少儿部。他和杨美人合作的霓裳羽衣曲和舞，长时间流行，甚至还两次入了唐朝的考卷。在这样的大背景下，唐朝的各级机构，各个层级的领导人，能对音乐不重视吗？

音乐能陶冶人的情操，但只为少数人享受，那就成了奢侈和腐败，除了排场和靡费，又有什么用？四百匹马跳起舞来的场景，的确壮观，可是，安史之乱后，这些马流落到民间，什么也不会干。

将乐团作为国家机构序列，那一定要给它各种各样的待遇，官员的职位、级别、晋升，一系列的配套问题，摊子会越铺越大，大到不堪重负。

这些乐工回到民间，一定会带动地方群众音乐的普及，还能加强各地学校的师资，提高学生的整体音乐素质。

没有音乐的生活是枯燥的，风雅颂，田间地头，乡村山野，好的音乐其实就是大自然的一部分，不应该皇家或贵族独有。

# 给讲课老师发红包

皇帝内庭中，有御前八局。其中一局叫银作局，这个局的基本职能是，专门制造豆叶状的金银钱，轻重不等，主要供宫里的赏赐。

当今皇上还是幼年，他经常将这些钱乱撒于地，任大家捡，看到大家挤来踩去乱抢，他就很高兴。

然而也有不抢的。

李古廉是皇帝的侍讲老师。宣宗到课堂后，他从袖子里抛出一些金钱丢在地上，各讲课老师都弯着腰捡，只有李老师立在原地不动。宣宗就将李老师叫到眼前，将袖中的钱恭敬地赏给他。

（明　沈德符《万历野获编》卷一，《赐讲官金钱》）

太子在承继大位以前，总要比别人多学一些，苦是自不必说的，有的侍讲水平高，生动活泼，有的虽满肚子货，却也枯燥无味，但无论如何，书是必须比别人多读的，上课弄点小插曲，可以活跃一下课堂气氛。

皇帝给讲课老师发红包，自然也要大方，还专门设立机构制作。

在金钱面前，许多人的尊严也就一钱不值了。

有钱就任性，或许，皇家就根本没有考虑过一般人的尊严。

当然，再发亮的金子也是外物，肯定有像李老师那样的，君子爱财，取之有道，绝不弯腰！

# 金子的报复

当今天下，遍地开金矿，老百姓痛苦不堪。

永乐十三年，太监王房督促六千老百姓，在辽东黑山淘金，三个月只淘金八两。

永乐十五年，有人报广西南丹发现大金矿。皇帝命令开采，采了一年，只采到九十六两金。更为奇怪的是，这些所谓的金，不久就变为锡了。

成化十年，湖广宝庆府金矿，动用五十五万老百姓采金，仅采得三十五两金子。湖南无数民众被水淹死，被虎豹吃掉。

（明　沈德符《万历野获编》卷二，《矿场》）

谁都喜欢金子，当权者更渴望拥有大量的金子。

这里举的几例，足有以下信息透露：

贪心。皇帝贪心，官员贪心。听到哪里有金矿，立即动手，官员也随即从中搭车捞好处。

民贱。老百姓的命不值钱，投入那么多的劳力，服的都是苦役，没有任何回报。不仅如此，一不小心，还会塌方，金脉和银脉，往往连着矿工的白骨。

技术。这些金矿理论上有金，但采掘技术落后，仅靠人工挖凿，只能碰运气。比如这样的运气就很少，宋仁宗皇祐年中，登州莱州金脉大发，老百姓掘地采取，取之不竭，最大的一块金达二十斤重。

交易。明朝商贸交易相当发达，资本主义已经开始萌芽，朝廷和民间都需要大量的金银。

得到金子需要代价，得到大量金子需要大代价！

浙江遂昌，唐代金窟，明代银矿洞，我都进去过，看到古代矿工用的都是火烧的爆坑法，用火将石头烧热，然后用冷水浇，石头爆裂。更早的时候，李冰父子在指导建设都江堰工程时，也是用这种方法采石头。

不过，我一直有疑问：古代的古代，技术极其落后，如何掘金？世界上第一块金子是怎么来的呢？

# 段去尘一定很干净

宋代的米芾有洁癖。他选女婿选了好久，也找不到合适的人。

有一天，碰到一个叫段拂字去尘的读书人，米大喜：拂矣又去尘，真是清洁卫生的典范，这就是我要找的女婿啊！于是，就将女儿嫁给了段去尘。

明朝弘治丙辰年间，皇上主持殿试。看到一份叫朱恭靖字希周的试卷，马上对宰相徐文靖说：哟，这个人和我姓一样，是国姓。徐随即拍马屁说：他的名字更有意思，叫希周，周朝很长了，长达八百年呢！这太好了，大大吉利，皇帝当即定下第一名。

后来，又有考生叫朱少宰、朱官谕，都因为是国姓而夺得第一名。

当然，也有因为名字落榜的。孙曰恭，合成一看那不是孙暴吗？徐锴，拆开一瞧，那不是徐害今吗？文章再好，统统不能得状元！

（明　沈德符《万历野获编》卷八，《命名被遇》）

这样的事，历史上一定还有不少。

因为避讳，因为谐音，因为改名，因为各种各样的原因，有人飞黄腾达，有人一落千丈。

从汉字角度分析，每一个字的诞生，都有它特定的本义。在长长的历史演变中，还会不断加进各种衍生义、比喻义、借代义，于是，许多字词，不论虚词实词，或者成语，甚至音调不同，意义也大不一样，一个字有多个义项，那是再正常不过了，这也许就是汉语和别的语言的最大区别，让外国人学习起来，也是头痛得很。

段去尘，也不一定很干净，这个段郎，巴结秦桧，官拜参知政事，其实是个名声不太好听的人。

如果只看表面，往往会被蒙蔽，此等事例比比皆是！

# 严嵩家的白金美女便桶

明朝嘉靖年间，严嵩家被抄，赃款赃物数不清。

碧玉白玉的围棋就有上百副，金银做的象棋也有上百副。如果用来对局，这些棋能走吗？笨重不堪，藏着又没什么用！

严嵩家里还有更搞笑的东西：一只小便桶，是用白金做成的站立美女，美女的阴部私处供他撒尿。官员查抄时，看到这个美女，都觉得不好意思告诉皇上，太不雅观了，什么心态啊。于是，就将美女熔化成金子充数。

（明　沈德符《万历野获编》卷八，《权臣籍没怪事》）


严嵩父子权倾朝野二十年，有许多罪状，但他的私生活还是比较检点的，他一生只娶一位妻子，且比他大一岁，还是个麻婆，他身居高位也没有妻妾成群。因此，这个搞笑的尿桶，只能说是奢侈的象征，因为财富多，于是用白金打造小便池。当然，此创意如果没有严大人点头首肯，也不敢弄，或者说，创意直接来自严嵩，不讨小老婆，做个美女便池尿尿难道不行吗？

当代贪官中，这方面有远胜于严嵩的。以权力催情，且以此为乐，龌龊的心态和行为，心理阴暗，远远赛过严嵩，真是让天下的男人丢脸！

# 不敢戴帽

明朝京城，冬天难熬。

有个归德公，年纪已经很老了，有次偶然奉命去皇宫一趟，老人家颈上围了个厚厚的围脖，头上戴了好几顶貂皮帽子，鼻涕还是一直流到长长的胡须上，都结成冰筋了，看去真像个琉璃光明佛。

以前，皇帝还算体恤官情，每到大寒的时候，就会发貂皮的帽子给官员们。

这也算劳保用品吧。可是，近年来，皇帝似乎忘记这个事情了，估计是想节约一点费用吧。凌晨上朝的时候，官员们向北而行，北风劈面扑来，犹如霜剑刺脸，几里路走下来，等到了朝堂上，人已冻得半僵。

这里特别要说一个事。以前发帽子的时候，张居正做宰相，他因为老婆太多，戚继光就送来很多的海狗肾，补肾嘛，战斗力大大提高。但是，吃了过多的补药，内热，不怕冷，大冷天，根本不用戴帽子。那些官职比张低的人，退朝的时候，见了张，只好将帽子摘下来藏好，张也不感到惊讶。

（明　沈德符《万历野获编》卷九，《貂帽腰舆》；卷二十一，《滇南异产》）

从形式上看，当官确实辛苦，京官的早朝就不可避免，虽然可以第一时间知道国家大事，但长年累月，特别是寒冬，也够苦的，那挂在胸前的朝珠，冷冰冰的，不戴绝对不可以。

于是某小官就拍马屁了，认某大官为干亲，服侍周到，某小官头天夜里让夫人将大官的朝珠，放在胸前焐暖，某大官凌晨上朝，就可以戴着散发着乳香的朝珠，精神抖擞地汇报工作去。

当官还有许多禁忌，这里不敢戴帽子也算一种。宰相不戴帽子，下官也不敢戴，不管什么原因，总之是不能戴，否则就不合时宜。

而不合时宜，有时只是小事，有时就会是大事，不仅丢官，还丢性命。

那张大人，海狗肾吃着吃着，将命也吃掉了。

戚继光为什么要送大量春药给张宰相？

呵呵，不用问这么细了吧，你自己悟，但绝不会是想害张的命！

# 借　官

　　洪熙元年，明宣宗即位，马上派两个官员，去朝鲜国通报新皇继位情况，而派出的官员，名义上都要官升一级。

　　这些事情基本上都是掌管朝会、筵席、祭祀等礼仪的鸿胪寺管辖范围，因此派出的自然也是这个部门的官员。鸿胪寺丞焦循，升官礼部侍郎，鸿胪寺鸣赞卢进，升官鸿胪寺少卿。由他们两人带着诏书去朝鲜。

　　（明　沈德符《万历野获编》卷十一，《借官出使》）

　　外交礼仪是大事，有原则，且极有讲究。

　　借官，或者说官升一级，主要显其重视，我们并不是随随便便来个低等级的官员，我们很重视和贵国的关系。

　　作者没有说明，借官回国后，这个官是不是要还，或者换个地方升职。

　　升职是国家行为，是一种需要，也是一种业绩的肯定。

　　人还是那个人，能力还是那种能力，因为字样不同的一张纸，看起来却完全不一样了！

# 顶　职

明初，一个新选拔规定出台了：儿子可以继承父亲职位。

规定共有五项。

职位必须传给嫡长子，如果长子残废，或者有其他毛病，那么就传给嫡长子的子孙，一直延续下去；若无，则嫡长之同母弟，以此顺延；又无，则继室或者各位小老婆生的也可以顺延；还无，那么他亲兄弟的子孙也可以享受下去；再无，那么他叔伯兄弟的子孙也可以享受下去。

所继承的职位，从子孙以下，皆按规定职位，顺次下降一级。

这些规定有：正一品的官员，继承者可按正五品用；从一品的则从五品用；正二品的则正六品用，从二品的则从六品用；正三品的则正七品用，从三品的则从七品用；正四品的则正八品用，从四品的则从八品用；正五品的则正九品用，从五品的则从九品用；正六品的则于未入流上等职内用，比如巡检、司狱之类，从六品的则于未入流中等职内用，比如各关仓库、税库、司局、批验、铁冶所官之类；正从七品的孩子，则从未入流的下等职内用，比如递运所驿丞、闸坝管控职员之类。

凡是继承职位，只能子孙一人，年二十五岁以上，学习成绩优良，通四书五经。学习成绩不好的，还要回家继续学习。

所有要继承职位的，都应该在原籍附近省政府所属地选拔注册。

（明　沈德符《万历野获编》卷十三，《国初荫叙》）


为了维护封建体制，朱元璋真是煞费苦心。目的很明确，天下是他的天下，他朱家人当然要集体受益，能封王的都封王，给够俸禄，世代永传。对各级卖力的官员，自然也要安抚好。

这样做虽然有失公允，但对建国之初巩固政权、稳定人心起着极大的作用。

这个顶职就是极好的鼓励，是一种期权激励，干得好，一辈子、几辈子不愁吃穿，干不好，让位，滚蛋。

体制内的人拼了命也要维护它，因为它会使自己得好处，自己的子孙一直得好处；体制内的人拼了命也要升官，官越大，好处越多，起点高啊，正六品的孩子，即便没有官做，他们也可以进入司法机关，做检察官、法官之类，仍然可以吃香喝辣。于是，官员的目标非常明确。体制外的人拼了命也要进入体制内，那就必须好好读书，勤谨做事，这样整个社会就会良性循环，大家的目标都很明确。

那些拼了命也进不了体制的人，只有感叹自己的命不好了。

幸亏，这个规定还有年纪和学习成绩的要求，否则，就会有正在吃奶的正五品官员，痴呆的从五品官员。

# 这条鲥鱼怎么不臭

去往京城的贡船，装的都是各类吃的用的。干货，问题不大，几个月运到也没有问题，鲥鱼，最麻烦。

鲥鱼，出水即死。按要求，每年五月十五开始，从南京进鲜，六月下旬，必须到京，七月初一，太庙要祭祀。

鲥鱼捕上后，运输的船只，昼夜行驶，每停一个码头，立即换冰。即便这样，鲥鱼仍然臭不可闻。我（作者）今年夏天北上，曾经靠近运鲥鱼的贡船，闻到臭鱼的味道，几乎吐死。

鲥鱼运到京城，加以各种美味佐料，做成珍美食品，皇帝再赐给朝臣。大家虽然一再谢恩，却不敢下箸，太臭了，味道太怪了，但能不吃吗？吃着吃着，也就习惯了，以为鲥鱼就是这个味道。

有个宦官，到南方任大官。正是吃鲥鱼时节，有天，他将厨师叫来，大骂道：怎么回事？为什么不烧鲥鱼给我吃？厨师很委屈：长官，我每餐都做给您吃的啊！宦官怒而不信，厨师将鲥鱼指给他仔细看，宦官很惊讶：这鱼的形状倒是很像，但为什么闻不到臭味呢？

（明　沈德符《万历野获编》卷十七，《南京贡船》）

这条新闻，被南方人传为笑谈，无不捧腹。

奢侈或者富贵，让味蕾做出牺牲，直至麻木，也算一种惩罚吧。

看马不停蹄的贡船，马上想到杨贵妃吃荔枝。

唐朝的快递还算发达，一骑红尘，拼了命快跑，跑累了一骑再接一骑，跑死了一骑再换一骑，比战争传递情报还要着急，为的就是满足杨贵妃的那点小爱好：老公，想吃荔枝嘛，我要！

山门次第开，无人知是荔枝来，这是唐朝国家秘密行动，秘密行动让荔枝保存着原有的味道，不像那些鲥鱼。

延伸想到的是，当真相被彻底掩盖时，假象就成了事实，统治者常常惯用这种手法，偷梁换柱，以达目的。

幸好，北方的臭鲥鱼事实，只是被南方人看成笑话而已，但是，统治者不知有没有想过，用这样臭烘烘的东西去太庙祭祀，那些祖宗会不会责怪，也许他们早就知道，只是骗骗鬼而已。

# 走狗爬见

浙江有个牛姓副总兵，拜见张文忠宰相时，自称"走狗爬见"。他的外甥知道后，感到很耻辱，从此不与舅舅交往。

其实，这样的事，很常见的。张居正做宰相的时候，文武百官，连戚继光那样的，去见张大人，也都自称"门下沐恩小的某万叩头跪禀"。

（明　沈德符《万历野获编》卷十七，《武臣自称》）

"走狗"，走就是跑，跑着的狗，狗忠诚啊，这忠诚的狗还"爬"着来"见"您，您见还是不见呢？一定见的，这样的狗只要给它一点好处，残羹冷炙就可以，以后它就绝对听命于你。

门下（我是您的门生，即便只是听了一次课，您也是我终生的老师），沐恩（我现在这点出息都是您扶植的结果，您就是我的再生父母，那一次官员提拔时，如果没有您的一句话，那就没有我的今天），小的（和您强大的地位相比，我只是小小的，您随时可以罢免我，不，甚至可以随时像捏苍蝇一样捏死我），万叩头（叩三次绝对不行，要叩多次，叩千次，叩万次，我是无比的忠诚），跪禀（给我一次机会吧，让我跪着见一次您）。

"门下"什么的和"走狗"其实没什么区别，只是那武将没什么文化，直截了当，我倒觉得，那武将越发显得可爱。

我能想象戚继光的无奈，一个赫赫有名的武将，为什么也会这样低三下四呢？唉，人家如日中天呢，你想要做一点事，如果没有他的认可，怎么会顺利呢？这样称呼也是尊重人家，不损失什么。

当被称呼者喜滋滋地坐在高位上，别人听了也许头皮发麻，他却很开心，他多开心呀，以前知道自己有几斤几两，现在，让人家知道自己有几斤几两。这个很重要！

当然，上面这些称呼，还是比不上"干爹"之类的，直接认爹，更得实惠。

# 奶子府

都城内有礼仪房，俗称奶子府。

每年五月，各地上报少女初孕的，验其年貌，辨其乳汁，选拔进来，每月都有工资奖金发。她们的职责是，随时提供鲜奶，供皇子皇女用。

不管喂不喂奶，时间到了，老的都要遣送回家，再重新选拔一次。

对这些鲜奶提供者，还附带各项要求：年十五以上，二十以下，身体要好，还要漂亮。

（明　沈德符《万历野获编》卷二十一,《礼仪房》）

想那些皇后皇妃的，长居宫中，待到生养后，奶的产量肯定不乐观。

皇宫嘛，孩子小，奶不够，喂点别人的奶，不算太过分。皇子皇孙金贵，对鲜奶要求高，应该可以理解。

皇家哪样东西，要求不高呢？

也时常有新闻传出，有官员也好这一口。

官员吃了奶之后，谁知道下一步干什么呢？只有他自己知道，只有纪检部门知道。

明清两代的奶子府，现在改成了灯市口西街，在北京。

# 形式主义者海瑞

海瑞，正面事例居多，但也犯形式主义错误。

在江南做官的时候，为了显示亲民，海瑞要求，去参见他的官员都不得低头。

但那些下属，很怕他，见他的时候，都不敢仰视。

一绩溪县令，郁姓，年岁已高，一头白发，还挺着个将军肚，蹲下站起都很困难。他拜见海瑞，因为身体原因，行动缓慢，腰挺得笔直。海瑞见了却非常高兴，以为这是一个很有思想和头脑的官员，立即写材料，向高新郑宰相推荐，高宰相随即提拔郁为部里的官员，郁的政绩及档案都不看一下。

（明　沈德符《万历野获编》卷二十二，《海忠介抚江南》）

人非圣贤，孰能无过？然而，这样低级的错误其实应该避免的。

海瑞事事都要求道德完美，于是有了上面这个亲民要求。而当一个目标提出，执行得却不如意的时候，他没有去认真反思。人家见他不敢抬头，既是他的威严，也是一种根深蒂固的习惯所致，见到上级，一般都是畏畏缩缩，谁敢直面正视上级呢？何况是眼前这个大煞星海青天？终于走向了形式的极端。

某官员一向清廉，不吃桌，不喝酒，不抽烟。某次，基层为了一顿中饭，伤破了脑筋，为了几棵蔬菜，专门去高山基地采购，味道自然好了，但官员不知道，这顿看似粗茶淡饭的菜，成本远远高于平时。官员要的是节俭的形式，并没有考虑更多。

自信和自负，往往孪生，相当自信，就会相当自负，此时，你给他一面镜子，说是能看出自身毛病的镜子，他也不会接受，他在镜子里看到的还是自信。

同样，他鼓励告奸的做法，也导致了极为不好的风气。

明末思想家李贽这样评价海瑞：先生如万年青草，可以傲霜雪而不可充栋梁。

虽有些贬他，却也算入木三分。

# 诱虏妇缠小脚

黄冈人瞿九思提出一个抵御少数民族的计策，其中有一计：引诱他们的女人缠小脚。

要让他们的女人喜欢中原的东西，然后将双脚缠作弓一样。干什么呢？因为这样的三寸金莲漂亮极了，男人一定喜欢，男人喜欢了，他就会沉溺其中，多性感啊，一味沉溺，他就会精力减弱，就会战斗无力，那么，我们明朝的军队就很容易打胜他们了！

这个主意，我（作者）不知道实施了没有，实施的话，效果又如何？我只知道，隆庆元年，少数民族军队攻陷了山西石州，抓了很多妇女出塞，那些小脚妇女，哪里能跟得上他们的跑马，于是，他们将这些妇女的双脚全部砍掉，用车载回，但没有一个活下来。

（明　沈德符《万历野获编》卷二十三，《妇人弓足》）

明朝男人喜欢小脚，少数民族汉子也喜欢小脚？自己的审美标准，以为别人也都那样，只怪他世面见得少。

即便喜欢小脚，他们也会像明朝男人那样沉溺其中？也可能是一些诗文表达吧，那些无聊文人，将片面的病态当成普通的爱好加以推广，于是瞿官员才这么以为他的计划是如此的缜密。

瞿九思计策的逻辑，很容易看出荒唐性。有人向王安石建议，可以将梁山泊的水抽干，用来种田，那将是多大的一片啊。王安石笑着表扬：建议真好，那梁山泊的水放到哪里去呢？在座的刘贡公打趣道：这个简单，在水泊梁山的边上，再挖一个八百里泊，水就放下了嘛！

果然，少数民族打进来了，他们对付小脚妇女的方法很简单，不能走路，那就将双脚砍掉。

不靠谱的官员，什么时候都有，只是别让他在主要领导岗位上就行了，如果让他拍板决策，不仅殃民，而且祸国了。

# 京师俗对

京城里，读书人到底是多，很多东西，都可编辑成对子。有些还蛮有意思，让人发笑：

臭水塘——香山寺，奶子府——勇士营，王姑庵——韦公寺，珍珠酒——琥珠糖，单牌楼——双塔寺，象棋饼——骨牌糕，棋盘街——幡杆寺，金山寺——玉河桥，六科廊——四夷馆，文官果——孩儿茶，打秋风——撞太岁，白靴校尉——红盔将军，诚意高香——细心坚烛，细皮薄脆——多肉馄饨，椿树饺儿——桃花烧卖，天理肥皂——地道药材，香水混堂——醽醁酒馆，麻姑双料酒——玫瑰灌酒糖，旧柴炭外厂——新莲子胡同，奇味薏米酒——绝顶松萝茶，京城内外巡捕营——礼部南北会同馆，秉笔司礼佥书太监——带刀散骑勋卫舍人。

（明　沈德符《万历野获编》卷二十四，《京师俗对》）

市井一派繁荣。有用的，有吃的，有地名，有人名，有事件，油盐酱醋，文化民生，风情俗情，中外交往。

这里说一下“打秋风”。“秋风”怎么“打”？就是利用机会，顺便搭车，敲竹杠，谋钱财。

在汉语中，这个词已经相当有年份了。五代王定保的《唐摭言》里有这样的表达：“当今北面官人，入则内贵，出则使臣，到所在打风打雨。”打风打雨，真是栩栩形象，这不就是一路揩油嘛！到了宋代，这个词演变为“打抽丰”，明代郎瑛的《七修类稿》说：米芾札中有抽丰字，即世俗秋风之意。

打抽丰，打秋风，喃，秋天就是丰收的季节！

和“打秋风”结对子的是“撞太岁”，在这里，原义“碰运气”已经变化，只是词语结构形式相对，意义却差不多。明代陆容的《菽园杂记》卷十四：“京师有勾结官府，讹诈人财物者，名撞太岁。”

每一组词，都是一部风俗史，都有着自己独特的流变。

只要有一双智慧的眼睛，两两相对的事情还是很多的，相辅相成，相克相生。

# 男子化妆

北朝，嘲笑南朝各位皇帝为傅粉郎君，想必那里的男人们都喜欢化妆吧。

我（作者）游京城，一些在朝里做官的朋友讲，当今皇帝上朝时，一定要用粉傅面及颈，以显示温和庄重大方。我想，他们亲见，应该不假。

前段时间，我见一大官，已经六十多岁，还漂亮得很，脸洁白，如美妇人，问他，什么秘诀？他说只是用化妆品而已。

（明　沈德符《万历野获编》卷二十四，《傅粉》）

我可以武断地说，中国女人化妆的历史有多长，中国男人的化妆历史就有多长。只是，历史基本上由男人书写，所以，对这种油头粉面的事，不值得一书，要书，也只是那些讽刺的对象，但不书，并不代表男子不化妆。

汉代男子就敷粉，汉惠帝的男侍们，"不敷粉不得上值"，其实也没什么大惊小怪的，不就是整齐一些，好看一些吗？

唐高宗主持一项编辑工程，他对那些作家的赏赐，常常是各地进贡来的，口脂、面脂、头膏，这口脂就是唇膏。

妆与不妆，效果完全不一样。皇帝临朝化一下妆，除了端庄和威严，还想将最佳精神状态展现给众臣：你们都给我精神点，干事利索点，仪容仪表关系着事业的成败，我最见不得那些酒色之徒，沉迷于美酒和女人，夜里两三点还不睡，工作起来却很猥琐！

皇帝心里教训众臣的时候，底气显然不足，唉，昨晚我也沉迷到凌晨呢！

# 嘴仗打死人

吴中人伍宁方，原来做宪使，刚直嫉恶。后来，他眼睛不好，在家赋闲。家居无聊，他写了一本书，叫《林居漫录》，分前集、后集、外集。书的大部分内容，都是评论时事和人物的。

评论人和事，都有自己的立场，有时就会带有个人偏见。

他评吏部官员贺灿然，就闹出很大的动静，出了人命。

贺官员，对于伍评自己的章节，很不满，于是，就写了一本《漫录评正》，反击伍。贺认为，伍的书，没有一句属实，极力为自己辩驳，认为自己有功于国家。伍认为，贺文过饰非，又写了《驳漫录评正》，反击贺，且语词更加严厉。贺不能承受，又写了《驳驳漫录评正》，用语也狠，街头吵架的话都用上了。

伍在地方上，很高名望，大家都对贺的做法不满，纷纷要求伍再反驳，于是，伍又写了本《漫录三驳评正》，引经据典，详细深刻，有人感到大快人心，有人也认为太过分了。贺年纪大，且又生病，他看到伍的"三驳"，气得大哭，一口血喷上来，一句话也说不出，更不用说再写书反驳，没过多少时间就死掉了。

（明 沈德符《万历野获编》卷二十五，《林居漫录》）

文字能杀人，这是常见的。好的文字能捧死人，恶的文字也能气死人。其实，文字无所谓好坏，它只是表义工具而已。

伍的眼睛里，揉不得沙子，贺行事做人，确实也有许多不妥的地方。伍评贺，一开始还是正常的文艺批评，但评着评着，就慢慢变味了，双方一边反击，一边批评，火药味越来越浓，都摆出有力证据，都使尽吃奶力气，都想将对方一枪毙命，两虎相争，定有一伤，果然。

这样的纷争，常常会偏离初衷，善意的也会渐进变成恶意的，最后升级成什么样，很多人无法预料，就连当事人双方，也都无法预料。

由此观之，你死我活，不见得是刺刀白进红出，文字一样能成为杀人利器。

# 高明的裁缝

有一官员，派随从去某裁缝铺，制作袍服。

裁缝手艺高，很认真地问那随从：你家主子，是新做官还是久做官的？或者是做满了九年，要等着提拔的？

随从很不耐烦：你，只管给我做，哪来这么多废话！

裁缝笑眯眯地答：小兄弟，不要着急，听我慢慢和你说个中缘由。

如果初进官场，那就会趾高气扬，前辈一般都不放在眼里，他的胸必定挺拔，我做的袍，就需要前长后短；如果在职位上待久了，熟悉官场世故，那就会收敛很多，回到从前没做官的状态，我做的袍，就要前后一样；如果做满九年，那就要等着提拔了，这个时候，他必定小心谨慎，唯恐犯一点点小错，待人谦恭，处事低调，见上级，见下级，都会作揖弯腰，十分得体，我做的袍，就要前短后长，这样才会合身！

（明　沈德符《万历野获编》卷二十六，《术艺》）

官场的世故，都被这裁缝说透了，入木三分，淋漓尽致。

前长后短。提拔时的春风得意，认为一切都是凭自己的本事，借着别人爬上来的，也是自己的本事，且初入官场时的那种抱负，一般都要好好地展示一下。

前后一样。官场上混久了，他就深知官场的险恶，很多事情，并不像自己想象的那样干净，还有很多的潜规则要去遵守。但是，和初进官场不一样的是，毕竟混了些年，还有些经历，人不犯我，我不犯人，互相协作，共同进步，既不能趾高气扬，也不必低三下四，堂堂正正做官就是了。

前短后长。都说官场的通道是金字塔，越往上，职位越少，塔尖往往只有一两人，所以，晋升的通道，古往今来都不是简单的，你已经够年份了，你做出了很大的成绩，或许就列在提拔名单上了，有希望，但并不是上了后备干部的仓库，就一定要提拔你，这只是计划而已，随时可变，关键时刻，来不得半点差池，因为一点屁大的事情，被参被查，完全有可能断送你的前程。

现如今，袍子是不必做成前短后长或前长后短的了，但无形的袍子仍然存在，官场智慧，也许就那么简单。

# 明朝的网络语言

嘉靖年间，一些有头有脸的人，遭遇了挫折，一副潦倒模样回到家乡，于是，家乡有智慧的人就反语嘲讽了：

书中自有千钟粟，汤通判家中啜薄粥。——汤被罢官，归而家贫了。

书中自有黄金屋，赵主事被和尚打得哭。——该赵将寺庙的地方占了，一群和尚将他痛打了一顿。

书中自有颜如玉，陈进士被徐秀削了足。——该陈中榜后请假回家玩，和姓徐的老婆搞上了，还想暗地里和淫妇一起谋杀亲夫，被徐发现，强力反击，断了进士的一条腿。

还有"四喜"加长版：

久旱逢甘露——十年；

他乡遇故知——万里；

洞房花烛夜——和尚；

金榜题名时——教官。

再加长版：

久旱逢甘露——十年——甘雨又带珠；

他乡遇故知——万里——故知为所欢；

洞房花烛夜——和尚——和尚乃选驸马；

金榜题名时——教官——教官乃得状元。

再颠覆成"四悲"版：

久旱逢甘露——雨中冰雹损稼；

他乡遇故知——故知是索债人；

洞房花烛夜——花烛娶得石女；

金榜题名时——复试又除名。

（明　沈德符《万历野获编》卷二十六，《嘉兴谑语》，《四喜诗》）

搞笑的前提是，它的母本，必须通俗易懂，流传广泛，有深厚的群众基础，如此，才可能会心一笑，否则仿得就会莫名其妙，少部分人捧腹，大部分人不知所云。

宋真宗关于书的三个比方，家喻户晓，当地发生的这三件社会新闻，想必也是流传甚广，因此，聪明人就将书的比喻一句句拆开来说，拆一句嫁接一句，或反讽，或戏谑，机智盎然。

"人生四喜"的加长再加长，再反转，多义组合，出奇制胜，汉语格言充满的多样可能性，表明人生有时也是具有这样的多种可能性。久旱逢甘露，旱了十年，甘露更显珍奇，但甘露难保不暴力，异常天象完全有可能彻底摧毁庄稼。化腐朽为神奇，机巧哲趣。

自然，现代网络语言更加发达，随便列举如下：

1. 孔子曰：中午不睡，下午崩溃。孟子曰：孔子说得对！

2. 将"薪"比"薪"地想一下，算了，不想活了。

3. 有困难要上，没困难创造困难也要上。

4. 夏天就是不好，穷的时候连西北风都没得喝。

5. 执子之手，将子拖走；子若不走，拍晕了继续拖走！

6. 你让我滚，我滚了，你让我回来，对不起，我滚远了！

7. 我和脂肪做斗争，差点没牺牲。

8. 那啥，就给我个经济适用坟好了。

9. 只要给够加班费，当牛做马无所谓。

10. 生活嘛，就是生下来，活下去。

11. 再丑也要谈恋爱，谈到世界充满爱。

12. 不吃饱哪有力气减肥！

吃喝拉撒睡，油盐酱醋茶，虽然戏谑，却是现实社会生活的大镜子。

# 招摇的名片

　　英宗朝，桂廷珪，做某锦衣卫指挥老师，他印的名片是：锦衣西席。这就好比说我是韩信的老师一样。

　　洗马江朝宗的女婿甘崇，印的名片是：翰林东床。这就好比说我是秦桧的女婿一样。

　　松江徐文贞长孙元春，做太常卿，他印的名片是：京朝三世肩舆。这是向人夸耀，我们家三代都有小轿车坐。

　　吴江给事李周策的大儿子，他的名片上印着：礼科都谏长公子印。这也等于说，我是礼部李某的大儿子！

　　我（作者）家乡的一秀才，他祖父曾经做过太守，他给我的名片是：二千石孙。呵呵，这也等于告诉别人，我爷爷是享受过太守俸禄的。

　　某太学生，则更干脆，印的名片是：天子门生。难道我不是天子门生吗？你敢说我不是吗？！

　　吴中一少年的名片上这样印着：江南第一风流才子。难道就唐伯虎可以印？

　　秦淮的妓女，也有名片，有一妓这样印她的名片：同平章风月事。同平章事，至少三品啊！不是吹的，凭我的姿色，凭我接待各位达官显贵的经历，我怎么得也有这样的江湖地位吧！

　　（明　沈德符《万历野获编》卷二十六，《私印嗤鄙》）

　　招摇的名片，原理古今一样。

　　所谓的名，不管是自身，还是祖传，都要想尽办法取得，没有，附会也好，再十倍百倍千倍地放大，并且给人看，一路发，一路看，镇住你了，骗住你了，就成功了。

　　也许只有皇帝不用名片，他就是天下第一，用不着印，如果国际交流，那也不用印，国玺一盖，就是名片。

# 外国人利玛窦

利玛窦，字西泰，欧罗巴人，他以自己的教义诱化华人为最终目的。

我游京师时，曾经和他做过邻居，他是个不一般的人。

他初来华，先在澳门，学习中国话，阅读中文书，有二十年之久，到北京时，头发已经斑白。

他最看不起佛教，曾经和我说：您的国家有孔丘，是中国的圣人，但是，他西狩获麟时，那麟已死，孔子于是心灰意冷，自感穷途末路，命不长了！释迦牟尼，是印度的圣人，但是，他在树底下发病，是背痛而死，哪里有佛呢？这种观点，我不认为他对，也不认为他有什么过错。

利玛窦，乐善好施，常常救济别人，人们也被他的诚心所感动，没有人欺负他。他很能吃喝，吃的食品也很精致，不放高利贷，但生活条件优越，有人怀疑，他会炼金，我不相信。

他生病时，常常全身涂擦苏合油，他说，他们国家都是这样治疗的。利玛窦，五十九岁去世。

（明　沈德符《万历野获编》卷三十，《利西泰》，《大西洋》）


大明王朝，国门大开，有走出去的，庞大如郑和下西洋，也有走进来的，意大利传教士利玛窦，就是一个典型。

翻检史籍，好多文化名人，都和利玛窦有交往。剧作家汤显祖，农学家徐光启，文学家袁宏道、袁中道兄弟，思想家李贽，等等，都和这位传教士有不同程度的交集。

我看明人笔记，沈德符和顾起元等都有详细的描述。

顾起元，《客座赘语》卷六中有《利玛窦》，详细写了这位传教士的外貌：面皙，虬须，深目，睛黄如猫。还写到他挂的圣母像，他绘的西洋画，他写书所用的纸，他的自鸣钟，等等。

明时，欧洲的科技，已经使他们走出了中世纪的混沌，他们急需扩张，思想上的扩张，军事上的扩张，不遗余力，利玛窦就这样一辈子践行着他的传教理想，鞠躬尽瘁。

利玛窦去世已经四百余年了，他的数学、天文、地理知识，一定在明朝引起轰动，或质疑，中国那时还基本沉浸在神话构成的世界里呢。

中西文化交流的近代先驱者，我们现在都这样称呼他。

# 官员浮躁要降级

以前对京官的考核，除老病贪酷外，如果行为不谨慎、工作积极性不高且又没有什么成绩的，只是诫勉谈话而已，一般不降级使用。

后来发现，这样的考核还是有弊病，太粗，不好认定。于是，就加了两项：浮躁浅露，才力不及。如果有这两项的，就列为第二等级，如果是京官，就降一级，并且外放到地方使用。但在实际考核中，如果有才力不及这一项，也有不降级只是对调使用的情况，更多的是降一级、二级、三级的。

现在，这个考核又进了一步，就是将其延伸到地方上，地方上的官员考核，也要增加"浮躁"这一项，有这个毛病的，一律降级使用。

当今皇上很赞同这样的做法，批示肯定。

（明　沈德符《万历野获编》补遗，《大计添浮躁》）

中国古代对官员的考核极其重视，所谓吏治，乃是国家治理的重中之重。到了唐朝，官员的考核已经有专门的机构负责了，明清两代，对官员的考核已经上升到法律层面。

将浮躁和才力不及作为考核的内容，德和才的外延大大拓宽，说明统治者对官员的治理进一步科学化、精细化。

浮躁浅露和才力不及两相比较，浮躁的危害要远远大于才力不及。

才力不及，也许还有自知之明，很多事办不成也就算了，能力有限嘛。浮躁起来则真是要命，贪大求快，五年计划三年干，甚至要求一年完成。多是将鸡杀了，然后取蛋。至于后任有没有鸡，那根本不是他要考虑的。

浮躁还是另一种意义上的赵括。

不给浮躁以好处，不仅没好处，还要严重追责、罢官，那么，浮躁就会少许多。

# 考场烈士

天顺七年，会试。考场突然起大火，九十多个考生被烧死。

国子学正阎禹锡，上书皇帝，请求赠死难的考生为进士。

皇帝一开始没有答应，还责怪他们，没做好消防工作，要追究责任。后来，皇帝又改变了主意，追赠那些死去的考生为进士出身，并亲自写文章纪念他们。于是，有关部门，将死难考生的遗骨，分葬成六座大坟，就葬在朝阳门外。"天下英才之墓"，几个大字就是英宗所题。

到了弘治十七年，南礼部主事王伟上书说，他的父亲王照，就是那九十多位进士之一。现在，那些死难进士，坟墓没有人看守，也没有人祭祀，各家子孙，道远不能来尽孝，要求修建祠堂方便祭祀。

皇上好人做到底，命令有关部门修好墙院，立好祭亭，将英宗的祭文刻好，还令人看守。

（明　沈德符《万历野获编》补遗，《赠进士》）

关于这次考场大火，明朝的另一位作家，王锜（一四三二至一四九九），他比沈德符要早出生很多年，他的《寓圃杂记》卷九，也有《春闱失火》记载，却简单得多：

天顺庚辰，春闱火起。监场御史焦显因锁其门，不容出入，死者数十人。焦头烂额，折肢伤体者，不可胜计。

责任在谁很清楚，但不知道他为什么不写皇帝追认的事实。

科举让士子们像打了鸡血一样，一直亢奋，十年寒窗，目标非常明确，考取功名，光宗耀祖。

显然，这场大火，监考部门有推脱不了的责任。

九十多名考生还算有运气，虽然死了，但毕竟功成名就。如果不发生大火，那么只有极少数人才可能考中。

追赠进士，他们本人并没有得到好处，人都死了，进士有什么用？只落得个冷冰冰石碑上的名字，供后人瞻仰并虚荣一下。

皇帝做的这一切，都是为了维护科举制度，确保自己的基业万古，做给别人看的。

# 我家装修你也知道啊

周文襄（忱）在江南做官时，功劳最大，当地人都称赞不绝。但就是这样的正面人物，也拍人家马屁。

太监王振，造新房子，周暗地里派人到王的新家，将王家的客厅、房间大小长宽，一一量好，再让松江府根据尺寸将丝绒地毯一一织好。王家新屋落成，地毯送进，一铺，哎，就像定做的一样啊！周文襄送的，就是定做的嘛，王太监自然十分高兴。以后，周有什么要向皇帝报告的，王十分卖力传达说好话。

王倒台，被抄家，抄出一尊金观音，观音的背上镂着几个字：孝孙周忱进。这是司籍没御史钱昕亲眼看到的。

不过，周文襄运气还算好。唐宋两朝，也有人做这样的事，但下场很惨。

唐朝李璋，他做宣州地方长官时，宰相杨收家造白檀亭子，用来会亲朋好友。李璋也是派人暗地里去量尺寸，然后按尺寸织地毯，到了杨宰相家亭子落成的时候，作为贺礼送上。后来，杨宰相犯了事，也连累了李璋，因为李送过地毯啊！

宋朝秦桧，造格天阁，蜀帅郑刚中，贿赂秦家造房子的工匠，暗里量好尺寸，并按尺寸定制地毯。新房落成，郑的地毯送来，一铺，哎，怎么刚刚好啊！但秦桧很不高兴，你个老郑，我家装修你也知道啊？这是我家的私人事，要你这么起劲干什么？我还不知道有多少事让你刺探了呢！后来，秦桧找了郑的碴儿，将其贬官。

（明　沈德符《万历野获编》补遗，《周文襄》）

拍马有很多讲究，雪中送炭，锦上添花，都是常用的方式方法，关键的关键是，你要拍到人的心坎上，拍到人家最痒痒的地方，那就事半功倍了。

王太监对周的表现很满意，他大概不读书，不知道前朝的事情。或者，王觉得秦是过分担心，知道了也照样收，谁让咱侍候皇上呢，谁让他们要想让我多说好话呢，皇上这里，咱家的话还是有些分量的。

还有，估计周文襄也不读书，他如果知道宋朝有这么一曲，还会以这样的方式去拍马屁吗？风险太大，搞不好适得其反。

# 后记：我在读历代笔记

做杂七杂八的事，写杂七杂八的文，读杂七杂八的书。

二〇一三年八月，上海书展，广西师范大学出版社推出我的读经典随笔《字字锦》，半年印了三次。我选了十二部历代各类经典，里面有好几部是笔记。比如，苏轼的《东坡志林》、沈括的《梦溪笔谈》、洪迈的《容斋随笔》、刘基的《郁离子》、朱国桢的《仿洪小品》等。洪迈的《容斋随笔》，我系统读过好几次。有资料说，毛泽东在逝世前半个月还在读，我想，一定有深深吸引他的地方。果然，一读就放不下，七十四卷本的《容斋随笔》，在宋朝就是一部畅销书，而且一畅销就是四十年，政治经济，天文地理，鸡毛蒜皮，什么都有。

《字字锦》只是我系统读笔记的开始。

写完《字字锦》，我又给自己定下一个主要的阅读目标，用五年左右时间，读完一百来本历代笔记经典。

稍微列举一下：汉魏六朝的如《西京杂记》《博物志》《拾遗记》《搜神记》等；唐五代的如《大唐新语》《酉阳杂俎》《唐摭言》《开元天宝遗事》《北梦琐言》《宣室志》等；宋元的如《涑水记闻》《归田录》《邵氏闻见录》《老学庵笔记》《鸡肋编》《齐东野语》《南村辍耕录》等；明代的如《五杂组》《菽园杂记》《客座赘语》《万历野获

编》等；清代的如《坚瓠集》《虞初新志》《子不语》《归田琐记》《茶余客话》等。

这些笔记，不分篇，不分章，有些每条笔记前还加个小标题，有许多干脆连小标题也没有，写多了，编成数卷，加个书名，就成了笔记。

在各类笔记中，历朝历代的社会风尚、典章制度、民众疾苦、诗文书画、历史事件、科技匠作，都有十分详细的记述，各类人物，各式宗教，就连那些鬼神精怪的故事，也都有言外之意。而且都是以当事人的角度，不是正史，但绝对是正史的有益补充。

然而，这只是历代笔记中的沧海一粟。比如宋代，笔记种类太多，《宋史·艺文志》就记载，小说、传记、故事、杂类多达一千一百二十六部，除去一些不属于笔记类的，宋人笔记就不下七百部。

因此，我有自知之明，我的集中阅读，也只是管中窥豹。

而且，我选的版本，连一个注释也没有，只有编校说明和标点断句。一边读，一边查，一边蒙，一边猜。蚂蚁啃骨头，老牛拖慢车，慢悠悠，不求速度，一段一段地读，一卷一卷地读，一本一本地读。

读这些笔记，需要的是安静的心态，心无旁骛才好。我用的基本都是早晨的时间，六点多醒来，清醒一下，就开始我的笔记之旅，一个多小时的阅读会让我一整天都很充实。

外出时也带上一本，薄薄的，很轻便。我在《宣室志》的扉页上写着：二〇一四年八月六日，浙江遂昌千佛山景区采风，晨五点三十分，天微亮，蝉大噪，蛐大鸣。蝉噪林愈静，蛐鸣山更幽。晨六点，景区检票口旁石凳上，读卷五：枯树成精，槐树成精，古杉成鬼，葡萄成妖，蓬蔓成精，椴树成精，天杀鳄鱼。这些都是我概括的，我完全沉浸在这些笔记的情节中，以至于鲍尔吉·原野挥汗从我身边跑过，我都不知。早餐时，原野问我为什么这么专注，我说我正在和鬼神打交道呢。幸亏是大清早，要是夜晚，我也不敢坐在野外的灯光下读这些狐神鬼怪。

一本读完了，自然要做些笔记。那我也学古人，随便写，有几句写几句，有几段写几段。前几日，盘点了一下写了数年多的笔记的笔记，哎，还真是有些可观。二〇一五年八月，上海书展上，我集中推出了《笔记中的动物》，这个话题让一些读者很兴奋，认为这些冷知识，恰恰是热阅读时代的小清新，数百家媒体都有不同的解读。

《笔记的笔记》，也是这些年阅读笔记的细枝散叶。不怕散，就怕不好读，我一直鼓励自己坚持。

看着这些自己写下的散碎片段，竟然还有些扬扬得意。嗬，这些都是别人不太看得上的，太小，太细，太碎，太烦，但在我看来，它们都是白花花的碎银子。

一地碎银，积碎为整，需要的是恒久的坚持和虚壹的宁静。

接下来，我仍旧会在历代笔记中，徜徉，漫步，观景。

故纸堆，太厚，太深，即便，做一个蠹虫，也是十分惬意的。

本次修订，总卷数没有变，不少小章节的点评式文字都略有修改，章节和章节中的小段，也有所调整，删去《杭州副职陪酒》《牛吞衫》，移《看道士如何"升天"》到《袖中锦》中，删去一些关于动物的章节，比如《小八哥告状遭害记》《一只会收钱的鸟》《会说话的猪》《千里采荔枝的鹤》《狱中除虱记》《蟒蛇的伤疤》《蛤蟆念佛》等，将其调整到《笔记中的动物》中；删去一些关于医药的章节，比如《小女孩学龟生存记》《应语病》《百药枕》《治便秘奇方两则》《药方因人而宜》《治偏头痛方一则》等，并入《袖中锦》中。另外，卷四的《空头介绍信》，卷六《眼光》《变着法子虐人》，卷八《蛤蟆从嘴巴里吐掉了》，卷二十二《为官真相知》，卷三十九《明朝八禁》，卷四十《解散乐团》《招摇的名片》等均为新增，一并补入。

丙申春四月杭州壹庐一版

己亥腊月初八再版修订